지역사회복지론

김병 · 이인순 · 이진향 · 이하예진 ·
정명환 · 조승석 · 황은혜

창지사

머 리 말

지역사회복지 환경은 빠르게 변화되어 왔으며, 지역주민들의 욕구 또한 복잡하고 다양화되면서 지역사회 운영 전반에 대한 주변의 참여욕구가 커지고 있다. 1990년대 지방자치제도 도입 이후 참여정부의 지방분권화 정책 이후 지역사회 현안 문제는 지역의 현실에 맞는 복지계획을 수립하고 적절한 서비스를 제공하는 것이다.

지역사회복지협의체는 「사회복지사업법」 제7조2를 근거로 지역 내 사회복지사업의 중요 사항과 지역사회복지계획 심의 · 건의, 사회복지 · 보건의료 관련 기관 · 단체 제공 사회복지서비스 및 보건의료서비스 연계 · 협력을 목적으로 설치된 지역복지활성화를 위한 민관 협력기구로 역할을 수행하였지만, 2015년 7월 1일부터 「사회보장급여의 이용 · 제공 및 수급권자 발굴에 관한 법률」이 시행됨에 따라 제41조에 근거하여 지역사회복지협의체는 지역사회보장협의체로 확대 · 개편되면서 기존 보건 · 복지 외에 고용 · 주거 · 문화 등 참여범위를 사회보장 전 분야로 확장하여 연계 · 협력 기반을 마련할 수 있도록 그 기능도 한층 강화되었다.

본 서에서는 최근 지역사회를 중심으로 개입하는 다양한 사회복지 외 접근방법과 실천모델을 이해할 수 있도록 하고, 지역사회 및 그 구성원들이 지니는 사회적 문제와 욕구의 해결에 관여하는 사회복지사가 실천현장에서 갖추어야 할 자질과 역량을 키우는 데 필요한 내용으로 구성하였다. 또한 지역사회복지 관련 주요 개념과 역사 및 기초 이론 등에 대한 이해를 비롯하여 전문적 지역사회복지실천의 원칙, 모델, 기술 및 사회복지사의 역할 등 전문적 접근에 필요한 핵심사항을 전반부에 다룬다. 후반부에서는 변화하는 지역사회 현실과 그것을 담고 있는 문제 및 욕구를 규명하고, 거기에 대응하는 다양한 지역사회복지 접근법 및 추진조직체계를 살펴보았다.

아무쪼록 이 책이 지역사회복지의 이론 및 현장을 이해하는 데 도움이 되기를 바라며, 향후 새로운 정보와 보완이 요구되는 부분에 대해서는 지속적으로 발전시켜 나가고자 한다.

끝으로, 출판을 기꺼이 허락해 주시고 도움을 주신 도서출판 창지사 김기섭 사장님께도 깊은 감사의 말씀을 전한다.

2022년 3월

저자 일동

목 차

CHAPTER 03

지역사회복지의 발달과정_ 51

CHAPTER 04

지역사회복지의 기초이론_ 71

CHAPTER 05

지역사회복지의 실천모델에 대한 이해_ 87

CHAPTER 11

지역사회복지추진체계_ 227

CHAPTER 12

지역사회복지운동의 이해_ 289

CHAPTER

01

지역사회 개념과 유형에 대한 이해

학습목표

1. 지역사회의 개념을 이해하고 유사개념과 비교 · 설명할 수 있다.
2. 여러 가지 지역사회의 유형을 비교 · 설명할 수 있다.
3. 지역사회의 기능에 대해 알 수 있다.

1. 지역사회의 개념: 유사개념과 비교

1) 지역사회의 개념

지역사회(community)는 다양한 의미를 가지고 있다. 영어 community의 어원을 살펴보면, 라틴어의 communis, 영어의 common에서 유래되었다. 라틴어의 communis는 '공유', '함께하는'이라는 뜻을 가지는 용어이며, common은 '일반적인', '공동의'라는 의미를 가진 단어이다. 또한 중세에는 'communis'를 '동료나 성곽 내 거주하는 사람들'을 일컫는 의미로 사용하였다(NASW, 1999). 따라서 지역사회는 공통으로 공유하고 있는 어떤 곳을 의미한다고 하겠다. 우리나라에서 'community'는 지역사회, 공동체, 공동사회 등으로 다양하게 사용되고 있지만, 일반적으로 사회복지계에서는 '지역사회'로 번역하여 사용하고 있다.

지역사회는 일정한 공간 내에 하나의 개인으로 이루어진 지역주민들이 공통의 의식을 공유하며 거주하고 있는 공동생활공간이라고 할 수 있다. 그러나 현대사회로 접어들면서 시간적 · 공간적 영역을 넘나들며 공동의 생각을 교류하는 사람들이 증가하고 있다. 따라서 같은 지역 내 거주하지 않더라고 비슷한 의식을 공유하고 있는 사람이 있다면 그것 또한 지역사회라고 칭하기도 한다. 즉, 지역사회는 다른 지역과는 구별되는 특수성을 가지는 지리적 경계선을 가질 뿐만 아니라, 지역 구성원

간의 상호작용을 가지고 있다고 하겠다.

지역사회에 대한 개념 또한, 학자에 따라 다양하게 정의되고 있다. 먼저 대표적인 학자인 워렌(Warren)은 기존의 지역사회에 대한 개념뿐만 아니라, 산업화, 도시화가 빠르게 이루어지고 있기 때문에 지역사회에 대한 새로운 정의가 필요하다고 하였다. 그는 지역사회의 개념에는 지리적 측면뿐만 아니라, 심리적인 면까지도 포함해야 한다고 하였다. 펠린(Fellin, 1995)은 지역사회를 '공동의 장소, 이해, 정체감, 문화, 활동에 기반하고 있는 사람들이 구성한 사회 단일체'라고 정의하고 있다.

스테이너(Steiner)는 지역사회에 대해 '일정한 지역에 거주하는 주민의 집단으로서 그들 공통의 관심사를 추구하기 위해 필연적으로 조직된 인간집단'이라고 말하였다. 넬슨(Nelson)은 지역사회를 '일반적으로 제한된 지역에 거주하면서 공동의 의식을 가지고 조직된 관계를 통해 공통의 이익을 추구하며 여러 활동을 분담하는 인간집단'으로 정의하고 있다(이영철, 2003 재인용). 또한 고명석 등(2014)에 따르면 지역사회는 '일정한 지리적 범위 내에 있는 사람들의 집단 또는 공동의 이해관계, 소속감, 문화에 기초하여 활동하는 사람들이 집단으로 구성된 사회적 단위'라고 정의하고 있다. 또한 로스(Ross)는 지역사회를 지리적 지역사회와 기능적 지역사회로 구분하여 설명하고 있는데, 기능적 지역사회에 대해 '복지, 농업, 교육, 종교 등의 영역에서 관심과 기능을 공유하는 사람들의 집단'으로 정의하고 있다(김윤재 · 이경재 · 심영진 · 허윤희 · 임동빈, 2010 재인용).

Longman 사전(1995)에도 지역사회에 대해 '동일한 지역 및 도시 등에서 생활하는 모든 사람들' 혹은 '동일한 국적, 종교 및 기타 유사한 영역들을 공유하는 사람들의 집단'으로 나타나 있다. 이러한 지역사회의 개념을 요약해 보면 크게 두 가지 정도로 요약할 수 있다.

첫째, 지리적 의미의 지역사회를 들 수 있다. 지역사회의 가장 핵심이자 기초가 되는 개념으로, 같은 지역 내 거주하는 사람들로 정의 내릴 수 있다. 앞서 살펴본 여러 학자들의 의견처럼 '일정한 지리적 범위(area)', '일정한 지역 내 거주'라는 개념처럼 행정적 의미의 지역사회를 칭한다. 물론 지역사회를 반드시 행정구역 단위로 구분할 필요는 없고, 최근에는 미국을 비롯한 서양을 중심으로 지리적 지역사회의 기능이 약화되고 있지만 현실적으로 지리적 근접성이라는 측면은 매우 중요한 요소이며, 실제 우리의 삶도 행정 단위 중심의 지역사회 단위로 운영되고 있기 때문에 여전히 중요한 개념이 된다.

둘째, 사회적 동질성을 강조하는 지역사회의 개념도 있다. 즉, 그들이 공통으로 가지는 관심사는 무엇이며 그 관심 분야에 대해 어떻게 합의하는지를 확인하는 것이며, 그들이 어떻게 일체감을 가지는가에 대해 관심을 가지는 것이다. 결국 우리는 그들이 가지는 공통의 관심사와 가치관에 관심을 가진다. 쉽게 말해 지역사회를 설명할 때, 문화적 동질성, 집단행위와 상호작용을 중심으로 설명할 수 있다. 특정한 지리적 경계뿐만 아니라 공동의 결속이 필요한데, 이는 쉽게 말해 흔히 사용하는 '우리'라는 의식을 말한다. 지역사회 내에서 이러한 의식이 형성되면 그 사회를 이어주는 공동의 연대감, 결속력 등이 강화된다.

이러한 개념을 바탕으로 지역사회의 구성요소를 3가지로 설명할 수 있다.

첫째, 지리적 경계이다. 즉, 산이나 강처럼 자연적인 경계로 이루어진 공간으로 물리적 환경을 의미하며, 이는 지역사회를 위한 기본 조건이 된다. 예를 들면, 행정단위인 특별시 · 광역시 · 도, 시 · 군, 읍 · 면 · 동 등을 들 수 있다.

둘째, 공통의 의식과 가치를 들 수 있다. 이는 다른 말로 공동의 연대감이라고 할 수 있다. 이는 그 지역사회만의 독특한 문화와 가치를 바탕으로 같은 의식을 가진 사람들끼리의 소속감, 일체감을 가지며, 반대로 다른 지역사회에 대해 배타적인 성향을 가질 수 있다. 예를 들면, 동문회, 지역 단위의 스포츠 동호회, 노동조합, 종교모임 같은 것이 있다.

셋째, 사회적 상호작용이다. 이는 지역사회를 만들어 가는 과정으로, 생활에 필요한 것을 교류하거나 사회적 관계를 형성하여 유기체적 관계를 유지해 가는 것을 의미한다. 즉, 사람들이 지역사회에서 살아가면서 다른 지역주민과 관계를 형성하고 서로 영향을 주고받는 것을 말한다. 이를 통해 지역의 사회 · 문화현상이 나타난다.

2) 지역사회의 개념: 유사개념과 비교

지역사회에 대한 다양한 다른 견해들이 존재한다. 그중에서도 중요하게 다루어지는 유사한 개념들에 대해 4가지 정도로 살펴보도록 하겠다.

첫째, 퇴니스(Tonnies)가 말한 공동사회(gemeinschaft)와 이익사회(gesellschaft)를 들 수 있다. 공동사회란 혈연과 지연을 기반으로 한 전통적인 공동체를 바탕으로 이루어진 소규모 대면적 사회를 의미하며 예로, 가족, 촌락 등이 있다. 이에 반해 이익사회란 이해관계, 계약을 중심으로 개인주의나 금전적 목적 등을 염두에 두고 이루어진 것으로 비전통적 사회를 말하며 행정관료, 대규모 산업조직, 정당 등을 들 수 있다. 퇴니스는 우리 사회가 전통적 공동사회에서 비전통적 이익사회로 발전해 간다고 주장하였다. 특히, 이러한 개념이 연속선상에서 정의되는 특성이라고 하였다.

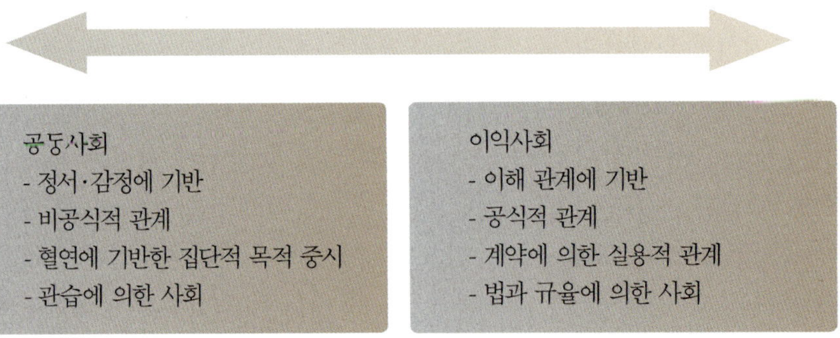

그림 1-1 퇴니스의 지역사회의 연속성

둘째, 연대지역을 들 수 있다. 이는 그들 지역만의 공통의 유산을 가지며 그 신념을 바탕으로 지역을 형성하고 살아가는 경우를 의미한다. 예를 들면, 종교, 민족성, 인종 등의 가치를 공유하며 살아가는 것으로, 유태인들이 세계 각지에서 종교적 가치를 나누며 마을을 만들어 같이 살아가는 모습이나 우리나라의 한농복구회와 같이 유기농, 환경 등에 대한 생각을 공유하고 살아가는 모습 등을 볼 수 있다.

이러한 입장을 요약해 보면 지역사회는 체계들로 구성되며, 그 하위체계들은 정부, 종교, 사회, 가족과 같은 것을 의미한다. 또한 하위체계 내 구성원들 혹은 하위체계 간에 상호 연관되어 있으며, 공동체적 집단으로 구성된다는 것이다. 또한 이들은 상호 연관되어 있지만 모두 분리된 실체를 가지고 있으며, 이러한 체계들은 균형과 안정상태를 유지하고 있다는 것이다.

셋째, 사회적 계급(계층)으로서의 지역을 말할 수 있다. 물론 현대사회로 오면서 과거와는 달리 강제로 나누어서 형성되지는 않고 있으나, 사회의 양극화가 심해지면서 의도하지 않지만 사회적 계급 혹은 계층에 따라 지역이 분류되고 있기도 하다. 즉, 힘(권력)의 관계에 따라 계급 혹은 계층이 분화되며, 이는 현대사회로 올수록 교육, 소득, 자원, 기회에 접근할 수 있는 정도에 따라 빠르게 분화되고 있다.

마지막으로, 갈등의 장으로서의 지역을 설명할 수 있다. 우리는 지역사회를 바라볼 때, 갈등보다는 안정을 중심으로 바라보고 있다. 그러나 갈등과 변화는 지역이 안고 있는 필연적인 속성일 뿐만 아니라, 갈등의 발생, 과정에 대해 잘 알아야만 지역사회를 잘 이해할 수 있다. 콜만(Coleman)은 지역사회의 갈등에 관한 관점을 언급하고 있는데, 지역사회 내 갈등은 경제적 문제로 인한 갈등, 권력으로 인한 갈등, 문화적 가치나 신념으로 인한 갈등에서 시작된다고 하였으며, 특정한 영역의 쟁점에서 일반적인 쟁점으로 변화해 간다고 하였다(이영철, 2003). 또한 갈등은 사회구조에 영향을 미쳐 변동을 일으키게 하고, 영향력 있는 지역사회의 지도자나 조직은 갈등에 영향을 미칠 수 있다는 것이다. 무엇보다 하나의 갈등이 끝이 나거나 갈등이 지속된다면 또 다른 쟁점과 갈등이 나타나는 경향이 있다는 것이다. 따라서 우리 사회에서 안정도 중요하지만 갈등도 사회를 운영하는 중요한 부분이 되기 때문에 갈등의 장으로서 지역사회를 이해하는 것이 필요하다.

2. 지역사회의 유형과 기능: 다양한 유형구분 시각 검토

1) 지역사회의 유형

(1) 로스의 지역사회 유형

먼저 로스(Ross, 1967)는 지역사회의 유형을 크게 지리적 지역사회와 기능적 지역사회, 두 가지 정도로 설명하고 있다.

지리적 지역사회는 일정한 지리적 경계를 중심으로 그 공간을 함께 공유하며 공통의 관심사를 가지고 상호작용하는 사람들을 의미한다. 특정한 공간을 중심으로 이루어지는 이 유형은, 첫째, 지리적 경계를 가지며, 둘째, 소속된 사람들의 공통의 의식과 가치를 공유하며, 셋째, 사회적인 상호작용이 이루어지는 등 세 가지 차원에 의해 정의 내릴 수 있다. 다시 말해, 앞서 설명했던 지역사회의 구성요소 3가지를 모두 충족하면 우리는 지리적 지역사회라고 칭하는데, 주로 행정적 의미의 지역사회를 의미한다. 이는 지리적 공간의 크기와 영역, 인구밀도에 따라 분류된다. 예를 들어, 대도시, 중·소도시, 읍 지역처럼 분류되며 대단위 아파트단지나 노숙인들이 모여 있는 공원도 여기에 포함된다.

다음으로 기능적 지역사회는 탈장소, 탈공간적 성향을 가지는 지역사회로 지리적 경계를 제외한 나머지 두 가지 요소가 있을 때를 의미한다. 즉, 소속된 사람들이 공동의 연대감을 가지고 그들의 신념을 바탕으로 상호작용을 행할 때 기능적 지역사회라고 한다. 이것은 특성, 종교, 민족, 생활방식, 이념, 사회계층, 취미활동 등을 중심으로 이루어지는데, 퇴니스의 의견을 비추어 본다면 이익사회를 지향하고 있는 현대사회에서는 지리적·공간적 의미 이외에 더 넓은 탈지리적·탈공간적·기능적 의미의 지역사회를 포함할 필요가 있다. 이처럼 공간적 경계에서 벗어나서 특정한 공동의 관심과 가치를 공유하는 사람들을 의미하는 것으로 '공동체'와도 같은 의미로 쓰인다. 기능적 지역사회의 예시로 사회복지사협회, 사회복지학계, 환경운동단체, 불교모임회, 직장 노동조합 등 비슷한 종교, 문화, 취미, 직업 등을 공유하고 일정한 소속감을 보이는 집단을 들 수 있다.

(2) 던햄의 지역사회 유형

던햄(Dunham)은 지역사회를 크게 4가지 정도로 분류하였는데, 인구크기에 따른 분류, 경제적 기반에 따른 분류, 정부의 행정구역에 따른 분류, 인구구성의 사회적 특수성에 따른 분류가 그것이다.

인구크기에 따른 분류는 크게 3가지 정도로 구분할 수 있는데, 첫째, 인구규모 및 인구밀도 등 인구학적 특성에 따라 대도시, 중 · 소도시, 읍지역과 같이 구분하는 것이다. 둘째, 배후지의 인구규모와 배후지에 대한 지역사회의 영향, 배후지와 지역사회와의 관계 등에 대해 고려하여 분류할 수 있으며, 셋째, 인구의 이질성, 조직 및 서비스 이용, 분업, 개인의 잠재적 익명성, 사회적 관계의 지배적 특성, 사회통제의 지배적 유형, 외부로 드러나는 지위의 상징을 바탕으로 상호 서열을 평가하는 정도 등 사회문화적 특성에 따라서도 분류할 수 있다.

일반적으로 우리나라에서는 인구 100만 명 이상인 지역을 대도시, 인구 30만 명 이상인 지역을 중 · 소도시, 인구 30만 명 미만인 지역을 읍 지역으로 구분하고 있는데, 최근에는 대도시 등의 인구집중을 막기 위한 정부주도의 신도시 개발 등으로 인해 인구집중현상이 인구규모에 따른 지역사회 구분이 과거에 비해서 큰 의미가 없어진 것이 사실이다(〈표 1-1〉 참고).

표 1-1 인구학적 특성에 따른 지역사회 분류

구분	지역 단위		
	촌락	시	거대 도시지역
인구학적 특성			
인구규모	소규모	중간	대규모
인구밀도	낮음	중간	높음
지역사회와 배후지와의 관계			
배후지의 인구규모	소규모	가변적	대규모
배후지에 대한 지역사회의 영향	한정	가변적	광범위
배후지와 지역사회와의 관계	적음	가변적	많음

구분	지역 단위		
	촌락	시	거대 도시지역
사회문화적 특성			
인구의 이질성	낮음	중간	높음
조직 및 서비스 이용	한정	중간	광범위
분업	낮음	중간	높음
개인의 잠재적 익명성	낮음	가변적	높음
사회적 관계의 지배적 특성	일차적	이차적	이차적
사회통제의 지배적 유형	일차적	이차적	이차적
외부로 드러나는 지위의 상징을 바탕으로 상호 서열을 평가하는 정도	낮음	중간	높음

출처: Butler(1976); 홍동식·박대식(1996) 재인용.

경제적 기반에 따른 분류는 주로 지역주민의 경제적 수준 및 사회문화적 특성을 파악하고자 할 때 자주 활용되는 방법이다. 예를 들어, 1차 산업, 2차 산업, 3차 산업으로 분류하는 것을 말하며, 지역주민들은 각각 경제활동에 참여하고 있다. 전통적으로는 농촌, 산촌, 어촌, 광산촌, 경제특구 등으로 분류한다. 우리나라에서는 최수명(1985)이 전국 81개 시 · 군을 대상으로 농업성과 도시성을 기준으로 하여 5개 유형으로 지역사회를 분류하였다. 도시 · 농촌성 조화지역, 도시화지역, 점이지역, 순수농촌지역, 한계지역 등이다(양성관 외, 2014).

다음으로 행정구역에 따른 분류를 들 수 있다. 이것은 정부의 행정구역을 기준으로 지역사회를 특별시 · 광역시 · 도, 시 · 군 · 구, 읍 · 면 · 동으로 구분하는 것이다. 정부의 행정구역은 인구의 크기에 따라 분류하는 것이 일반적이지만, 반드시 그런 것은 아니며 최근에는 특별자치시 · 특별자치도와 같은 새로운 형태가 나타나기도 하였다. 또한 우리나라에서는 일반적으로 행정구역에 따른 분류를 활용하고 있다. 우리나라는 2021년 현재, 특별시 1개, 광역시 6개, 8개의 도, 1개의 특별자치시(세종), 1개의 특별자치도(제주도)로, 총 17개의 행정구역은 광역지방자치단체로 분류된다.

마지막으로, 인구구성의 사회적 특수성에 따른 분류는 도시 저소득층 지역, 외국인 밀집지역, 화교골목, 코리안 타운이나 차이나 타운, 유태인 거주지역처럼 사회적 · 경제적 · 인종적 특성을 중심으로 지역을 나누는 것을 말한다.

(3) 린데만의 지역사회 유형

린데만(Lindeman)도 지역사회를 유형에 따라 11가지 정도로 분류하였다(최일섭 · 이현주, 2004).

첫째, 대도시 지역이다. 인구 50만 명 이상으로, 산업, 상업, 문화의 중심지를 말한다.

둘째, 산업지역이다. 산업별로 지역을 분류하였는데, 어떤 지역은 다양한 산업을 가지기도 하고 또 어떤 지역은 광업, 제철, 자동차, 조선 등 하나의 산업에만 집중되어 나타나기도 한다고 하였다. 우리나라는 울산, 광양, 포항, 거제 등이 하나의 산업에만 집중되어 있는 지역을 대표한다.

셋째, 상업지역이다. 이는 상업이 중심이 되는 지역으로, 중심상업지는 경기를 주도하고 고도의 산업집중화가 일어난다.

넷째, 정부행정중심지역을 들 수 있다. 이는 정부의 행정관서가 집중되어 있는 곳을 말한다. 우리나라의 경우, 과거의 과천이나 현재의 세종특별자치시가 여기에 해당한다.

다섯째, 교육중심지역이 있다. 대학교나 연수원, 기타 교육시설이 밀집되어 중심이 되는 지역을 의미한다.

여섯째, 기관 및 시설중심지역을 들 수 있다. 이는 주민 생활의 중심이 병원 등과 같은 하나의 기관, 혹은 그 이상의 기관을 통해 영위되는 지역사회를 의미한다. 대부분의 경우, 이 시설 자체가 한 도시 내에 지역사회를 형성하고 있다.

일곱째, 교외지역이 있다. 도시근교에 있는 주거지역으로, 주거용 주택가가 많고 도시로 출퇴근하는 주민이 많은 것이 특징이다.

여덟째, 휴양지역이다. 해변이나 산간의 관광지, 국립공원 등과 같은 자연명소가 밀접해 있는 지역사회를 의미한다.

근린모임 등의 공식적 · 비공식적 조직의 활동을 통해 서로의 가치를 공유하고 상호작용하는 기회를 가지는 것을 말한다. 정치, 사회, 경제의 흐름이 급격히 변하고 있는 요즘과 같은 시기에 더욱 강조되는 기능이 될 수 있을 것이다.

다섯째, 상부상조의 기능이다. 이것은 지역사회 구성원들이 질병, 사망, 실업, 장애, 육아, 출산 등의 사회적 위험으로부터 어려움에 직면하게 되었을 때, 사회구성원들 간에 서로 돕는 것을 의미한다. 이는 서로 돕고 보완하며 살아가자는 공동체적 삶의 기반을 제공하는 것이다. 과거에는 주로 가족, 친지들이 해 왔던 돌봄과 보호의 기능을 사회가 복잡해지고 다양해지면서 각 기능을 전문적으로 수행할 필요가 있게 되었다. 따라서 과거의 1차 집단이 했던 역할을 이제는 정부나 민간 사회복지기관, NGO 등이 주도적으로 수행하고 있다. 상부상조의 기능은 공식적 활동뿐만 아니라, 비공식적 활동까지도 모두 포함한다. 과거에는 필수적이지 않고 다른 제도를 통해 기본욕구를 충족하지 못할 때 일시적으로 활용되었던 기능이지만, 최근에는 필수적이고 중요한 기능으로 자리 잡고 있다. 상부상조의 기능을 수행하는 주요한 제도는 사회복지제도이다.

표 1-2 지역사회의 기능

기능	내용	제도
생산·분배·소비	– 지역주민이 일상생활을 하는 데 필요로 하는 재화와 서비스를 생산·분배·소비하는 과정과 관련된 기능 – 주로 기업을 통해 이루어지고 있으나, 정부, 전문기관 등에서도 일부 담당하고 있음	경제
사회화	– 사람이 사회 속에서 성장하면서 자신이 속한 사회의 행동방식과 사고방식을 학습하는 과정과 관련된 기능 – 어린 시절의 사회화가 중요하지만, 일반적으로 사회화는 일생을 통해 계속되는 것이 보통임	가족
사회통제	– 사회의 구성원들에게 그 사회의 규범에 순응하게 하는 것과 관련된 기능 – 사회는 구성원이 지켜야 할 법과 도덕을 갖고 있는데, 이를 지키도록 정부가 일차적 강제력을 가짐	정치

기능	내용	제도
사회통합	– 사회구성원 간 혹은 사회 내 여러 단체 및 집단이 서로 결속력을 갖도록 하는 것과 관련된 기능 – 사람들이 스스로 규범을 준수하고 바람직한 행동을 하도록 함	종교
상부상조	– 질병, 사망, 실업 등의 사회적 위험으로부터 어려움에 직면하게 되었을 때, 사회구성원들 간에 서로 돕는 것과 관련된 기능 – 서로 돕고 보완하며 살아가자는 공동체적 삶의 기반을 제공함	사회복지

출처: Gilbert & Specht(1974).

(2) 워렌의 지역사회기능의 비교척도

모든 사회는 앞서 살펴본 사회적 기능과 이를 수행하는 제도를 통해 형성되었지만, 외형적 기능과 실질적 운영 사이에는 차이가 있을 수 있다. 따라서 워렌은 지역사회 특성을 비교할 수 있는 척도를 4가지로 설명하고 있다.

첫째, 지역적 자치성(autonomy)을 들 수 있다. 지역사회가 기능을 수행하는 데 있어서 다른 지역에 어느 정도 의존하는가에 대한 것이다. 즉, 지역사회는 개방체계로서 다른 지역과 관계를 맺게 되는데, 그 관계 속에서 얼마나 자립성을 가지는지 혹은 의존성을 가지는지에 대한 부분이다.

둘째, 서비스 영역의 일치성(coincidence of service area)이다. 이것은 지역사회에 있는 학교, 상점, 교회, 공공시설 등의 서비스 영역이 동일지역 내에서 이루어지고 있는가에 대한 것이다. 즉, 이러한 시설들이 동일지역 내에서 이루어진다면 그 지역 내 주민들은 서비스를 동시에 이용할 수 있겠지만, 반대로 지역사회 내에서 그 서비스들이 모두 이루어지지 않을 수도 있다.

셋째, 지역에 대한 주민들의 심리적 동일시(psychological identification)에 대한 내용이다. 이는 지역주민들이 자기 지역을 어느 정도 중요한 준거집단으로 생각하고 어느 정도 소속감을 가지는가에 대한 것이다. 중요하게 생각하고 소속감을 가질수록 심리적 동일시 항목은 높은 점수를 가지게 될 것이다.

넷째, 수평적 유형(horizontal pattern)이다. 이것은 지역사회 내에 있는 여러 조직들이 서로 얼마나 강한 상호 관련성을 가지는가 하는 것이다. 지역에 따라 주민의 감정, 행동양식, 상호 관련성이 강하거나 약하기도 하며, 지역적 특성 또한 강하거나 혹은 약하게 부각될 수 있을 것이다.

표 1-3 지역사회 기능의 비교척도

		0	1	2	3	4	
1. 지역적 자치성	자립						의존
2. 서비스 영역의 일치성	일치						불일치
3. 심리적 동일시	강						약
4. 수평적 유형	강						약

생각해 볼 문제

1. 지역사회의 개념과 구성요소 3가지를 설명하시오.

2. 로스가 말한 지역사회의 유형을 2가지 들고, 각각 유형의 특징에 대해 설명하시오.

3. 길버트와 스펙트가 말한 지역사회의 핵심적인 기능 5가지와 그 기능을 수행하는 사회제도에 대해 설명하시오.

CHAPTER 02

지역사회복지와 지역사회복지실천에 대한 이해

학습목표

1. 지역사회복지의 개념과 지역사회복지와 관련된 다양한 용어를 학습한다.
2. 사회복지와 지역사회복지 차별화된 특성을 설명할 수 있다.
3. 지역사회복지실천의 개념과 목표, 원칙과 가치를 학습한다.
4. 지역사회복지실천의 특성을 설명할 수 있다.

1. 지역사회복지의 개념

1) 사회복지실천과 지역사회복지

사회복지학은 인간과 사회에 대한 다양한 이론체계를 기반으로 전개되며 실천이 강조되는 학문이다. 사회복지학을 실천적 측면에서 접근하면 실천의 단위는 국가 수준, 지역사회 수준, 개인이나 집단수준으로 구분할 수 있다. 또한 실천기법 측면에서는 제도나 정책적 기법을 활용하는 접근(macro approach)과 기술적 기법을 활용하는 접근(micro approach)이 있으며 정책적 접근과 기술적 접근을 동시에 활용하는 기법(mezzo approach)도 있다.

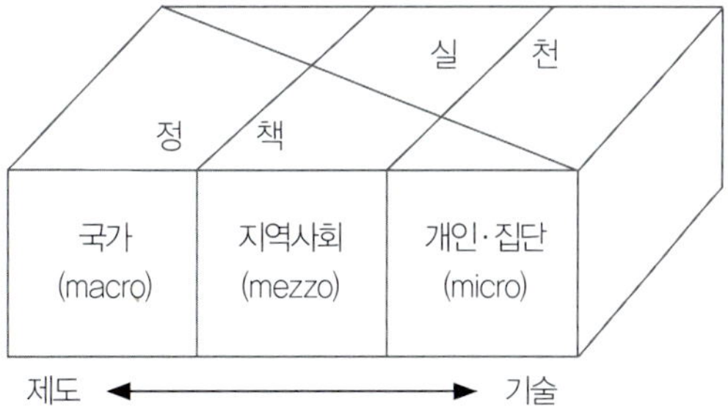

그림 2-1 지역사회복지의 개입 수준과 기술

출처 : 유동철·홍재봉(2019) 재인용.

지역사회복지는 지역사회 수준에서 정책적 접근과 기술적 접근을 동시에 활용하는 기법(mezzo approach)으로 국가 단위의 사회복지정책을 구체화하여 개인 및 집단의 삶의 질을 높이는 역할을 수행하게 된다. 지역사회가 사회복지 실천의 핵심적 수단인 동시에 복지서비스 제공의 중요한 대상이라는 점에서 이러한 장을 적절하게 활용한 사회복지실천을 지역사회복지라고 할 수 있다.

사회복지실천이 개인과 가족, 집단 중심의 미시적 접근을 주로 다루게 되고, 지역사회복지는 지역사회라는 별도의 영역을 주로 다루는 양상을 보이지만 사회복지실천의 접근에는 기본적으로 지역사회 차원의 접근도 포함될 수 있어 사회복지실천과 지역사회복지의 관계는 모호한 부분이 존재한다. 그러므로 사회복지실천과 지역사회복지 간의 공통점과 차이점을 정리해볼 필요가 있다.

케이스 워크 및 그룹 워크가 중심이 되는 사회복지실천과 지역사회복지 간의 공통점은 다음과 같이 정리할 수 있다(박태영 · 채현탁, 2020; 31-33).

첫째, 사회복지실천은 개인, 소집단, 지역사회와 같이 대상은 다르지만, 각 대상에 대하여 개별화된 접근을 한다. 케이스 워크에서의 자기결정, 그룹 워크에서의 집단결정, 지역사회복지에서의 주민 주체의 원칙 등은 각 대상의 독자성을 인정하는 개별화된 접근을 한다는 점에서 사회복지실천과 지역사회복지는 유사하다.

둘째, 사회복지실천과 지역사회복지는 문제 구조와 대처 메커니즘을 전체적이고 통합적으로 다룬다는 점에서 유사성이 있다. 사회복지의 대상인 주민의 생활구조가 다차원적이고 종합적으로 이루어지기 때문에 이를 지원하는 사회복지는 어느 수준의 접근이든 기본적으로 전인적인 대응이 요구된다.

셋째, 문제해결에 있어서 사회자원을 활용한다는 측면에서 공통점이 있다. 여러 사회 제도와 연계를 통해 문제를 해결하거나 예방하는 것이 사회복지실천과 지역사회복지의 공통된 특성이다.

넷째, 사회복지실천과 지역사회복지는 공식적이고 비공식적인 인간관계를 조정하며 아울러 가족, 동료집단, 직장집단, 주민집단, 기능집단 등의 다양한 집단의 조직화를 통해 변화를 추구한다는 점에서도 공통점이 있다.

다섯째, 사회복지실천의 대상이 어느 수준이든 처한 문제 상황을 해결하기 위해 개별화, 수용, 비심판적 태도, 비밀보장 등의 자세로 전문가가 개입한다는 점에서도 사회복지실천과 지역사회복지는 공통점이 있다.

또한, 사회복지실천과 지역사회복지의 차이점은 다음과 같이 정리해 볼 수 있다. 언급되는 차이점은 지역사회복지의 고유성으로 볼 수 있다.

표 2-1 사회복지실천과 지역사회복지의 차이점

접근방법	사회복지실천	지역사회복지·지역사회복지실천
목적	• 사회조정 – 개인의 사회적 적응, 사회적 성장	• 사회변혁 – 개인 및 소집단을 둘러싼 환경의 개선
대상문제	• 개인 및 가족의 심리·사회적 문제	• 지역사회의 정치·사회문제
문제해결	• 기존 자원의 유효한 활용	• 사회자원의 효과적 조정 • 사회적 자원 개발
수단	• 신뢰관계, 정서적 결합, 동료의식, 상호부조 등의 기능	• 조직이나 기능집단 역할의 서열·통합 기능, 주민의 응집력, 연대감
강조점	• 개인 및 가족, 집단 대상 개입	• 지역성, 기능성 등 지역 내 관계 속성

이상에서와 같이 사회복지실천은 개인 및 가족 또는 아동 · 청소년 · 장애인 · 노인복지와 같이 대상을 중심으로 개입하는 복지 활동의 특성이 강조된다. 반면 지역사회복지와 지역사회복지의 실천은 지리적 속성인 지역성과 이해적 관계라는 기능성을 포함하여 일정한 지역 내에서 이루어지는 속성이 강조된다.

그러나 지역사회복지는 지역사회가 개인, 가족 등 미시적 수준의 사회체계로 구성되어 있어서 미시수준의 사회체계와 연속선상에 놓여 있지만 미시적 차원의 가족복지보다는 광범위한 차원의 복지 개념으로 접근해야 한다. 사회복지실천과 지역사회복지는 사회복지라는 일련의 선상에서 상호보완적인 관계라고 할 수 있을 것이다.

2) 지역사회복지의 개념

최일섭 · 류진석(1996)은 지역사회복지를 지역사회를 개입 대상으로 보고 지역사회에 존재하는 각종 문제를 예방하거나 해결하고자 하는 일체의 사회적 노력이라고 정의하였다. 표갑수(2006)는 지역사회 주민들의 복지 향상을 위해 지역사회를 조직(organizing), 계획(planning), 개발(development)하고 변화(change)를 유인하는 과정과 방법 및 실천기술을 포함한다고 하였다.

이 밖에도 일반적으로 통용되고 있는 지역사회복지(community welfare)는 지역사회를 대상으로 하는 제반 활동을 포함하는 매우 포괄적이고 광범위한 개념으로 정의되어 왔다. 이렇게 전문 또는 비전문인력이 지역사회 수준에 개입하여 지역사회에 존재하는 각종 제도에 영향을 주고, 지역사회 문제를 해결하고자 하는 과정과 방법 및 실천기술을 포함하는 활동으로 정의되는 지역사회 복지의 개념은 너무 포괄적이므로 보다 구체적으로 살펴 볼 필요가 있다.

우선 좁은 의미와 넓은 의미로 구분하여 살펴볼 때, 좁은 의미에서의 지역사회복지는 비시설 환경(거주시설이 아닌 곳)에서 서비스 대상자에게 각종 사회복지서비스를 제공하는 것으로 시설보호의 대체 개념으로 이해되며 대인 서비스와 관련된다고 할 수 있다.

넓은 의미에서의 지역사회복지는 지역사회의 복지 향상을 위한 제도 차원의 이해와 지역성을 강조한 관점의 이해로 구분해 볼 수 있다. 지역사회복지를 지역사회의 복지 향상을 위한 제도 차원의 개념으로 이해하는 입장은 지역사회의 복지 향상을 위해 전문 혹은 비전문 인력이 지역사회 수준에 개입하여 지역사회에 존재하는 각종 제도에 영향을 주고, 지역사회의 문제를 예방하고자 하는 일체의 사회적 노력을 지역사회복지라고 보고 있다.

또한, 지역성을 강조하는 입장은 지역의 복지를 향상시키려는 유 · 무형의 활동과 노력을 어느 특수 전문 분야에 국한시키지 않는다. 사회사업, 공중보건, 성인교육, 공공행정, 도시계획, 정신건강 등의 전문가들과 민간단체나 정치단체의 자원봉사자들에 의해 광범위하게 수행되는 활동을 포함한다는 입장에서 사회복지사의 전문적 활동을 비롯한 다양한 전문적 · 비전문적 활동을 포괄하는 개념이 된다.

지역사회복지에 대한 각각의 개념을 종합해 보면, 지역사회복지는 지역사회 주민의 삶의 질을 향상하거나 지역사회 자체를 변화시키기 위해 전문적 개입 방법을 사용하여 지역주민들의 자발적인 변화를 도움으로써 지역사회 문제의 개선 또는 향상을 목적으로 이루어지는 활동 전반을 의미한다.

조금 더 구체적으로 정의하면 지역사회복지는 복지의 주체인 주민이 주민 주체의 원칙에 입각하여 국가 · 지방의 자치단체 및 주민조직, 민간단체가 협력을 통해 소득보장정책, 주거환경정책, 보건 · 의료정책, 교육 · 문화정책, 노동정책, 교통통신 정책 등의 일반 공공 정책과 더불어 상호보완적으로 개별적 · 종합적 · 조직적으로 원조하는 지역정책과 지역 활동 전반을 의미하는 개념이라고 할 수 있다.

3) 지역사회복지 관련 개념

(1) 지역사회조직

지역사회조직(community organization)은 전문사회사업의 한 실천방법으로써 지역사회를 구성하는 개인, 집단, 이웃이 사회적 복리를 향상시키기 위해 지역사회 수준에서 전개되는 일련의 활동이다. 지역사회조직은 지역주민의 공통적 욕구(needs)를 해결하기 위해 지역사회 내의 물적 · 인적 정보 자원을 활용하며, 이를 통해 지역사회 주민들의 욕구와 연계함으로써 지역사회의 상부상조 활동이 지역사회가 활력 있고 바람직한 방향으로 발전해 나가도록 조직화하는 활동을 의미한다.

지역사회조직은 급격한 사회변화 및 기술의 발전과 산업혁명으로부터 제기된 사회문제를 해결하기 위해 새로운 조직을 설립하고 서비스를 개발하기 어려운 처지에 놓인 사람들의 문제를 해결하기 위한 방법(Sherrad, 1962)으로 조직적 차원을 강조하며 제시되었다.

던햄(Dunham, 1979)은 지역사회조직의 목적에 대해 ① 지역사회의 욕구와 자원을 조정·유지해 폭넓게 지역사회의 욕구를 해결해 주는 것, ② 지역주민의 참가와 자기결정, 협력 등의 능력을 발전시켜 자기들의 문제를 효과적으로 해결할 수 있도록 원조하는 것, ③ 지역사회나 집단 간의 권력구조에 변화를 가져오게 하는 것, 혹은 의사 결정에 영향을 줄 수 있는 것으로 제시하였다.

프리드렌더(Friedlander, 1980)는 지역사회조직의 목적을 ① 사회적 욕구를 조사하며 우선순위를 결정하고, ② 그러한 욕구를 충족하기 위해 구체적인 계획을 수립하고, ③ 지역사회자원을 효과적으로 조정·동원하며, ④ 지역주민의 적극적 참가를 권유하는 것이라고 하였다.

(2) 지역사회복지실천

지역사회복지실천(community welfare service)은 지역사회를 대상으로 이루어지는 사회복지사의 활동 영역에서 필수적 개념이다. 이 개념은 개인, 가족, 지역사회를 대상으로 이루어지는 사회복지실천방법을 통합적으로 보는 실천의 관점에서 지역사회의 변화를 목표로 하는 사회복지실천을 의미한다.

지역사회복지실천은 사회복지사들의 전문 활동으로만 국한하지 않고 지역사회복지의 증진을 위한 모든 전문적·비전문적 활동을 포괄하지만 사회복지사들의 전문적 활동에 초점을 맞추고 있다. 지역사회복지실천의 개념에서 지역사회는 사회복지실천의 환경 또는 맥락이면서 사회복지실천의 대상 또는 클라이언트가 되기도 한다.

지역사회는 일정한 지역 범위에서 사회적 욕구를 충족하는 공급체계로 기능한다. 지역사회의 공급체계로서의 기능은 사회적 욕구의 확대와 다양화에 따라 욕구와 자원의 수요공급이 원활하지 못할 때 필요하다. 요보호문제를 중심으로 생활이 곤란한 모든 대상으로 공적시설과 공사의 복합적 시설이 공급체계로 기능하며 주민참여를 강조하는 접근방법을 사용한다.

(3) 지역사회보호

지역사회보호(community care)는 지역사회 내에서 실시하는 보호와 지역사회에 의한 보호가 있다. 이는 가능한 한 사회적 보호를 필요로 하는 사람의 가정 또는 그와 유사한 지역사회 내의 환경에서 서비스를 제공하는 일련의 사회활동이다.

지역사회보호의 특징은 ① 가정 또는 가정과 유사한 환경, 즉 통원치료기관, 그룹홈 등과 같은 보호의 장이 전제된다는 점, ② 서비스 제공을 위해 함께 동거하는 직원이 없고, ③ 일상생활의 결정은 개인에 의해 이루어지며, ④ 가정에서의 보호 또는 가정 외부로부터 서비스를 받는다는 점이다.

(4) 시설보호와 재가보호

시설보호(institutional care)는 사회적 보호가 필요한 사람들이 일정한 시설에서 보호서비스와 의식주를 제공받으며 장 · 단기적으로 거주하는 형태의 사회적 보호를 의미한다. 시설보호는 주거 개념을 포함하여 훈련된 직원이 함께 살며 거주하고 함께 생활한다는 특성을 가지며, 엄격한 규율과 절차가 있어 개인의 자유와 선택이 제한된다는 폐쇄적인 특성을 지닌다.

재가보호(residenial care)는 입소시설보호와 반대되는 의미로, 거동이 불편해 일반 의료기관을 이용하기 힘든 대상자가 간호사의 정기적 가정 방문을 통해 의료서비스를 받는다는 개념에서 시작했다. 지역사회보호라는 용어로 사용되며 우리나라에서는 1992년 재가봉사센터가 제도화되면서 재가보호의 용어가 법적으로 사용되고 있다.

(5) 시설의 사회화

시설의 사회화는 시설생활자의 인권존중 및 생활보장이라는 공공성을 기초로 하며 탈시설화의 이념과 맥락을 같이한다. 시설과 지역사회의 상호작용으로 시설의 제자원을 지역사회에 제공하고 사회복지에 관한 지역주민의 교육과 체험을 돕는 제반 활동을 포함한다. 시설과 서비스, 시설 운영의 개방뿐만 아니라 시설생활자의 지역사회 참여와 시설의 지역사회활동 참여, 지역사회자원의 활용 등 지역사회와의 교류 전반을 포함한다.

(6) 기타

그 밖에 지역사회복지와 관련된 개념으로는 지역사회계획, 지역사회교육, 지역사회 행동 등이 있다.

지역사회계획은 지역사회의 문제해결을 위해 욕구조사에 기초한 우선순위를 설정하고, 지역사회 주민의 욕구를 충족시키기 위해 서비스를 효과적으로 제공할 수 있는 토대를 만드는 것을 기본 내용으로 한다.

지역사회교육은 지역사회 구성원들에게 지역사회 일원으로서 필요한 다양한 교육을 제공하여 지역주민들의 의식과 사고력을 키우는 것을 목적으로 한다.

지역사회 행동은 사회적 약자들의 권익을 보호하고 그들 스스로가 역량을 형성하여 권익을 찾도록 하는 활동이다.

4) 지역사회복지의 이념

1980년 이후 우리나라 사회복지의 중요한 변화는 종전 복지시설의 폐해로부터 비롯된 시설병(hospitalism)의 예방과 치료 차원에서의 탈시설화(deinstitutionalization) 운동과 장애인복지 분야에서의 정상화(normalization)와 사회통합(socialization) 이념이 제시된 것이라고 할 수 있다. 다양한 이념의 변화는 시설의 소규모화, 시설의 개방화, 시설의 사회화와 같은 변화를 유발하였다.

지역사회복지의 이념은 학자들에 따라서 다양하게 논의되고 있지만, 새롭게 주목받게 된 이념인 정상화와 통합화, 주민참여, 네트워크의 내용은 다음과 같다.

(1) 정상화

지역사회복지의 이념 중 가장 중요한 이념의 하나는 정상화 이념이다. 정상화는 1950년대 덴마크와 1960년대 스웨덴에서 정신지체인(지적장애인)의 생활을 가능한 한 정상적인 생활에 가깝게 추구하기 위한 이념으로, 정신지체장애인이 지역사회에서 다른 사람들과 동등한 생활을 함께하는 것을 지향하는 것이다. 이는 장애인의 인권·가치·존엄성은 일반 시민과 같은 것이며, 장애를 가진 자가 장애를 가지지 않은 자와 함께 생활할 수 있는 사회야말로 정상적인 사회라는 의미를 추구한다(장창호·고순철·김익균, 2006: 16).

정상화는 특별한 장애나 욕구를 가진 사람이라고 해도 지역사회와 격리된 곳, 즉 시설이나 병원 등에서 살아가는 것은 인권이나 존엄성의 추구에서 벗어나는 것이기 때문에 지역사회 주민들과 더불어 살아가는 사회를 지향한다.

정상화의 이념은 보호 대상자가 가능하면 생활했던 집에서 가족들과 함께 정상적으로 욕구를 충족시키며 이웃과 사회적 교류를 나눌 수 있는 교육·고용·문화 등을 포함한 다양한 지역사회복지서비스를 구현하는 것을 목표로 한다. 지역사회복지에서 지향하는 탈시설화와 재가복지의 궁극적인 목적은 정상화의 이념과 밀접한 관계가 있다.

여기서, 탈시설화(脫施設化)는 거주(생활)시설의 폐지를 의미하는 것이 아니다. 거주시설의 형태 면에서는 대규모시설보다는 그룹홈, 주간보호시설, 단기보호시설 등 소규모의 다양한 형태를 지향한다. 또한 시설의 운영 면에서는 시설장과 시설 직원을 중심으로 운영하여 오던 폐쇄적 체제에서 자원봉사자와 후원자 등 지역주민들이 적극적으로 참여하도록 하는 개방적 체제로 변화시켜 가는 것을 목표로 한다.

(2) 통합화

통합화 이념은 장애인, 노인 등의 보호대상자가 자신들이 성장한 지역사회에서 지역주민들과 함께 생활하는 것을 추구한다. 과거, 장애인과 노인 등의 보호대상자들은 지역사회로부터 격리된 수용시설에서 특별히 보호하는 것이 일반적이었으나 최근 인권을 중시하는 입장에서의 복지처우는 격리적 보호에서 통합적 처우를 중시하는 방향, 또는 시설보호에서 재가복지와 지역사회복지를 중시하는 방향으로 전환되었다.

또한 통합화는 정상화의 이념을 달성하기 위한 주요한 원칙으로, 그 목적은 지역사회의 보호대상자들이 가능한 한 지역주민들과 생활하고 일하는 것을 원칙으로 한다. 통합화는 보호대상자가 생애를 통해 지역사회와 가정생활을 기반으로 인생주기에 대응하는 발달과제와 사회적 교류 등을 정상적으로 확보할 수 있는 지역사회 내의 조건 확보를 위한 통합처우의 이념이다(김범수, 2001: 22).

(3) 주민참여

주민참여는 지방자치의 실시로 더욱 강조되는 것으로, 지역사회복지에서 주민참여는 개인적으로나 집단적으로 지역사회복지의 정책(의사)결정과정이나 그 집행과정, 즉 지역사회복지 실천과정에 영향을 미치거나 관여하는 것을 말한다(김기태, 2006: 366). 주민의 욕구 및 문제를 해결하기 위한 주체로서 주민의 주체적이고 적극적인 참여를 강조한다.

특히, 지역사회복지에 있어서 주민참여는 필수적 요건으로, 지역사회복지의 목표이자 과제이다. 지역주민의 욕구와 욕구의 충족을 위한 자원을 연계 · 보충하는 과정에서 복지활동이 필요하다. 이를 위해서는 시민의식을 기반으로 하는 주민들의 적극적인 참여가 요청된다. 정부의 획일적인 서비스와 제한된 자원만으로는 주민의 다양하고 개별적인 욕구를 충족시켜 줄 수 없으므로 주민의 욕구와 지역자원의 한계, 해결해야 할 문제의 근원에 대한 이해와 관심이 없다면 지역사회복지의 발전은 상당한 한계를 가지며 주민의 공동체 의식의 연대나 자발적 참여를 기대하기도 어렵다.

(4) 네트워크

사회복지의 큰 흐름 가운데 하나는 공급자 중심의 서비스 제공에서 이용자 중심의 서비스 제공으로의 변화를 들 수 있다. 다양한 욕구를 지닌 이용자들에게 원하는 서비스를 제공하기 위해서는 서비스 공급체계를 연결하고, 이용자를 조직화하며 관련 기관을 연계하는 등 다양한 네트워크의 구축이 필요하다.

지역사회복지에서 네트워크의 원리는 지역사회 주민의 욕구에 적합한 서비스를 제공하기 위하여 지역주민의 조직화, 보건의료 · 복지의 연계, 사회복지기관 · 시설의 연계 등을 포함한 포괄적 원리를 의미한다.

5) 지역사회복지의 특성

지역사회복지는 정상화와 탈시설화, 통합화, 주민참여 등과 같은 이념적 특성으로 인하여 다른 사회복지 분야와는 구분되는 특성을 가지며, 그 내용을 살펴보면 다음과 같다(김기태 · 김환철 · 이장희, 2008: 36).

첫째, 지역사회복지는 사회복지서비스의 한 분야를 구성한다는 것보다는 지역사회 주민의 복지향상을 도모한다는 목적적인 개념으로 생각할 수 있다. 그리고 목적적 개념으로서의 지역사회복지는 구체적으로 생활상의 과제를 해결하려는 실천 서비스를 제공하는 실천 개념의 성격도 강하다.

둘째, 지역사회복지는 지역주민이나 지역사회의 공동이익에 초점을 두고 지역사회의 공동체적인 문제에 관심을 가지고 접근하며, 지역사회복지의 실천을 위해서는 지방자치단체의 역할이 어떠한 사회복지 분야보다도 중요한 부분을 차지하고 있다.

셋째, 문제해결과정에서 전문가의 직접적인 원조도 중요하겠지만, 지역사회 주민들이 주도적인 역할을 하여야 한다. 워렌은 좋은 지역사회가 갖는 특성을 인간적인 기초 위에서 서로를 존중하고 지역사회 내에 권력의 광범위한 배분이 이루어져야 하며, 다양한 이익집단을 포용할 수 있어야 한다고 하였다. 또한 높은 수준의 지역적 통제가 이루어지며 지역사회는 의사결정과정에서 협력을 극대화하고 갈등을 최소화해야 한다고 하였다. 이러한 측면에서 지역사회복지의 특성을 제시하면 예방성, 통합성과 포괄성, 연대성과 공동성, 지역성과 같은 특성이 나타난다. 그 내용을 살펴보면 다음과 같다.

표 2-2 지역사회복지의 특성

기능	내용
예방성	• 주민참여를 통해 지역사회 내에서 해결되지 못한 욕구나 문제를 조기발견하고 대응
통합성·포괄성	• 서비스 제공기관 간의 연락·조정·합의 등의 네트워크를 구축하여 지역사회 주민들에게 종합적인 서비스 제공(one-stop service, 서비스의 패키지화)
연대성·공공성	• 주민운동과 상호부조활동 등을 통해 개인 및 집단의 생활상의 과제 해결
지역성	• 주민의 생활의 장이며 사회참여의 장인 지역 생활 권역을 기초로 전개

2. 지역사회복지실천의 개념과 목적

1) 지역사회복지실천의 개념

지역사회복지실천은 지역사회를 대상으로 하는 사회복지의 실천을 의미하며, 지역사회복지실천에 있어서 지역사회는 그 대상인 동시에 수단이 되기도 한다. 지역사회복지실천은 전통적인 지역사회개발, 사회행동, 사회계약과 밀접하게 관련되어 있다. 또한 지역사회복지실천은 클라이언트의 의뢰, 지역사회자원의 사정, 클라이언트 지원체계의 개발, 클라이언트의 욕구 충족을 위한 정책결정자에 대한 옹호활동 등 거시적 사회복지실천 활동 및 직접적인 서비스 제공과도 관련이 된다.

지역사회복지실천은 지역사회 수준의 지역사회 집단, 조직과 제도, 지역주민 간의 관계 및 상호작용의 행동패턴을 변화시키는 실천기술의 적용을 포함하고 있기도 하다. 지역사회복지 달성이라는 목적을 위해 보다 구체적으로는 지역사회 구성원들이 공유하는 문제와 관련된 지역사회의 변화를 위해 요구되는 개입기술을 응용한다. 즉, 지역사회복지를 위해 수행되는 활동과 동시에 변화를 위해 조직화, 계획활동, 개발활동, 변화의 각 과정에서 실천기술의 응용을 포함하고 있는 개념이다.

지역사회복지실천은 과거에 많이 사용했던 용어인 지역사회조직이 갖는 다양한 의미를 갖는다. 지역사회계획 및 서비스를 통합하고, 지역사회 주민의 조직화와 사회행동을 포괄하는 것으로, 삶의 조건을 개선하려는 지속적인 변화를 위한 직접적 개입활동에 초점을 두는 개념이다.

2) 지역사회복지실천의 목적과 목표

(1) 지역사회복지실천의 목적

오늘날 사회복지실천의 일선 현장인 지역사회는 저소득층 주민은 물론, 노인, 아동, 장애인, 한부모가정 등을 대상으로 하는 상담, 교육, 직업훈련, 치료, 재활, 취업알선, 자녀양육, 주택문제 등 다양한 복지욕구가 폭증하고 있다.

그동안 한국의 사회복지는 가족과 지역사회, 종교집단, 기업 등 민간 부문의 사회복지적 책임을 강화시키는 방향으로 발전해 왔으나 현재 한국사회의 문제들은 더 이상 특정 개인의 문제가 아니라 지역사회 문제로 인식되기 시작하였고, 지역사회가 나서서 해결해야 할 문제, 시대적 문제가 되었다(이양훈, 2007: 43).

따라서, 지역사회복지는 지역사회 통합의 촉진역할과 빈곤구조를 완화하고 개선하며 지역과 지역주민의 역량강화를 통한 행복한 지역사회 구현이라는 역할을 수행해야 한다. 지역복지의 실천은 지역사회 문제를 경감하고 예방하는 과업을 성취하며 자원을 활용하도록 개인, 집단, 가족, 조직, 지역에서 원조함으로써 그들의 사회적 기능을 고취하고 유지 · 보존하고자 하는 목적을 가진다. 또한 사회복지재화와 서비스의 개발과 확대를 통해서 지역주민들의 삶의 질을 향상시키고 지역의 힘과 자원의 공평하고 효율적인 분배와 조화를 통해서 사회정의를 실현하고자 한다.

(2) 지역사회복지실천의 목표

펄먼(Perlman)과 구린(Gurin)은 지역사회복지실천 사업과 계획이 추구하는 중요한 목적에 따라 지역사회복지실천에 관한 견해를 다음의 네 가지로 분류하여 설명하고 있다.

첫째, 지역사회 참여와 통합의 강화이다. 지역사회에 있는 모든 집단들이 자신들의 의사를 표현하도록 격려하고, 효과적인 상호작용을 통해 자신들의 사회환경을 개선하는 방안에 대해 합의하도록 하는 것이다. 여기서는 집단들과 조직들 간의 적응과 협동적인 관계가 중요한 목표가 된다. 이러한 활동을 강조한 학자로는 로스가 있다.

둘째, 문제대처 능력의 향상이다. 지역사회 혹은 지역사회의 일부(segment)가 환경과 변화에 대처할 수 있는 능력을 갖도록 하기 위해서 의사소통과 상호작용의 수단을 향상시키는 데 역점을 둔다. 이러한 접근방법을 토대로 지역사회조직사업을 개념화하고 있는 대표적 학자는 리피트(Lippit)가 있다.

셋째, 사회조건과 서비스의 향상이다. 지역사회의 욕구와 결함을 찾아내어 사회문제를 해결하거나 예방하기 위한 효과적인 서비스와 방법을 개발하는 것이 중심 목표이다. 여기에는 특정 목표의 설정과 이들 목표를 달성하기 위한 자원의 동원이 포함된다. 이러한 활동을 강조한 학자로는 모리스(Morris)와 빈스톡(Binstock)이 있는데, 이들은 대부분의 사회계획(사회문제를 해결하고자 하는 노력)은 공공기관의 정책, 업무, 자원할당을 변화시키는 데 역점을 둔다고 보았다.

넷째, 불이익집단의 이익증대이다. 지역사회 내 불이익집단이나 취약계층 및 특수집단(하위계층, 소수집단, 도시 슬럼지역 주민)의 물질적 재화와 서비스의 몫을 증대시키는 데 초점을 둔다. 또한 지역사회의 주요 결정에 있어서 그들의 역량과 참여를 확대함으로써 그들의 이익을 증대시키는 것 또한 포함된다. 대표적인 학자로는 그로서(Grosser), 와일(Weil)과 갬블(Gamble)이 있다. 와일과 갬블은 지역사회조직사업의 중요한 목적을 지역사회 주민의 '삶의 질' 향상과 지역사회의 이익 대변,

인간적인 사회 · 경제적 개발, 서비스와 프로그램 계획, 서비스의 통합, 사회행동, 사회정의의 실현 등으로 설명하고 있다.

(3) 지역사회복지실천의 기능

지역사회복지실천이 강조하고 있는 중요한 기능은 지역사회의 변화를 추구한다는 것으로, 지역사회계획과 프로그램 개발, 지역사회개발의 접근방법, 주민자립과 지역사회의 통합, 지역사회행동 등이 요구된다. 던햄은 사회복지기관에서 사회복지사가 행하는 지역사회복지실천의 기능을 다음과 같이 제시하고 있다.

표 2-3 지역사회복지실천의 기능

기 능	내 용
지역사회계획	지역사회계획의 범위를 설정하고, 프로그램을 개발하며, 지역 수준의 복지향상과 조정을 목표로 하는 계획 활동 수행
프로그램 운영	지역사회복지기관을 통하여 적절한 프로그램 운영
사실 발견과 조사	지역사회조직의 계획과 프로그램 개발에 관련된 사실을 발견하고 조사
공적인 관계 형성	지역주민의 욕구에 따른 프로그램과 서비스를 제공하고 공적인 관계를 통하여 지역사회의 이익을 위해 노력
기금 확보와 배당	대내·외적으로 기금 확보의 노력과 연합 캠페인을 통하여 지역사회기관과 단체에 기금의 예산을 편성하고 배당 실시
근린집단사업	저소득층 지역과 도시 근린지역의 주민집단과 함께 자립사업 추진
지역사회개발	지역사회의 문제해결에 있어 자기결정, 자립과 협동에 대한 태도를 개선하며, 지역주민의 조직화 실시
지역사회행동	불이익 집단이나 사회적 약자를 위해 법률분석과 참여를 촉진하고 절차상 지역사회행동이나 직접적인 행동 유도
기타 활동	지역사회조직과 지역사회개발을 위한 활동 및 교육·자문 실시

3. 지역사회복지실천의 원칙, 가치

1) 지역사회복지실천의 원칙

맥닐(McNeil), 존스(Johns)와 디마치(Demarche) 등이 제시한 지역사회복지의 원칙은 다음과 같다.

(1) 맥닐이 제시한 지역사회복지실천의 원칙

① 지역복지활동은 사람들과 그들의 욕구에 관심을 가져야 한다. 지역복지활동의 목표는 사회복지 자원과 사회복지 욕구 간의 효과적인 적응을 창조하고 유지함으로써 인간 생활을 풍요롭게 하는 것이다.

② 사회복지를 위한 지역복지활동에 있어서 일차적인 클라이언트는 지역사회여야 한다.

③ 지역사회는 있는 그대로 이해되고 수용되어야 한다. 지역복지활동 과정이 전개되는 환경을 이해하여야만 그 과정이 성과를 거둘 수 있을 것이다.

④ 지역사회 각 계층의 이익을 대표하는 이들의 적극적인 참여를 목표로 하고 이를 실천하고자 노력하여야 한다.

⑤ 욕구의 가변성에 따른 사업과정의 변화에 대해 이해하여야 한다. 즉, 인간의 욕구는 계속 변한다는 사실과 사람들과 집단들 간의 관계도 계속 변한다는 현실이 지역복지활동에서 인식되어야 한다.

⑥ 기관들이 서로 협력하고 기능을 분담하도록 한다. 모든 사회복지기관 · 단체는 상호의존적으로 맡은 바 기능을 수행하는 것이다.

⑦ 과정으로써의 지역복지활동이 사회복지실천의 한 분야임을 인식한다.

(2) 존스와 디마치가 제시한 지역사회복지실천의 원칙

① 지역사회복지실천은 목적이 아니라 수단이며 궁극적인 목적은 인간의 복지와 성장이라는 사실을 이해한다.
② 개인과 집단처럼 지역사회도 서로 상이하기 때문에 지역사회의 특성에 따른 개별화의 원칙을 준수해야 한다.
③ 지역사회는 자기결정의 권리를 가지며, 강요에 의한 사업 추진은 거부해야 한다.
④ 지역복지활동의 토대는 개인적 욕구를 넘어서는 사회적 욕구이다.
⑤ 기관의 이익보다 지역주민의 욕구를 우선하여 고려해야 한다.
⑥ 각 욕구 사이의 중재를 위해 민주적인 태도를 견지해야 한다.
⑦ 문제해결을 위한 접근방법에 있어서 다양성을 존중하도록 한다.
⑧ 활동기관은 광범위한 집단의 이익을 반영하여야 한다.
⑨ 기관의 효과적인 운영을 위해 다른 기관과 협력하는 동시에 자체의 사업과 이익을 유지하려는 태도를 지닌다.
⑩ 지역사회 내집단들 간의 의사소통을 가로막는 장벽은 제거되어야 한다.

맥닐 등이 제시한 지역사회복지의 5가지 핵심 원칙을 정리하면 다음과 같다.

첫째, 사회복지사는 주민 중심 서비스를 해야 하고 클라이언트의 자기결정권 보장을 위해 클라이언트와의 협력적 관계를 구축하여야 한다. 이때, 사회복지사는 타 전문직과 마찬가지로 자신도 모르게 빠져들 수 있는 권력 지향적 유혹의 가능성을 항상 경계할 수 있어야 한다.

둘째, 지역사회 구성원 중심 목표형성과 평가의 원칙으로 프로젝트 목표는 참여자의 관심, 욕구, 관점을 반영하여야 한다는 것이다. 이 원칙은 프로그램의 개발 및 성과 측정이 서비스 수요자가 아닌 공급자 중심으로 흐르게 될 가능성을 지적하고 있다.

셋째, 문제의 사회구조적 요인을 반영한 개입전략의 원칙이다. 지역사회복지실천에 있어 참여대상자의 선택과 개입방안의 선택 모두는 지역사회가 지닌 문제의 다층적이고 체계적인 본질을 반드시 반영하여야 한다. 변화대상 목표는 문제를 직접 경험하는 개인(과 그의 제한적 주변 환경)뿐만 아니라 반드시 지역사회 문제를 항상적으로 유지시키는 제도 및 사회적 구조를 포함해야만 한다.

넷째, 사회복지사는 거시적 변화의 전망을 계속 유지하면서 체계의 다중적 수준에서 전술적 소규모 승리(small wins)를 거두기 위한 계획을 수립해야 한다. 이것은 전략적 성공을 위한 전술적 승리의 활용 원칙이다.

다섯째, 소규모 지역사회 수준에서의 지속가능성의 원칙이다. 개입방안들은 지역적 수준의 자원으로 반복 · 재생될 수 있으며, 또한 지속가능한 것이어야 한다. 다시 말하면, 개입은 지역사회의 능력을 꾸준히 구축하고 증진하는 것이어야 한다.

2) 지역사회복지실천의 가치

지역사회복지실천의 가치는 다양성 및 문화적 이해, 자기결정과 임파워먼트, 비판의식의 개발, 상황학습, 사회정의와 균등한 자원배분 등으로 설명될 수 있다.

첫째, 다양성 및 문화적 이해이다. 인간의 다양성과 다양한 문화에 대한 이해는 인간의 행동과 사회의 기능을 이해하는 데 필수적이다.

둘째, 자기결정과 임파워먼트의 가치이다. 자기결정은 클라이언트가 전문가의 개입여부를 결정하고, 개입의 방법과 그것이 가져올 결과 등에 대해서도 선택할 수 있도록 하는 것을 말한다. 또한 임파워먼트란 지역사회 주민의 의사결정 참여를 강조하는 관점으로, 지역주민의 주체의식을 키우고 부정적 자아상을 불식시킴으로써 일종의 치료효과를 가져오는 것을 말한다. 지역사회 체계에 자발적으로 참여함으로써 개인이 지역사회 자원을 더 잘 이용할 수 있게 되고, 그러한 자원의 모습들을 구체화할 수 있을 때, 개인은 자신의 힘을 느끼게 된다.

임파워먼트에 초점을 둔 실천은 사회의 각기 다른 집단 사이에서 재원과 권력의 분배가 더욱더 공평하게 이루어지도록 한다. 즉, 자기결정과 임파워먼트에 초점을 둔 실천은 개인 스스로가 환경을 이해하고, 선택하고, 선택에 대해 책임을 지고, 조직화와 옹호를 통해 자신의 삶의 위치에 영향을 줄 수 있도록 개인의 능력을 발전시키는 것을 말한다.

셋째, 비판의식 개발의 가치이다. 이는 억압을 조장하는 사회의 메커니즘을 인식할 뿐만 아니라 그러한 사회의 구조 및 의사결정과정을 주시하고 이해하는 것을 말한다. 나아가 서비스대상들과 인식을 공유함으로써 그들의 비판의식을 제고하는 것을 말한다.

넷째, 상호학습의 가치이다. 조직화의 과정에서 대상자 집단의 문화적 배경에 대해 배우고자 하는 적극적 학습자가 되어야 한다. 또한 지역사회 주민으로 하여금 클라이언트로서의 역할을 뛰어넘어 교육자이자 파트너로서의 역할을 맡을 수 있도록 동기를 부여하는 것이 중요하다. 이는 실천가와 지역사회 주민이 사회변화의 과정에서 위계적 관계가 아닌 동등한 파트너라는 점을 시사한다.

다섯째, 사회정의와 균등한 자원배분의 가치이다. 억압적이거나 정의롭지 못한 사회현실을 개혁하기 위한 끊임없는 노력을 통해 자원과 기회가 균등하게 배분되는 사회정의의 실현이 필요하다.

생각해 볼 문제

1. 사회복지실천과 다른 지역사회복지실천의 특성을 설명한다.

2. 지역사회복지와 관련되어 사용되는 용어를 열거해 보고 용어의 개념을 설명한다.

3. 지역사회복지실천의 주요 이념인, '정상화'와 '통합화'에 대해 생각해 보고, 대표적인 '정상화' 사례와 '통합화' 사례를 열거해 본다.

CHAPTER 03

지역사회복지의 발달과정

학습목표

1. 영국과 미국의 지역사회복지 발달과정을 이해한다.
2. 자선조직협회와 인보관운동의 특성을 이해하고, 현대 사회복지에 미친 영향에 대해 비교할 수 있다.
3. 한국의 지역사회복지 발달과정을 이해한다.

지역사회복지의 역사는 19세기 나타난 자선조직협회(Charity Organization Society: COS)와 인보관운동(Settlement Movement)의 영향으로 발전하였다고 볼 수 있다. 이러한 자선조직협회와 인보관운동은 영국에서 최초로 시작되어 미국에서 활발히 전개되었고, 이후 다른 국가에도 많은 영향을 미쳤다. 20세기에는 전문 사회사업(social work)의 시작, 지역사회보호(community care) 서비스의 등장, 신보수주의의 확산과 복지다원주의(welfare pluralism) 등으로 인해 지역사회복지의 발전이 지금에 이르게 되었다. 따라서 이 장에서는 영국, 미국, 우리나라의 지역사회복지 역사에 대해 구분하여 살펴보고자 한다.

1. 영국의 지역사회복지 발달과정

영국은 1601년 「엘리자베스 구빈법(The Elizabethan Poor Law)」 제정 이후 빈민들을 구제하기 위한 활동을 전개하였고, 본격적인 지역사회복지의 시작은 1869년에 결성된 자선조직협회와 1884년 최초의 인보관인 토인비 홀(Toynbee Hall) 건립이라 할 수 있다. 이후 지역사회보호 서비스의 등장, 새로운 전환점이 된 시봄 보고서(Seebohm Report), 바클레이 보고서(Barclay Report), 그리고 복지다원주의 정책변화 등을 들 수 있다.

1) 자선조직협회와 인보관운동

1860년대 이후 박애정신에 기초한 민간 차원의 빈민구제가 활발해지고, 많은 자선단체가 만들어져 활동하기 시작하였다. 당시 영국은 산업혁명 이후 급속한 산업화로 빈부의 격차가 심해지고, 농민들의 도시유입에 따른 부랑자 등 도시빈민의 문제가 크게 대두되었다. 그러나 각각의 무분별한 자선활동은 효과가 미비하고 오히려 빈민을 타락시킨다고 보는 견해도 있었다. 이러한 문제를 해결하기 위하여 1869년 찰스 로크(Charles S. Loch)의 주도로 런던에서 '구걸방지 및 자선조직을 위한 협회'가 설립되었고, 이듬해 그 이름을 자선조직협회(COS)로 바꾸게 되었다.

영국의 자선조직협회는 19세기 중반에 확립된 독일 엘버펠트(Elberfeld) 구빈제도의 영향을 받았다. 당시 다수의 민간자선기관들의 서비스 중복과 재정낭비를 막기 위하여 민간자선기관들과 단체들 간의 연락, 조정, 협력의 조직화와 구제의 적정화를 시도한 것에서 비롯된다(장인협 · 이혜경 · 오정수, 2007). 이처럼 자선조직협회는 유급의 여성 자원봉사자인 우애방문원(friendly visitor)을 통해 가정방문과 빈곤조사활동을 실시하고, 구호신청자를 협회에 등록하여 중복서비스를 방지하였나. 이들은 후일 체계적인 교육훈련과정을 거쳐 개별사회사업가(caseworker)로 발전하게 된다.

그러나 자선조직협회는 도덕적 판단기준에 따라 원조의 대상을 구제할 가치가 있는 빈민(the deserving poor)과 구제할 가치가 없는 빈민(the undeserving poor)으로 구분하였다. 노동능력이 있으면서도 알코올 중독에 빠진 사람, 방탕하거나 게으른 사람들은 도와줄 필요가 없다고 규정하여 구제할 가치가 있는 빈민에 한정하였다(감정기 · 최원규 · 진재문, 2010).

이후 영국의 자선조직협회는 빠른 속도로 미국에 전파되어 영향을 끼쳤다. 미국 최초의 자선조직협회는 1877년 뉴욕 주의 버팔로(Buffalo)에서 거틴(Gurteen) 목사에 의해 결성되었고, 이어서 다른 도시들에서도 자선조직협회가 만들어졌다.

이러한 자선조직협회는 지역사회 단위의 조직화 운동과 전문적 사회복지사의 출현을 가져오게 한 씨앗으로 작용하였다는 점에서 역사적 의미를 평가받고 있다(백종만 · 감정기 · 김찬우, 2015). 또한 지역사회복지계획 및 모금 전문기관의 기틀을 마련하고 사회조사의 기술을 발전시켰다.

그럼에도 불구하고 자선조직협회의 한계점으로는 빈곤의 원인에 대해 개인의 도덕적 책임으로만 간주하여 빈곤 발생의 사회적 책임에 대해서는 소홀히 하였고, 자조의 개인주의적 윤리를 너무 강조하였다는 비판을 받고 있다.

자선조직협회와 더불어 19세기 말에 새롭게 나타난 것이 인보관운동이었다. 1884년 영국 런던 동부의 빈민지역에 최초의 인보관인 토인비 홀이 설립되었다. 설립자인 사무엘 바네트(Samuel Barnett) 목사는 당시 함께 활동하며 젊은 나이에 사망한 아놀드 토인비(Arnold Toynbee)를 기리는 의미에서 토인비 홀이라 명명하였다.

초대관장이 된 바네트 목사는 토인비 홀 설립의 3대 목적을 가지고 있었다(김근홍 · 서화자 · 심창학 · 이만식 · 함세남 · 홍금자, 2007). 첫째, 빈곤한 사람들의 교육과 문화를 발전시키는 것, 둘째, 빈곤한 사람들의 생활환경에 관한 정보와 긴밀한 사회적 욕구의 파악, 셋째, 사회 및 건강문제, 그리고 사회입법에 대한 일반 국민들의 관심 촉구였다.

당시 인보관운동은 옥스퍼드(University of Oxford)와 케임브리지(University of Cambridge) 대학생들이 중심이 되어, 빈민과 함께 거주하면서 교육기회의 제공, 집단토의와 상호교류를 통해 기존 사회질서의 비판 및 사회개혁 운동에 앞장서는 계기를 마련하였다. 또한 토인비 홀의 설립으로 빈곤조사를 실시한 찰스 부스(Charles Booth), 베버리지 보고서의 책임자 윌리엄 베버리지(William Beveridge), 미국 헐 하우스를 세운 제인 아담스(Jane Addams) 등 많은 인물에게 영향을 미치기도 하였다.

앞에서 살펴본 자선조직협회와 인보관운동에 대해 간략히 비교 · 정리하면 다음의 〈표 3-1〉과 같다.

표 3-1 자선조직협회와 인보관운동의 비교

구분	자선조직협회	인보관운동
참여형태	우애방문원	자원봉사자(대학생)
사회문제의 근원	개인적인 속성	환경적 요소
이데올로기	진화론적 사상	자유주의, 급진주의 사상
참여유형	상류층(여성)	중류층(지식인)
사회문제	• 빈민을 개조하거나 그들이 처한 상황의 역기능적인 면 수정 • 가치 있는 빈민과 가치 없는 빈민으로 구분하여 원조	• 빈민과 함께 거주하며 그들의 생활에 동조하고 기존 사회질서 비판 및 실용주의, 개혁적인 노력
도움 제공의 유형	• 단기간 자선구호	• 상부상조, 자조 • 사회 및 정치적인 행동
현대 사회복지에 미친 영향(발달)	개별사회사업, 지역사회조직, 사회복지협의회, 공동모금회, 사회조사의 기초	집단사회사업, 지역사회조직, 사회복지관의 기초

출처: Joanne(2004); 김범수·신원우(2013). 참조 재구성.

2) 지역사회보호 서비스의 등장

지역사회보호 서비스는 영국 지역복지의 중심적 서비스라고 할 수 있다. 역사적으로 1950년대 이후 수용시설보호에 대한 부정적 인식과 함께 확산되어 발전한 영국의 지역사회보호 서비스는 사회적 보호가 필요한 사람의 가정이나 가정과 유사한 환경에서 서비스를 제공하는 것을 목적으로 한다. 재가보호, 주간보호, 주거홈, 그룹홈, 일시보호 등으로 분류할 수 있다. 영국의 지역사회보호 서비스의 등장은 일본의 재택복지사업, 우리나라의 재가복지사업 발전에 많은 영향을 주었다.

이러한 지역사회보호 개념을 공식적으로 처음 사용한 문서는 1957년 '정신병과 정신장애에 관한 왕립위원회 보고서(Royal Commission on Low Relating to Mental Illness and Mental Deficiency)'로, 이 보고서는 정신장애인의 사회복귀를 슬로건으로 '병원에서 지역사회로'라는 문구를 사용하면서 지역사회보호로의 전환을 권고하였다. 이후 1959년 「정신보건법(Mental Health Act)」이 제정되면서 입원을 필요로 하지 않는 환자에 대해 지역사회보호 서비스가 법률적으로 규정되었다(박태영 · 채현탁, 2014).

지역사회보호는 노인이나 장애인, 영유아에게 관심을 가지고 이들을 보호하기 위한 사회 연계망과 자원봉사 서비스를 개발하는 데 중점을 두고 있다. 최근 지역사회보호는 자조개념(self-help concept) 개발을 강조하는데, 지역사회보호 직원들은 이러한 자조적 활동을 위해 지역사회 주민들을 보호하고, 자원봉사에 스스로 참여하도록 권고하는 일을 담당한다. 즉, 최근에 지역사회보호 활동은 민간차원에 의한 보호, 즉 비공식적 보호도 매우 중요하게 여겨 자원봉사활동 중요성을 강조하는 경향이 크다(강철희 · 정무성, 2013).

3) 시봄 보고서 이후 정책 변화

1959년 발간된 영허즈번드 보고서(Younghusband Report)와 관련해서 제기된 대인서비스에 지역사회를 중심으로 한 서비스와 주민 참가 등을 강조한 것이 시봄 보고서라 할 수 있다.

시봄 보고서(1968)는 지방행정의 대인사회서비스 조직과 책임을 검토하고 지역사회에 기초하여 가족지향적인 서비스를 제공하는 새로운 '사회서비스 부서(Social Service Department)'의 창설을 제안하였다. 즉, 여러 부서에 산재되어 있는 서비스를 통합하여 가족의 총체적 욕구 측면에서 각각의 문제를 인식하는 서비스의 제공을 주장하였고, 서비스 통합의 중요성을 강조한 이 제안은 대인사회서비스의 효율적인 조정에 기여하였다. 또한 지역사회는 사회서비스의 수혜자이면서 서비스의 제공자로 인식하도록 제안하면서 공공과 민간의 다양한 조직에 의한 공식 서비스뿐만 아니라 가족, 이웃 등에 의한 각종 비공식 보호서비스와 시민의 참여를 통한 지역사회보호의 실현을 강조하였다(오정수 · 류진석, 2012). 이러한 시봄 보고서의 제출 이후 영국의 지역사회보호가 뿌리를 내리게 된다.

지방자치제와 사회복지행정개혁은 시봄 보고서의 영향으로 제정된 「지방자치제 사회복지법」(1972년)에 의해서 이루어졌으며, 이 시기에 지역사회보호 서비스의 행정도 확립되었다. 1974년에는 국민보건서비스(NHS)를 개편함에 있어 장애인과 노인을 위한 지역사회보호 서비스의 지침이 시달되었다. 결국 지역사회보호 서비스 정책의 구체화는 제1단계로서 시봄 보고서에 의한 지방자치제 사회복지행정의 개혁, 제2단계에서는 장기적인 정책과제로서 국민보건서비스의 개편으로 보건, 의료, 복지시스템으로의 조직적인 전환이라고 할 수 있다(김범수 · 신원우, 2013).

한편 1982년에 발표된 바클레이 보고서(Barclay Report)에서는 대부분의 지역사회보호가 지역사회 주민들의 다양한 결합에 의하여 상호 간에 유대를 가진 비공식적 인간관계망에 의해 제공되는 것으로 보아 비공식 보호망의 중요성을 강조하였다. 또한 이 보고서에서 사회복지사는 공식 보호서비스와 비공식 보호서비스 간의 파트너십을 개발해야 한다고 강조하여 사회적 보호계획을 위한 사회복지사의 역할을 강조하였다(오정수 · 류진석, 2012).

보수당의 대처(Margaret Thatcher) 정권 등장 이후 1980년대에는 신보수주의 이념에 의한 사회복지 분야의 재정지출 축소로 인하여 공공 부문의 역할을 축소하면서 민간 부문의 역할을 강조하게 되었고, 현 지역사회복지는 공공 부문과 민간 부문의 역할을 적절히 강조하는 형태를 가지고 있다(박태영 · 채현탁, 2014).

특히 1988년 발표된 그리피스 보고서(Griffiths Report)에서는 복지제공의 책임자가 정부, 비정부 부문까지를 포함하는 비공식 부문, 민간 부문으로 역할을 확대하도록 제안하였다. 그리피스 보고서는 '지역사회보호: 행동지침(Community Care: Agenda for Action)'이라는 주제로 다음의 사항을 권고하였다. 첫째, 분명한 정책과 책임자 임명, 둘째, 통합적인 방법의 서비스 전달, 셋째, 맞춤형 패키지의 개발, 넷째, 개인의 광범위한 욕구충족, 다섯째, 소비자의 의견 중시, 여섯째, 물리적 환경과 보호를 고려한 최소 기준이다. 또한 서비스는 경쟁을 통하여 다양성을 도모해야 한다고 주장하고 있다.

그리피스 보고서의 내용을 기초로 1990년에는 「국민보건서비스 및 지역사회보호법(National Health Services and Community Care Act)」이 입법화되어 국민보건서비스(NHS) 개혁과 지역사회보호 개혁이 시행되었다(오정수 · 류진석, 2012).

따라서 이러한 복지 주체의 다양화는 복지다원주의 또는 복지혼합(welfare mix)으로 불리며, 사회복지적 재화나 서비스가 국가 이외에도 시장, 비영리민간단체, 가족 등 다양한 주체에 의한 복지의 혼합 개념이 현대 사회복지의 중요한 흐름으로 자리 잡게 되었다.

2. 미국의 지역사회복지 발달과정

미국의 지역사회복지 역사는 19세기 후반 영국의 영향에서 비롯된 자선조직협회와 인보관운동 전개를 시작으로, 1929년 대공황 이후 공공복지의 발달과 지역사회조직사업, 1960년대 빈곤과의 전쟁, 1970년대 후반 신보수주의의 확산 등을 들 수 있다.

1) 자선조직협회와 인보관운동 전개

미국은 남북전쟁 이후 전통적 농업사회에서 산업화 · 도시화로의 가속화, 유럽 각지에서 이주해 온 이민자, 흑인의 인권차별 등에 따른 사회문제가 급격히 증가하였다. 이러한 사회문제에 대응하여 나타난 것이 자선조직협회와 인보관운동이었다.

자선조직협회는 1869년 영국 런던에서 처음 만들어진 자선조직협회를 본받아 미국에서도 창설되는 분위기가 조성되었다. 그리하여 1877년 뉴욕 주의 버팔로(Buffalo)에서 영국 성공회 소속인 거틴 목사에 의해 최초의 자선조직협회가 창설되었다.

원래 자선조직협회는 자선의 중복을 예방하고 빈민을 구호하기 위해 존재했던 수많은 민간단체의 업무를 조정하기 위해 설립되었다. 그러나 자선조직협회는 기관 간의 업무 조정뿐만 아니라 특정 개인이나 가족에게 제공하는 원조활동을 논의하기 위해 사례회의(case conference)를 조직화하였고, 직접적인 구호와 서비스도 제공하기 시작하였다.

미국의 인보관운동은 영국의 토인비 홀 설립에 따른 영향으로, 1886년 코이트(S. Coit)가 뉴욕에서 뉴욕시 근린길드(Neighborhood Guild of New York)를 결성하면서 시작되었다. 또한 제인 아담스(Jane Addams)와 엘렌 게이츠 스타(Ellen Gates Starr)는 영국의 토인비 홀을 방문하고, 그 경험을 바탕으로 1889년 시카고에 헐 하우스(Hull House)를 설립하였다. 헐 하우스의 활동 내용은 탁아소 운영, 지역사회조직의 개발, 부인 클럽활동 등 다양한 문화배경을 가진 빈곤지역 주민들이 이러한 활동에 참여함으로써 문화적인 다원성을 인식하고 정체감을 가질 수 있도록 도왔다. 그 후 인보관운동은 미국 전역으로 급속하게 확대되었다.

이와 같이 자선조직협회와 인보관운동이 발전해 가면서, 서비스 활동의 책임이 자원봉사자로부터 차츰 유급 직원으로 옮겨 갔다. 자선조직협회 종사자들이 체계적 접근의 필요성을 강조하였고, 인보관운동가들은 효과적 사회변화 방법을 훈련받기를 원했다. 이러한 요구가 사회복지실천 교육을 조직화하는 데 기여한 셈이라고 볼 수 있다(백종만 · 감정기 · 김찬우, 2015). 이후 리치몬드(M. Richmond)의 『사회진단(*Social Diagnosis*, 1917)』과 『개별사회사업론(*What is Social Casework?*, 1922)』이 발간되어 전문 사회사업실천의 이론적 발전을 이루게 되었다.

그림 3-1 토인비 홀의 전경

출처: 토인비 홀 홈페이지.

그림 3-2 제인 아담스의 모습(1934)

출처: 헐 하우스 박물관 홈페이지.

2) 대공황 이후 지역사회복지의 전환

미국은 1929년 경제 대공황으로 인해 실업이 급증하고, 빈곤 문제가 심각하게 발생하였다. 이러한 해결을 위해 1933년 취임한 루즈벨트(Franklin D. Roosevelt) 대통령은 뉴딜(New Deal)정책의 일환으로 1935년 세계 최초로 공공부조와 사회보험을 규정한「사회보장법(Social Security Act)」을 제정하였고, 이후 본격적인 사회보장의 시대를 맞이하였다.「사회보장법」 도입으로 대규모 정부기관이 사회서비스를 주도하게 되고, 도시 중심으로 이루어졌던 사회복지실천이 농촌지역으로 확산되기 시작하였다.

이러한 영향으로 인해 지역사회조직가들이 정부기관에서 활동하였으며, 공공과 민간기관의 상호협력이 시작되었다. 이렇게 국가 주도적 공공복지사업이 진행되면서 지역사회사업의 전문적 지식과 기술이 발전하였으며, 1950년에는 지역사회복지기관들이 협력적 접근에서 계획적 접근으로 변하게 되었다(박태영 · 채현탁, 2014).

또한 이 시기 지역사회조직으로는 실업자를 조직화하는 공산당활동, 급진사회사업의 대중운동, 알린스키(S. Alinsky)의 지역조직운동이라는 세 가지 형태가 출현하였다. 급진사회복지사(radical social workers)에 의한 대중운동(the rank and file movement)은 서비스를 직접 제공하는 것에서 지역사회조직사업으로 활동의 초점을 옮겼다. 그러나 사회복지사들이 점차 뉴딜 사회복지 프로그램의 확장으로 정부기관에 흡수됨으로써 대중운동은 조직화의 동력을 상실하였다. 공산당활동이나 대중운동은 지역사회조직에 미치는 영향력이 미미한 반면에, 지역사회의 문제에 초점을 두고 비이데올로기적인 지역주민조직에 초점을 둔 알린스키의 활동은 오늘날 지역복지사업에 직접적인 영향력을 미치고 있다. 특히 알린스키의 지역사회조직 방식은 지역사회에 기초한 지역사회조직의 형성, 지역사회 구성원 스스로 조직을 통해 문제를 해결하는 데 초점을 두고 있다(Rubin & Rubin, 2001).

3) '빈곤과의 전쟁' 이후 지역사회복지 발달

1964년 린든 존슨(Lyndon B. Johnson) 대통령은 '빈곤과의 전쟁(War on Poverty)'을 주장하면서 '위대한 사회(Great Society)' 정책 일환으로 다양한 사회복지 프로그램들이 대두되었고, 거시적 실천모델을 시험할 기회가 마련되었다. 그 좋은 예가 지역사회행동 프로그램(Community Action Program)이며, 이 밖에도 빈곤아동 조기교육 프로그램 Head Start, 유급 전일제 자원봉사자 파견프로그램 VISTA 등이 있다(백종만 · 감정기 · 김찬우, 2015). 당시 사회복지서비스에 대한 연방정부 지출은 1965년에서 1970년까지 5년 만에 약 3배에 달했다.

한편 이 시기에는 전문 사회사업 분야의 발전으로 사회사업교육협의회(Council on Social Work Education: CSWE)에서 지역사회조직(community organization)을 개별사회사업(case work), 집단사회사업(group work)과 함께 사회사업의 한 방법으로 공식 인정하였다.

이러한 정책은 미국의 빈곤문제를 근본적으로 해결하기 위해 많은 인력과 물자가 투입된 대규모 사회개발 프로그램이다. 특히 지역사회 주민을 조직화하여 자신들의 당면 문제를 직접 해결하도록 유도하는 방향으로 진행시켰으며, 스스로 지역사회를 대변하고 조직화하는 활동을 전개해 나가면서 빈곤퇴치와 경제활동기회를 갖도록 하였다(박태영 · 채현탁, 2014).

4) 신보수주의의 확산과 복지개혁

1970년대 이후 심각한 인플레이션(inflation)과 두 차례 석유파동(oil shock)으로 인해 사회복지재정과 프로그램이 축소되어 가는 양상을 보였다.

특히 1970년대와 1980년대의 신보수주의 이념의 확산과 그에 따른 복지국가에 대한 도전은 지역사회복지모델의 변화에 가장 큰 영향을 주었다. 신보수주의 이념의 영향으로 사회복지는 미시적인 임상과 거시적인 행정으로 양분되는 경향을 보이고, 사회개혁과 지역사회 개입을 위한 전문사회복지방법은 위축되었다(박태영 · 채현탁, 2014). 1980년대에 들어서면서 당시 영국과 미국 정부에서 진행된 이러한 정책이념은 각각 대처리즘(Thatcherism)과 레이거노믹스(Reaganomics)라는 별칭을 얻게 되었다.

1990년대 이후에도 복지재정 삭감에 대한 압력, 사회복지서비스의 민영화 등 보수적인 분위기는 여전히 지속되었다. 또한 복지개혁(welfare reform)으로 인해 지역사회 중심의 민간비영리조직이 양적으로 확대되었으며 프로그램의 목표, 조직 간의 협력체계가 발달하게 되었다(오정수 · 류진석, 2012).

3. 한국의 지역사회복지 발달과정

우리나라의 지역사회복지 역사는 근대 이전의 전통적 상부상조활동, 근대화 시기의 인보관 설립, 새마을운동과 지역사회개발, 1990년대부터 지역사회복지의 확대와 새로운 변화 등으로 구분하여 살펴보고자 한다. 특히 전통적 상부상조활동인 두레, 계, 품앗이, 향약 등은 우리 사회의 독특한 지역사회복지를 형성하는 데 영향을 끼친 것으로 보기 때문에 이 장에서 다루어 보았다.

1) 근대 이전의 상부상조활동

우리나라는 건국이념인 홍익인간(弘益人間)의 정신과 삼국시대부터 불교의 영향으로 자비(慈悲) 사상에 의한 구빈사업이 이루어졌다. 가장 측은한 마음을 불러일으키는 대상자는 사궁(四窮), 즉 환과고독(鰥寡孤獨)이라 하여 '늙어서 처가 없는 자, 늙어서 남편이 없는 자, 어려서 부모가 없는 자, 늙어서 자식이 없는 자'를 말하였다. 이들에 대해서는 재난이 없는 평상시나 응급시를 막론하고 삼국시대 이후 국가로부터 특별한 보호를 받았다.

삼국시대의 대표적인 구빈제도로는 고구려의 진대법(賑貸法)이 있었으며, 고려시대의 구체적인 구빈행정으로는 의창, 상평창과 같은 창제를 시작하여 춘궁기(3~7월)에 빈민에게 곡식을 대여해 주었다가 추수기(10월)에 갚게 하는 제도를 시행하였다. 또, 의료구제기관으로 동서대비원과 혜민국이 설치되었다. 조선시대에 들어오면서 유교가 왕조의 통치이념이 됨으로써 인(仁)의 윤리를 강조하였고, 삼창이라 하여 상평창, 의창, 사창 등의 구제제도가 실시되었다.

우리나라는 민간에서 행해진 두레, 계, 품앗이, 향약 등의 상부상조활동도 활발히 전개되어 오늘날까지도 그 형태가 남아 있다(김범수 · 신원우, 2013). 두레는 촌락단위에 조직된 농민들의 상호협동체를 말하며, 촌락공동체의 내부질서, 즉 공동방어, 공동노동, 공동유흥, 상호부조의 기능을 담당하였다. 계(契)는 한국 사회의 특유의 조합적 성질을 지닌 협동조직으로서, 전통적 생활구조의 사회 · 경제적 측면에서 매우 중요한 의미를 가진다. 우리 전통사회에서 계의 목적은 공익, 산업, 영리, 친목, 공제 등 다양하게 나타나며, 실생활과 밀접하게 운영되어 왔다. 품앗이는 부락 내 농민들이 노동력을 서로 교환하는 조직을 말하는데, 우리나라 농촌의 가장 대표적인 노동협력의 양식이다. 향약(鄕約)은 지역사회의 발전과 지역주민들의 순화, 덕화, 교화를 목적으로 한 지식인들 간의 자치적인 협동조직이라고 정의할 수 있다. 즉, 향약은 유교적인 예속(禮俗)을 보급하고, 농민들을 향촌사회에 정착시켜 토지로부터의 이탈을 막고 공동체적으로 결속시킴으로써 체제의 안정을 도모하려는 목적에서 실시되었다. 또한 향약은 덕업상권(德業相勸), 과실상규(過失相規), 예속상교(禮俗相交), 환난상휼(患難相恤)의 4대 덕목을 강조하였는데, 특히 환난상휼은 사회복지제도와 가장 연관이 많은 덕목으로 볼 수 있다.

2) 근대화 시기의 인보관 설립

20세기가 되면서 우리나라에도 외국 선교사들에 의해 인보관이 설립되었다. 최초의 인보관은 1906년 미국의 감리교 여선교사였던 메리 놀스(Mary Knowles)가 원산 지역에 설립한 반열방(班列房)으로, 여성들을 위한 교육이나 보건 등의 사업을 전개한 것으로 알려져 있다(남경현, 1978; 김범수 · 신원우, 2013). 또한 서울에서도 1921년 미국 선교사 마이어스(Marrie D. Myers, 한국명: 마의수)에 의해 태화여자관이 설립되어 지금까지도 가장 오래된 사회복지관(현 태화기독교사회복지관)으로 운영되고 있다.

그림 3-3 1920년대 태화여자관(직원) 모습

출처: 기독교 타임즈 홈페이지

그림 3-4 태화기독교사회복지관 전경

출처: 태화기독교 사회복지관 홈페이지

일제 강점기 시기에 조선총독부에서는 일본의 사회사업제도였던 방면위원(현재의 민생위원)제도를 수행하기 위해 인보관을 설립하였는데, 이때 동부 인보관, 북부 인보관, 마포 인보관, 성동 인보관, 영등포 인보관 등 5개소의 인보관이 설립 · 운영되었으나 모두 1954년 이후 폐쇄되었다(강만춘, 1972).

6·25 전쟁 후 지역사회복지는 국토 재건과 이재민을 비롯한 국민들에게 필요한 물자, 서비스를 외국으로부터 들여와 전달하는 활동을 중심으로 전개되었다. 한편 1956년 이화여자대학교에서는 대학 인보관으로서는 처음인 이화사회관을 서울 대신동에 설립하였다. 설립 목적은 학교의 각종 재원과 외국민간원조기관의 지원을 활용하여 전후의 각종 사회문제를 예방하고, 당시 사회사업학과 학생들에게 실습과 실천의 장을 제공하기 위함이었다(김범수·신원우, 2013).

3) 새마을운동과 지역사회개발

1970년대 새마을운동은 근면·자조·협동 정신을 강조한 우리나라의 지역사회개발(community development) 사업의 한 형태로 볼 수 있다.

1970년 4월 박정희 대통령이 제창한 새마을 가꾸기 운동을 시작으로, 1977년에는 공장 새마을운동, 1979년에는 도시 새마을운동으로 확대되면서 전국, 전 직장으로 새마을운동이 전개되었다. 1980년 「새마을운동조직 육성법」이 제정되어 새마을운동 중앙본부(현 새마을운동중앙회)가 창립되면서 과거 정부주도에서 민간주도의 새마을운동으로 전환되었다. 그러나 이후에도 관료적·권위적 전통에서 벗어나지 못 하였고, 새마을운동 중앙본부 회장의 횡령사건 등이 발생하여 새마을운동에 대한 강력한 국민적 비난이 일어나기도 하였다.

지역사회복지실천 관점에서 새마을운동은 체계적인 지역사회개발사업의 기반을 마련하였다는 점에서는 상당한 의의가 있으나 지나친 관 주도 및 소수의 지도자에 의해 주도된 사업이라는 한계로 지역주민의 자발적 참여에 의한 사업이라 보기에는 무리가 있다.

또한 근면·자조·협동 정신을 강조함으로써 주민들의 의식변화라는 과정 중심의 목표를 중시하는 모습을 보이기도 하였으나, 실제로는 과업 중심적인 목표를 달성하는 데 치중하였다. 지역주민의 태도와 행동에 있어서의 내면적인 변화보다 가시적인 실제효과에 더 치중하여 물량적 효과로 성과를 평가한 것이다. 이로 인해 농촌마을 공동체의 자율성을 약화시켰고, 전통적인 농촌공동체의 지혜와 전통도 단절시키는 결과를 초래하기도 하였다(김종일, 2012).

그림 3-5 새마을기

출처: 새마을운동중앙회 홈페이지.

2013 전국새마을지도자대회에서 선진 국민정신 함양을 위한 제2새마을운동을 결의한 이후, '함께해요 국민행복, 제2의 새마을운동'이란 슬로건으로 희망의 새시대 구현을 위한 제2새마을운동을 추진하고 있다. 구체적인 실천 프로그램으로 문화공동체(삶의 질 향상)운동과 이웃공동체(인보활동 활성화)운동, 경제공동체(창조경제 기여)운동, 지구촌공동체(새마을운동 해외전수)운동 등 4대 중점과제를 전개하고 있다.

한편 사회복지관은 1983년 「사회복지사업법」 개정에 따라 공식적으로 국가의 재정지원을 받게 되었고, 「주택건설촉진법(현 주택법)」에 따라 저소득층 영구임대아파트단지 내 사회복지관의 건립이 법제화되었다. 또한 1989년에는 사회복지관 설치운영 규정을 제정하여 체계적이고 통일된 사회복지관 운영을 시도하였다.

1980년대부터 우리나라에도 재가복지에 대한 도입이 시작되었는데, 1987년 한국노인복지회가 정부지원 시범사업으로 가정봉사원파견사업이 실시되었고, 또한 한국장애인재활협회와 서울장애인종합복지관에서 지역사회 중심재활(Community Based Rehabilitation: CBR) 사업을 실시하게 되었다.

1987년부터 사회복지전담요원(현 사회복지전담공무원) 제도가 대도시 일부 저소득층 밀집지역 읍 · 면 · 동사무소에 배치되어 공공부조업무를 수행하기 시작하였다. 이 제도는 공공부조사업뿐만 아니라 지역사회 중심의 공공사회복지전달체계가 발달하는 계기가 되었다.

4) 지역사회복지의 확대와 새로운 변화

1990년대 이후 지역사회복지는 지방자치제도의 부활, 사회복지 분야 확대정책, IMF 경제위기로 인한 외부 환경의 급격한 변화 등 새로운 전환기를 맞고 있다. 특히 1992년부터 사회복지관 부설 재가복지봉사센터가 설치 · 운영되기 시작하였고, 「노인복지법」 개정으로 가정봉사원파견사업과 주간보호사업, 단기보호사업의 확대로 지역사회를 중심으로 하는 사회복지서비스가 증가되었다. 1997년에는 「사회복지사업법」의 개정에 따라 1999년부터 사회복지시설평가(3년 주기)를 통해 사회복지사업의 전문성을 높이는 계기가 되었다. 또한 1990년대부터 각 지역에 자원봉사센터가 건립되고 지역주민들의 자원봉사활동 참여가 활성화되어 사회복지 분야의 주민참여가 다양화되기 시작하였다.

한편 IMF 경제위기로 인해 실직자 가족 및 노숙인 증가 등 지역사회 중심의 사회복지욕구가 증대되고, 2000년 10월에 「국민기초생활보장법」의 시행으로 지역사회 중심의 자활지원사업이 본격적으로 전개되면서 기존의 사회복지관뿐만 아니라 시민사회단체의 활동으로 인해 지역사회에서 사회복지를 전달하는 민간체계들이 확대되었다(김범수 · 신원우, 2013).

이 밖에도 광역 및 기초지방자치단체 사회복지협의회의 독립법인화, 「사회복지공동모금회법」 제정, 2003년 「사회복지사업법」 개정(2005년 시행)에 따라 시 · 군 · 구 지역사회복지협의체의 구성, 제1기 지역사회복지계획(2007~2010)의 수립 등이 이루어졌다. 또한 본격적인 사회복지의 지방이양사업 추진, 2008년 7월부터 고령이나 노인성 질병 등의 사유로 일상생활을 혼자서 수행하기 어려운 노인에게 노인장기요양보험제도가 시행되었다.

또한 민간사회복지전달체계 개선계획의 일환으로 2010년 1월부터 사회복지관 부설 재가복지봉사센터가 사회복지관의 재가복지봉사서비스로 흡수 · 통합되어 기존 재가복지봉사센터는 사회복지관의 서비스 제공 기능의 지역사회보호사업 중 재가복지봉사서비스로 편성되었다.

2010년대를 넘어서면서 지역사회복지에도 새로운 변화가 일어나고 있다. 「협동조합기본법」(2012), 「도시재생 활성화 및 지원에 관한 특별법」(2013), 「사회보장급여의 이용 · 제공 및 수급권자 발굴에 관한 법률」(2014) 등이 제정되었고, 「국민기초생활보장법」, 「사회보장기본법」, 「사회복지사업법」, 「지방교부세법」, 「사회적기업육성법」 등에도 법 개정을 통해 지역사회복지와 관련된 주목할 만한 변화가 나타났다.

이러한 법령들을 통해 사회서비스의 개념이 새로 정립되는 한편, 전자바우처 방식의 사회서비스가 확대되었고, 사회적 기업과 협동조합을 비롯한 사회적 경제 영역이 부각되었으며, 도시재생과 같은 새로운 지역개발 개념이 운동과 정책 차원에서 채택되었는가 하면, 지방이양에 따른 분권교부세는 보통교부세로 흡수되고, 2015년부터 지역사회보장협의체와 지역사회보장계획 등이 종전의 지역사회복지협의체와 지역사회복지계획을 대체하며 제도화되기도 하였다(백종만 · 감정기 · 김찬우, 2015).

또한 2016년부터 '읍면동 복지허브화 사업'의 일환으로 주민센터를 행정복지센터로 명칭을 변경하여 '찾아가는 보건복지서비스' 체계를 마련하였고, 2018년 소득재산 하위 90% 가구의 만 6세 미만 아동에게 아동수당 지급(2019년 9월부터 만 7세 미만 모든 아동으로 변경)과 치매국가책임제에 의한 지역단위 치매안심센터 설치가 본격화되었다. 그리고 장애인 개인의 다양한 욕구를 반영한 서비스 지원기반을 마련하고자 2019년부터 장애등급제(기존 의학적 상태에 따른 1~6등급)를 폐지하게 되었다.

특히 보건복지부는 2019년 6월부터 2년간 지역사회 통합돌봄(커뮤니티 케어) 선도사업을 16개 시군구에서 추진하고 있다. 선도사업을 통하여 지역의 실정에 맞는 다양한 통합돌봄 모형을 개발 · 검증 · 보완하고 초고령 사회에 진입하는 2025년부터 전국적으로 통합돌봄을 시행할 계획이다. 지역사회 통합돌봄이란 돌봄이 필요한 주민(노인, 장애인 등)이 평소 살던 곳에서 살아갈 수 있도록 주거 · 보건의료 · 요양 · 돌봄 등을 통합적으로 제공하는 지역주도형 사회서비스 정책을 의미한다(보건복지부, 2020). 최근 이러한 다각적인 변화로 인해 지역사회 중심의 사회복지가 더욱더 강조되고 있는 실정이다.

생각해 볼 문제

1. 자선조직협회와 인보관운동의 특성은 무엇인지 비교하며 생각해 본다.

2. 각 나라의 지역사회복지 발전과정의 사건이나 계기가 무엇인지 생각해 본다.

3. 우리나라의 지역사회복지 발전과정(영향)을 외국의 사례와 연관시켜 생각해 본다.

CHAPTER 04

지역사회복지의 기초이론

때문에 체계 어느 한 부분의 변화는 전체로서의 체계 및 체계를 구성하는 다른 모든 구성체들에 영향을 미친다. 이러한 속성을 갖는 체계의 특징은 경계(boundary)를 가진다는 것이다. 즉, 체계는 외부 환경과 상호작용하며 존재하지만 동시에 스스로는 외부 환경과 구분될 수 있는 독특한 정체성을 가지면서 외부 환경으로부터 자신을 구별하려는 속성을 지닌다. 또 다른 속성으로 체계는 폐쇄체계가 아니라 개방체계로 존재한다는 것이다. 즉, 체계는 내부 구성체들만의 관계만으로 유지되지 못하고 외부 환경과 상호 교환관계를 맺으면서 유지되는 속성을 가진다.

사회체계이론적 관점의 특성은 사회를 구성하는 크고 작은 모든 체계가 서로 연결되어 상호작용을 이룬다는 데 있다. 상호작용 중인 부분이 하나의 전체 환경을 만들어 가고, 그렇게 만들어진 전체 환경은 다시 부분에 영향을 미침으로써 부분과 전체는 하나의 공동체로 공존하고 있다.

포플린(Poplin, 1979)은 지역사회를 연구할 때 워렌의 수평적 축과 수직적 축의 개념을 보완하는 것이 유용하다고 제시하였다. 지역사회의 수평적 축은 다양한 하위체계 사이에서 발전되는 유대를 말하고, 수직적 축은 이들 하위체계와 지역사회 밖의 체계 사이에 존재하는 유대를 뜻한다. 사회체계는 생산-분배-소비, 사회화, 사회통제, 사회참여, 상호부조(상호지지)의 기능을 수행하는 하위체계이다.

워렌은 지역사회 각 하위체계들의 기능을 〈표 4-1〉과 같이 정리하였다. 특히 상호부조(상호지지) 기능은 사회복지조직과 밀접한 관련을 갖고 있으며, 전체 체계의 일부분으로서 그 기능을 살펴볼 수 있다(Warren, 1978).

표 4-1 지역사회 하위체계들과 주요 기능

지역사회 하위체계	주요 기능
지역경제 관련 체계	생산–분배–소비
가족, 학교 및 교육체계, 종교단체	사회화
지방행정조직, 사법체계, 종교단체	사회통제
지역 내 공식조직, 비공식 모임	사회참여
공적 사회복지조직, 비영리조직, 비공식 지지망	상호부조(상호지지)

출처: Warren(1978).

지역사회를 체계론적 관점에서 보는 것은 지역사회를 하나의 행위자로 보는 것을 의미한다. 즉, 사회체계이론은 지역사회가 구조화되고 조직화되는 방식을 설명해 주며, 지위, 역할, 집단, 제도 등으로 이루어진 하나의 체계로서 파악될 수 있다. 지역사회 각 구성요소가 상호 긴밀하게 연결되어 집단이 형성되고, 여러 집단이 서로 결합되어 제도를 이루며, 여러 제도가 서로 결합되어 지역사회를 이룬다. 다시 말해, 지역사회 체계 내에 다양한 사회제도를 관련시키는 방식으로 지역사회의 능력을 향상시키기 위해서는 전체로서의 지역사회 체계와 지역사회 내 다수의 하위체계를 동시에 고려해야 한다는 것이다.

사회체계이론은 개인, 가족, 소집단, 기관, 지역사회, 단체 간의 연계와 관계를 개념화하기 위한 수단을 제공함으로써 사회복지사에게 유용하게 사용된다. 이 이론은 서로 다른 체계 내에 존재하는 유사성과 차이점에 주목하고, 사회복지사가 사정하는 보호체계와 지지체계에서 사적 고민과 공적 이슈를 함께 고려하도록 한다(Johnson & Yanca, 2004).

지역사회복지실천을 위한 사회체계이론을 적용해 보면 지역사회를 지역사회 문제 그 자체에만 초점을 두는 것이 아니라 전체적 시각에서 바라보고, 동시에 지역사회 문제와 지역사회 각각의 하위체계 및 외부 환경과 연결된 시각에서 바라볼 수 있게 된다. 이를테면 사회체계이론을 통해 변화시키고자 하는 지역사회 문제와 지역사회 하위체계가 어떤 관계가 있는지, 혹은 그 문제와 지역사회 하위체계의 기능과 어떤 관련이 있는지, 그 문제와 지역사회 외부 환경과는 어떤 관계가 있는지를 통합적 시각에서 바라볼 수 있게 된다. 즉, 지역사회의 구성, 지역사회 하위체계 사이의 관계, 그리고 지역사회와 외부 환경과의 관계 등의 측면에서 지역사회를 이해하고, 지역사회가 가지는 욕구와 문제를 설명하는 데 유용하다. 사회체계이론은 지역사회복지실천을 통해 우리가 개입하려는 지역사회 문제와 지역사회 내외의 구성체계가 어떤 관련성을 가지고 영향을 주고받는지를 이해하는 데 매우 유익한 분석 틀이 될 수 있다(김태동 · 박주현 · 안우상 · 장갑수 · 정미현 · 최덕경 외, 2014).

따라서 사회복지사가 한 사회체계로서의 지역사회를 아는 것은 최우선으로 필요한 것이다. 그 지역사회가 클라이언트가 되거나 그 지역사회가 개입의 표적일 수 있기 때문이며, 이러한 경우 어느 하나에서 사회복지사는 그 지역사회 구조와 기능을 변화시키기 위해 개인, 소집단과 함께 일하게 된다. 그 지역사회 또는 지역사회의 일부 요소가 클라이언트이든 변화의 대상이든 간에 지역사회의 강점과 자원이 성장과 변화를 촉진할 수 있다고 보고 지역사회를 이러한 사회체계로서 이해하는 것은 중요하다. 사회복지사가 지역사회를 연구하는 데 있어 이러한 요소들에 특별히 주목할 필요가 있다.

2) 생태학적 이론

생태학(ecology)이라는 용어는 유기체와 환경 간의 상호작용을 연구하는 생물학에서 온 것으로, 생태학적 이론은 환경과 유기체가 역동적인 평형상태를 유지하면서 성장하는 과정에 관심을 두는 것이다. 따라서 생태학적 이론은 체계이론과 밀접한 관련이 있으며, 일반 체계이론과 결합하여 생태체계이론의 개념을 만들게 되었다.

생태학적 이론에 따르면, 지역사회는 다양한 공간적 분포를 보이는 곳으로, 이주, 인구변화, 사회조직과 사회계층의 구조적 변동 등은 지역사회의 공간적 변화를 설명하는 요소가 된다. 생태학에서는 지역사회의 성장과 조직의 독립적인 영향을 미치는 과정을 다섯 가지 개념, 즉 ① 기능의 중심, ② 인구의 집중, ③ 격리, ④ 침입, ⑤ 계승으로 설명한다(김태동 외, 2014).

기능의 중심(centralization)은 기관과 서비스가 교통 및 의사소통 중심지 부근에 집중하는 경향을 말한다. 예를 들면, 지역사회 대부분은 행정기관을 중심으로 지역기능이 집중되는 현상을 보인다. 인구의 집중(concentration)은 어떤 도시는 과도하게 혼잡하고 인구가 과밀한데, 다른 어떤 도시는 인구가 과소한 것을 지칭한다. 또는 주변지역으로부터 인구가 이주함으로써 도시지역 인구가 증가하는 경향을 말한다. 예를 들어, 산업화 이후 농촌과 도시의 경제적 · 사회적 격차가 벌어지면서 지역별 인구의 분산과 집중 현상이 매우 뚜렷하게 나타나는 것이 좋은 예이다.

격리(segregation)는 여러 집단과 기관이 그 도시 안에 분리되어 있고, 특정 지역에 위치할 때를 말한다. 도시의 어떤 지역은 상류층 주택이 밀집하고 특정 지역은 산업지대로 구분되는 경우가 있다. 그리고 주거지역, 도·소매상인 밀집지역 상태로 지역사회는 분리된다. 침입(invasion)은 원래의 지역이 외부로 성장하고 팽창하는 것이고, 또 어떤 지역으로부터 다른 지역으로 영구적으로 이동하는 것이다. 계승(succession)은 침입이 완결된 상태로 어떤 지역의 용도가 완전히 전환되는 것을 말한다. 이전에 주거지역이었던 곳이 완전히 상업지역으로 변할 때 혹은 이전에는 부유층만 살았던 지역이 빈민층만 살게 된 때 일어난다. 계승이란 지역적 현상일 뿐만 아니라 시간적 현상이다. 계승으로 오래된 인구집단이 새로운 인구집단으로 대치되고, 그 지역에 새로운 제도적 유형이 출현하게 된다. 계승은 지속적인 변동을 요구하는 것이다(Poplin, 1979).

생태학적 이론은 환경과의 적합성, 상호교류, 적응을 지지하거나 방해하는 요소를 중요하게 여긴다. 또한, 생태학적 이론은 가족·지역사회·문화 등 인간이 몸담고 있는 생태환경을 더욱 체계적으로 구조화하고 이들 환경체계와 개인의 발달 간 관계를 이해하고자 한다.

생태학적 이론을 적용한 지역사회복지실천의 유용성은 다음과 같다. 생태학적 이론의 관점은 문화적·역사적 맥락에서 환경 혹은 개인을 독립적으로 간주하는 것이 아니라, 개개인 인간과 환경의 관계가 긍정적 관계인지, 부정적 관계인지, 중립적 관계인지를 밝히는 방법이다. 이 이론에서 생태학의 개념은 개인, 가족, 집단, 조직에서뿐만 아니라 지역사회, 정치활동 등에 유용하게 적용되고 있다. 즉, 생태학 개념은 인간과 환경, 그리고 그 둘의 상호작용에 초점을 맞추게 해 준다.

사회복지실천의 사회환경을 개념화하는 데 광범위하게 활용되고 있는 생태학적 이론은 지역사회 구성원이 해당 지역사회 환경과의 상호의존성, 그 지역사회와 다른 지역사회와의 상호작용에 초점을 둔다. 또 인구집단의 이동, 이민과 이주, 성장의 역동성 등 변화하는 지역사회의 특성을 이해하는 데 도움을 준다. 이러한 생태학적 이론의 관점에 따른 실천으로, 사람과 사회환경 간에 질서가 있고 건설적인 방식으로 변화가 일어날 때, 지역사회의 역량이 커지고 지역주민을 위한 필요한 자원을 원활히 제공할 수 있게 된다.

2. 구조기능이론과 권력(힘)의존이론

1) 구조기능이론

사회학에서 가장 오래된 전통을 가진 거시적 사회접근이라고 할 수 있는 구조기능이론에 따르면, 사회는 상호의존적인 부분으로 구성되어 있는 체계이다. 이 이론에서 사회는 여러 부분으로 구성되어 있고, 각 부분은 합의된 가치와 규범에 따라 변화한다. 생물 유기체의 삶에 기본적인 요건이 충족되어 있듯이, 사회가 존속하기 위해서는 기능적 선결요건이 충족되어야 한다.

구성된 사회의 모든 요소는 균형 혹은 안정 지향적이며, 사회는 정치, 경제, 가족, 종교 등과 같이 다수의 상호 연관적이고 의존적인 부분으로 구성되어 있다. 아울러 각 부분은 전체가 성공적인 기능을 발휘할 수 있도록 이바지하는 각 요소로서 상호의존적이고 통합적인 기능을 한다. 또한, 점진적이고 누적적으로 사회변화가 진행되며, 사회체계 유지를 위해 사회구성원의 공동체 의식을 강조한다.

이 이론에서 지역사회는 생산-분배-소비의 기능, 사회화의 기능, 사회통제의 기능, 사회통합의 기능, 상부상조의 기능을 하며, 보편적이고 필연적인 사회계층화가 이루어진다. 하위체계 내의 구성원 간에, 하위체계 간에 상호 관련성이 있다. 그러나 하위체계 간에 상호 관련성이 있다 하더라도 각각의 하위체계 역시 하나의 분리된 실체를 이루며, 사회체계는 심리적 · 사회적 · 지리적 경계를 가지게 된다.

지역사회를 포함한 모든 사회체계는 균형 상태를 향해 움직이는 경향이 있으며, 그 결과 다양한 부분 간에는 통합, 조정, 결속 등이 이루어지면서 균형 상태를 유지

한다. 사회와 개인에게는 최적의 기적(奇蹟) 수행이 이바지되고 공유되는 사회적 가치관이 표현된다. 또한, 권력의 배분은 사회적으로 정당화되고, 일과 보상은 평등하게 할당되어 있다. 그리고 경제적 차원은 사회의 다른 차원에 종속적이며, 계층체계는 대개 진화과정을 통해 변한다고 본다.

구조기능이론의 한계는 지역사회의 유지와 균형에 주로 관심을 가지고 있기 때문에 지역사회의 변화나 지역사회에서의 자원, 권력을 둘러싼 하위체계 간의 갈등을 설명하는 데 다소 취약하다.

2) 권력(힘)의존이론

권력(힘)의존(power-dependency)이론은 지역사회의 발전이 권력(힘)의 소유 여부에 의존한다는 뜻으로 사회복지서비스 조직들은 생존의 차원에서 외부의 재정적 지원에 의존할 수밖에 없다는 기본 전제에서 출발한다. 블라우(Blau)는 클라이언트에게 서비스를 제공하는 데 사용되는 외부의 재정지원은 서비스 조직이 재정지원자의 요구에 충실할 수밖에 없는 구조를 만든다고 주장하였다(Blau, 1964).

외부 재정지원자에 대한 조직의 지나친 의존은 궁극적으로 그 조직의 목적 상실, 자율성 제한 및 사회정의에 입각한 사회옹호 능력의 한계를 발생시켜 사회복지서비스 조직의 방향성에 부정적 영향을 끼친다. 우리나라의 경우 많은 사회복지기관들이 정부의 보조금에 의존하고 있기에 정부의 요구에 따라 순응하며 클라이언트의 욕구를 충족해 나가는 중간자로서의 기능이 강조되어 순수한 사회복지기관으로서의 정치적 중립성이 훼손될 가능성을 내포한다.

따라서 지역사회의 사회복지서비스 조직들이 이러한 의존성을 탈피하기 위해서는 다음과 같은 방법들을 고려해 볼 수 있다(백종만 · 감정기 · 김찬우, 2015).

첫째, 재정지원에 대한 동일한 가치의 대가를 재정지원자에게 제공한다.

둘째, 서비스를 제공함에 있어 다른 여러 재원들을 확보하여 일방적 재정지원에 대한 의존도를 낮춘다.

셋째, 클라이언트가 서비스의 지원이 없거나 최소한의 서비스만으로 생존하는 방법을 클라이언트에게 교육한다.

넷째, 재정지원자들이 직접 클라이언트에게 서비스를 제공하도록 만든다.

3. 교환이론과 사회구성론

1) 교환이론

교환이론(exchange theory)은 합리주의적 고전경제학, 기능주의적 인류학, 행위주의적 심리학에서 출발한 이론이다. 교환이론의 전제는 인간은 합리적인 동물이며, 최대의 이익을 추구하려는 경향이 있다는 것이다. 사람들 사이에 이루어지는 교환과정에 초점을 두고 사회적 · 물리적 자원의 교환을 인간 상호작용의 근본 형태로 파악한다. 개인이나 집단이 다른 사람이나 집단에 무엇을 주는 대신 다른 보상을 얻으려고 하거나 얻을 수 있다고 생각할 때 상호작용이 일어난다. 상호 간에 교환의 행위가 반복되다 보면 개인이나 집단 간의 사회적 관계는 더욱 강화될 것이라고 보는 관점이다.

교환이론에는 학자에 따라 여러 분파가 있는데, 호만스(Homans)의 교환행동주의(exchange behaviorism), 블라우의 구조적 교환주의이론(structural exchange theory), 합리적 선택이론(rational choice theory) 등이 있다(고수현, 2013).

호만스는 교환이론에서 모든 사회적 상호작용에는 반드시 교환이 관계되어 있고, 사람들은 교환과정에서 돌아올 보상과 지불해야 될 비용을 면밀히 검토하여 최소의 비용으로 최대의 보상을 얻을 수 있는 길을 선택한다고 주장하였다. 보상이나 이익은 관계에서 도출되는 긍정적인 결과를 가리키며, 보상이나 이익은 심리적 안정, 사회적 지위, 만족감, 사람에게서 받는 인정이나 동정과 같은 심리 · 결과물을 비롯하여 경제적 · 물질적 이득까지 포함한다. 보상의 획득에는 언제나 비용이 따르는데, 만

일 비용이 보상보다 커지게 된다면 관계는 유지되기 어렵다고 주장하였다.

블라우는 교환이 미시적인 수준에서 출발해서 사회구조와 조직까지 연결하며, 교환이라는 인간의 사회적 행동이 어떠한 경로를 통해 사회적 유대(평등의 관계) 혹은 차별적 지위구조(불평등의 관계)를 만들어 내는지에 관심을 가지며, 교환이 평등한 관계로 이루어질지 불평등한 관계로 이루어질지는 교환에서 얻는 이익의 호혜성(reciprocity) 여부에 달려 있다고 말하였다. 호혜적 관계는 사람 사이의 신뢰와 유대를 강화하고, 다른 사람이 필요로 하는 서비스에 대해 통제력을 가진다. 반면, 다른 사람의 서비스가 필요하지 않는 사람은 다른 사람에 대하여 권력을 행사할 수 있는 위치에 있게 된다. 즉, 권력구조는 불평등한 교환관계로부터 만들어진다. 교환작용이 일어나면서 자원의 소유 여부에 따라 권력과 지위는 분화되고 집단의 인정을 받기 시작한 권력은 권위로 굳어져서 조직의 안정과 균형의 기본을 이루게 된다. 어느 단계에서 구성원들이 불충분한 보상을 받고 있다고 느끼거나 권력이 구성원들이 인정한 것 이상으로 행사될 때에는 갈등과 불만이 폭발하고 조직이 불균형상태에 빠짐으로써 구조적 변화를 일으킨다고 말하면서, 사회생활을 균형과 불균형의 변증법적 과정으로 보았다(김종일, 2012).

이러한 교환이론에 따르면 지역사회복지실천 역시 교환의 장에서 이루어지며, 지역사회 차원에서의 중요한 교환자원으로는 상담, 지역 중심 서비스, 기부금, 재정지원, 정보, 정치적 권력, 의미, 힘 등이 포함된다. 교환이론은 지역사회의 문제가 교환관계의 단절이나 불균형 때문에 생기는 것으로 보며, 교환자원의 부족 · 고갈 상태에 빠지거나 가치저하 상태를 보일 때 지역사회 문제가 더 확대될 수 있다고 주장하였다(백종만 · 감정기 · 김찬우, 2015).

2) 사회구성론

사회구성론(social constructionism)은 포스트모더니즘(postmodernism)과 상징적 상호주의(symbolic interationism)의 영향을 받아 지식이 인간의 경험세계로부터 주관적으로 구성된다고 주장하면서 개인이 처한 사회나 문화 속 맥락에 따라 현실의 문제나 상황을 구성 혹은 재구성할 수 있다고 보는 관점이다.

사회구성론에서는 사회복지사와 클라이언트의 만남은 새로운 현실을 창조하는 맥락이며, 본질에서 개방적이고 언어나 상징적 행위로 만남의 성격이 결정된다고 보았다. 사회복지사의 활동은 개인의 행동을 통제하고 규제하려는 사회적 욕구해결을 위한 기능을 한다. 그리하여 사회복지사는 클라이언트와 관계된 정치적 · 문화적 · 개인적 역사에 대해 통찰하고, 이러한 것이 전문적 개입에 미치는 영향에 민감성을 가지며, 지역사회 구성원이나 클라이언트와 처음 만나는 순간부터 그들의 사회적 의미 구성에 참여하게 된다. 따라서 적극적으로 현실 문제에 대해 공동 구성을 할 수 있다.

리와 그린(Lee & Green, 1999)은 사회적으로 구성된 지식은 절대적인 것이 아니라는 점을 강조한다. 사회구성론의 시각에서는 지식이 사회적으로 구성되었다는 것은 오랜 역사를 통해 다양한 문화집단이 인간의 믿음, 가치, 규범, 전통 및 삶의 방식의 교류에 의해 발전해 왔음을 의미하며, 따라서 사회적으로 구성된 지식을 획일적이고 절대적인 지식으로 받아들여서는 안 된다는 점을 강조한다.

사회구성론적 실천에서는 사회복지사와 클라이언트가 함께 있는 '지금-여기'의 현실을 중요시한다. 따라서 이때 지역사회 구성원이나 클라이언트와 공유하는 언어, 몸짓 등 상징을 적절히 사용해야 한다.

사회복지사는 클라이언트의 행동에 영향을 끼치는 사회 · 경제 및 정치적 구조에 대한 이해를 갖고 클라이언트의 문화적 가치와 규범에 대한 의미를 해석해야 한다. 또 다양한 문화를 가진 클라이언트와의 지속적이고 집중적인 대화과정을 중요시해야 하며, 소수자에 대한 억압구조를 해석해 나가는 분석과 연구를 지속하여 지식의 축적과 이론적 발달에 힘써야 하는 것이 사회구성론 관점에서 사회복지사가 고려해야 할 사항이라고 할 수 있다(백종만 · 감정기 · 김찬우, 2015).

4. 다원주의와 엘리트주의 이론

1) 다원주의 이론

다원주의 이론(pluralism theory)은 1950년대와 1960년대 달(Dahl)과 폴스비(Polsby) 등이 개발하여 아직도 미국에서는 주요 이론으로 간주되고 있다. 다원주의 이론은 정책결정에 있어서 다양한 집단과 이익단체가 권력을 가지려고 경쟁하며, 정책결정에 영향을 미치려고 한다는 시장논리에 근거한다(박병현, 2011).

다원주의 이론에서 가장 기본이 되는 가정은 모든 목소리들이 청취되고, 권력은 어떤 개인이나 집단에게 집중되어 있기보다 광범위하게 확산되어 있다는 것이다. 또한 다원주의 이론가들은 다원화된 현대사회의 개개인은 특정 목표를 중심으로 여러 집단과 조직을 구성하면서 이익 표출을 통해 정책과정에 영향을 끼칠 수 있다고 주장하였다. 그래서 다원주의 이론에서는 이익집단은 거대한 사회변동에 대응하여 이익 보존의 필요성을 공감한 사람들, 특수 이익을 공유하고 있는 개인들, 그리고 불리한 상황에 있던 사람들이 다른 집단에 대한 그들의 위상을 개선하기 위해 이익집단을 만든다고 주장하였다. 다원주의적 시각에서는 이익집단 상호 간의 관계를 경쟁적 상호관계로 인식하고 있다.

다원주의 이론에 의하면, 사회복지정책은 개개인과 집단의 이익대결과 갈등을 정부가 공정하고 종합적인 입장에서 조정한 결과로서의 균형을 의미한다. 사회복지정책의 내용과 형태는 이익집단의 상대적 영향력 정도에 따라 달라질 수 있다. 지역사회 권력이 집중되는 형태를 보이기보다는 전문성 등에 기반을 둔 다양한 사람이 참여함으로써 다원화된 경향이 나타난다.

또한 지역사회에서는 지역복지에 대한 영향력을 행사할 수 있는 집단이 다원화될 수 있으며, 시민들이 실제로 큰 권력을 가지고 정책결정 과정에 영향력을 행사할 수 있다. 지역사회 문제에 대해 시민집단이 갖는 이해관계와 영향력 등의 정확한 이해, 관련 전문가들의 영향력 등에 대한 정확한 이해는 지역사회의 현실을 더 정확히 이해하고, 지역사회복지실천 과정을 보다 효과적이고 효율적으로 발전시키는 데 기여할 수 있다(강철희 · 정무성, 2013).

2) 엘리트주의 이론

엘리트주의 이론(elitism theory)은 다원주의 이론과 반대되는 개념이라 할 수 있으며, 정치 · 경제 등 공공정책이 그 사회의 소수집단 엘리트의 가치를 반영하여 의사결정이 이루어진다고 보는 것이다. 즉, 대다수의 대중은 정책결정 과정에서 소외되거나 무관심하며 올바른 정보를 갖고 있지 못하기 때문에 사회의 지배 엘리트가 국가의 정책을 좌우하고 권력을 장악하고 있다고 보는 견해이다.

엘리트주의 이론에서 기본 가정은 다음과 같다(Dye, 1998).

첫째, 사회는 권력을 가진 소수와 권력을 가지지 못한 다수로 나누어진다.

둘째, 소수의 지배층은 지배당하는 대중을 대표하지 않으며, 엘리트는 사회의 상류계층에서 비례적으로 추출되는 것은 아니다.

셋째, 비엘리트의 엘리트계층으로의 이동은 느려야 하지만 안정을 유지하고 혁명을 피하기 위해 계속되어야 한다. 엘리트의 여론을 수용하는 비엘리트만이 지배계층으로 진입한다.

넷째, 엘리트는 사회제도의 기본 가치와 체제의 보존을 위해 어떤 가치를 공유한다. 자본주의 사회의 경우 엘리트가 지닌 가치는 개별 자산의 희소성, 제한된 정보, 개인의 자유 등이다.

다섯째, 정책은 대중의 욕구를 반영하는 것이 아니라 엘리트의 가치를 반영한다. 정책의 변화는 혁명적이기보다는 점진적이다.

여섯째, 대중이 엘리트에게 영향을 미치기보다 엘리트가 대중에게 더 영향을 미친다.

엘리트주의 이론가들은 사회의 지배 엘리트가 허용하는 문제만이 정부의제(agenda)로서 거론이 되고 자신들의 이익을 해치는 문제는 정치체제에 침투하지 못하게 막는다고 주장하고 있다. 이러한 관점에서 본다면 사회복지정책이나 프로그램은 소수의 엘리트들이 자신의 선호나 이익을 위해서 채택한다는 것이며, 지역사회에서는 이러한 소수의 엘리트들이 존재한다고 보는 것이다(고수현, 2013).

5. 사회연결망이론

사회연결망이론(social network theory)은 상호조직이론과 자원동원이론에 기초하여 발전된 이론이다. 연결망(network)이란 협력의 한 유형으로 각 조직들이 조직적 자율성을 유지하면서 공유된 자원을 가지고 어떤 서비스나 프로그램을 제공하기 위하여 함께 결합하는 협력시스템이라고 할 수 있다. 연결망은 도움을 주거나 받기 위해 다른 사람이나 조직을 필요로 할 때 연결망이 형성되는 것으로 일반적으로는 행위자를 연결하는 관계로 해석한다. 이때의 행위자는 구체적으로 사람이나 조직 및 시스템을 의미하고, 관계는 상호행동을 의미한다(지은구 · 조성숙, 2019).

사회연결망은 지역사회를 하나 이상의 관계에 의해서 연결된 행위자들이나 구성원들로 구성된 사회구조를 의미하며, 목적을 성취하기 위하여 교환을 하고 상호 교류하는 사람, 집단, 조직 또는 사회적 단위를 위한 사회적 배열이라고 할 수 있다. 또한 사회연결망은 위기 때 도움을 줄 수 있는 중요한 도구로서 지원 또는 지지를 위한 자원의 역할을 수행하며 상호원조체계로서 작동, 교환을 위한 구조를 제공하기 때문에 사회적 지지체계라고도 할 수 있다.

종합해 보면 사회연결망이란 개인, 집단, 조직과 지역사회 내에서 통합적이고 문제해결중심적인 서비스를 제공하기 위하여 상호 간의 도움을 주고받는 사회적 교환체계이자 사회적 지지체계라고 할 수 있다. 따라서 사회연결망은 지역사회의 응집력을 강화시킬 뿐만 아니라 사회적 자원의 적절성과 중요성, 지역사회를 복지 제공자로서 인식할 수 있게 하여 지역사회구조의 관계형성과 발전에 대한 특성을 구체적으로 기술할 수 있게 해 준다(김성철 외, 2020).

생각해 볼 문제

1. 사회체계이론과 생태학적 이론 관점에 따른 지역사회복지 관련 사례를 들어 설명해 본다.

2. 다원주의 이론과 엘리트주의 이론을 비교하며 지역사회의 다양한 문제해결을 위한 사례를 들어 설명해 본다.

CHAPTER 05

지역사회복지의 실천모델에 대한 이해

역사회 주민들로 하여금 지역사회의 일에 대해 관심과 참여 유도, 다섯째, 지역사회의 공동사업에 대한 협력 및 지지, 마지막으로, 토착적인 지도력 증대를 도모하는 것을 이야기하였다.

관계 중심 목표는 지역사회와 집단들 간의 관계와 의사결정권의 분배에 있어 변화를 추구하며, 지역사회 구성요소 간의 사회관계에 있어 변화를 시도하는 데 역점을 둔다.

표 5-1 지역사회복지실천모델의 목표 비교

	던햄	로스만
과업 중심의 목표	지역사회의 욕구를 충족시키도록 욕구와 자원 간 조정과 균형을 도모하며, 구체적인 과업의 완수에 역점을 둠	구체적 사업 완성, 지역사회의 문제해결에 관심 예: 서비스 제공, 지역을 위한 입법 등
과정 중심의 목표	지역사회 주민들이 문제를 해결할 수 있는 능력을 갖도록 참여, 자조, 협동능력을 개발·강화·유지하도록 원조	체제의 유지와 기능을 강화하려는 것으로, 지역사회 집단 간 협동관계 수립, 자치구조 창조, 참여 자극, 토착적인 지도력 증대 등
관계 중심의 목표	지역사회 구성요소 간의 사회관계 변화 시도	

2. 지역사회복지실천을 위한 원칙

1) 추진회(Association)의 개념

지역사회복지실천을 위해서 로스(Ross)는 사회계획모델이나 사회행동모델보다는 지역사회개발모델을 강조하고 있으며, 동질성과 전통성이 강한 농촌 지역이나 도시의 영세지역 개발을 위해서는 지역사회개발모델이 더 적절하다고 주장하고 있다. 이러한 활동을 전개하는 사업의 주체가 필요한데 이런 조직을 로스(Ross)는 추진회(Association)라고 하였다. 즉, 추진회는 지역사회의 문제해결을 위해 주민들에 의해 설립된 조직체이며, 추진회를 통해 주민들의 욕구가 표현되고 목표가 설정되며 사업이 추진된다고 하였다.

2) 추진회의 원칙

- 지역사회의 현존 조건에 대한 불만으로 추진회가 결성된다.
- 불만은 특정 문제에 관한 계획을 세우고 실천에 옮길 수 있도록 집약되어야 한다.
- 활동을 수행하기 위한 불만은 지역사회 주민들에게 널리 인식될 필요가 있다.
- 추진회에는 지역사회에 있는 주요한 집단들에 의해 지목되고 수용될 수 있는 공식 · 비공식적 지도자들을 참여시켜야 한다.
- 추진회는 지역사회 주민들로부터 지지를 받을 수 있는 목표를 세우고 운영방법을 활용해야 한다.
- 추진회의 사업에 정서적인 내용을 지닌 활동들이 포함될 경우 성공 가능성이 높다.
- 추진회는 지역사회에 존재하는 현재적 · 잠재적 호의를 활용해야 한다.
- 추진회는 효과적인 지도자를 개발하는 데 힘써야 한다.
- 추진회는 지역사회 내의 지도자를 참여시킬 수 있고, 어려운 문제를 해결할 수 있는 능력과 안정성을 가져야 하며, 지역사회로부터 신임을 얻어야 한다.
- 추진회는 자체 회원 상호 간에 또 지역사회와 더불어 활발하고 효과적인 대화통로를 개발해야 한다.
- 추진회는 협동적인 노력을 위해 참여하고 있는 여러 집단들을 지원하고 강화시켜야 한다.
- 추진회는 정상적인 업무상의 결정 과정을 헤치지 않는 범위 내에서 절차상에 있어 융통성을 지녀야 한다.
- 추진회는 지역사회의 현존 조건에 따라 수행하는 사업의 보조를 맞추어야 한다.

3. 로스만(Rothman)의 모델

로스만은 지역사회복지 활동을 단일한 형태로 보지 않고 지역사회개발, 사회계획 및 정책, 사회행동으로 구분하였으며(Rothman, 1995), 이 세 가지 모델은 지역사회실천과 관련해서 1960년대 후반부터 지금까지 가장 많이 다루어지고 있다.

1) 지역사회개발모델(Community Development Model)

지역사회개발모델은 지역사회의 변화를 위해서는 지역사회를 구성하는 광범위한 주민과 집단의 참여를 기본 전제로 하고 있다. 지리적 측면에서 지역사회 전체를 대상 집단으로 본다. 지역사회의 문제해결을 위해 지역사회의 역량을 강화하고 사회통합을 증진시키는 데에 초점을 둔다. 지역사회 내에서 다양한 집단들을 잠재적 파트너로 간주하며, 권력을 가진 사람들도 지역사회의 향상 및 발전을 위해 공동의 노력을 기울일 수 있다. 지역사회의 다양한 구성원과 집단들의 의견조정을 통해 통합을 이끌어 내는 것을 중요하게 고려한다. 또한 집단들 간의 차이들은 협상과 타협, 합의를 통해 극복될 수 있다고 본다. 주민들의 자조(self help)정신을 강조한다. 즉 주민이 문제를 스스로 해결할 수 있는 능력을 강화하는 데 역점을 둔다.

이 모델은 지도자 양성 및 지도력 계발을 통해 주민이 협력적으로 일할 수 있는 분위기 조성을 강조하며 변화를 위한 전략, 전술에 있어서 다양한 집단 간의 합의 도출과 과업의 성취보다는 과정 중심 목표에 중점을 두고 있다. 주로 개발도상국이나 선진국의 낙후된 도시에 많이 사용되며, 사회복지사는 조력자, 조정자, 문제해결 기술 훈련자의 역할을 한다.

그러나 지역사회개발모델은, 첫째, 지역사회의 변화노력을 위해 지역사회의 관련 집단들 간의 합의와 협력을 이끌어 내기가 용이하지 않다는 점, 둘째, 지역사회의 관련 집단들이 성, 계급, 인종 등과 관련된 경계를 초월하는 공통의 이해관계를 가지고 있다는 가정의 현실성 문제, 셋째, 실질적인 정책결정자가 사회변화를 지지할 수 없는 경우 지역사회개발을 위한 협상을 거부할 수 있는 권력구조 문제 등은 한계점으로 지적되고 있다.

2) 사회계획 및 정책모델(Social Planning/Policy Model)

사회계획 및 정책모델은 사회문제의 해결에 있어 전문가에 의한 합리적인 계획 수립과 기술적 과정, 통제된 변화를 강조하고 있기 때문에 기술적 합리성과 전문성을 지닌 전문가, 계획가의 역할을 중요하게 생각한다. 전문가들이 조사와 분석을 통해 실현 가능한 대안을 마련하고 이러한 대안을 합리적, 과학적으로 제시하고 실행하는 데 중점을 두고 있다. 즉, 과정보다는 과업의 성취에 초점을 두고 있다.

이 모델은 지역사회개발모델처럼 지역사회의 문제해결을 위해 지역주민의 역량을 강화하는 것에 두고 있지는 않다. 또한 사회행동모델처럼 근본적인 사회변혁을 추구하는 것을 중요하게 고려하지도 않는다. 특히, 사회계획과정은 문제 확인, 사정, 목표 개발, 실행, 평가라는 구성 요소로 이루어지며, 사회복지사들은 문제해결 모델로서 이러한 요소를 인식해야 한다는 것이다. 따라서 사회복지사는 자료수집, 분석 및 프로그램의 기획 · 평가를 담당하는 전문가와 계획가의 역할을 한다.

그러나 사회계획 및 정책모델은 관료조직과 같은 공식조직을 변화 매개체로서 중요하게 고려하는데, 실제 문제를 해결하는 과정에서 작용하는 정치적인 영향력 등은 고려하지 못하는 한계가 있다. 예를 들면, 계획과정이 합리적이라고 해도 합리성보다는 문제해결과정에 미치는 정치적 영향력이 더 중요할 수도 있다. 또한 계획가나 전문가가 합리적이고 포괄적인 대안을 마련하고 계획을 수립하기 위해 충분한 시간과 자원을 확보하지 못하고 있다는 한계가 있다.

3) 사회행동모델(Social Action Model)

사회행동모델은 지역사회 내에 권력과 자원의 불평등한 관계가 존재한다는 갈등 이론적인 입장을 기반으로 하고 있다. 지역사회 내에 부당한 대우나 불이익을 받는 집단이 집합적 행동을 통해 공정한 자원 배분과 동등한 대우를 요구할 필요가 있다고 여기며 지역사회에서 권력과 자원의 재분배, 사회적 약자에 대한 의사결정의 접근성을 강화함으로써 지역사회의 변화에 초점을 두고 있다. 지역사회 집단들 간에 적대적이거나 이해가 상반되는 문제가 있는 경우나 논의와 합의를 통해 결정하기 어려운 문제를 해결하는 데 적합한 모델이다.

지역사회 주민들이 사회정의와 민주주의에 입각해서 지역사회의 기존 구조를 근본적으로 변화시키는 것을 의미하며, 사회적으로 배제되고 억압받은 집단을 조직화하는 것이 중요하다고 강조한다. 사회복지사는 행동을 이끌어 내는 조직가, 억압받는 집단의 권리를 옹호하는 옹호자의 역할을 한다.

항의나 시위 등 갈등이나 대결전술을 한다. 하지만 관련 집단들이 실제로 참여하는 데 주저할 수도 있다. 그리고 극단적인 전략과 전술이 참여하는 구성원들을 위험한 상황에 처하게 만들 수 있으며, 수단의 불법성이 논란을 야기하고 윤리적인 문제가 제기될 수 있는 한계점을 가지고 있다.

표 5-2 로스만의 지역사회복지실천모델 비교

모델 / 내용	지역사회개발	사회계획	사회행동
개념	지역사회의 변화를 가장 효과적으로 이룩하기 위해서는 광범위한 주민들을 변화의 목표설정과 실천행동에 참여시켜야 한다.	범죄, 주택, 정신건강과 같은 사회문제를 해결하고자 하는 기술적 과정을 강조한다.	지역사회의 주민들이 사회정의와 민주주의에 입각해서 보다 많은 자원과 향상된 처우를 그 지역사회에 요구하는 행동을 말한다. 지역사회의 기존 제도와 현실에 대한 근본적인 변화를 추구한다.

내용 \ 모델	지역사회개발	사회계획	사회행동
강조점	자조정신 강조, 민주적인 절차, 자발적인 협동, 토착적인 지도자의 개발, 교육 등	문제해결을 위한 합리적인 계획수립과 통제된 변화, 정책집행의 효과성과 효율성 강조, 공식적인 계획과 준거틀에 대한 설계	권력, 자원, 지역사회의 정책결정에 있어서의 역할 등에 대한 재분배
예	지역복지관의 지역개발사업, 성인교육 분야의 지역활동 등	–	학생운동, 여성해방 및 여권신장운동, 노동조합운동, 복지권운동, 소비자보호운동 등
목표	지역사회 통합과 협동적 문제해결 능력의 향상(과정 중심)	주요 사회문제의 해결(과업 중심)	특정 입법이나 복지혜택 추구, 공공기관의 정책 변경 등(과업 중심), 구성원의 정치적 영향력 증대(과정 중심), 소규모적이고 단기적인 문제 상황을 해결하는 것보다 체제 변화에 따른 결과 중시
지역사회 구조와 문제 상황에 관한 전제	지역사회가 문제해결 역량의 결여 또는 부족으로 어려움을 겪고 있다. 개발도상국의 지역사회는 소수 엘리트 집단이 좌우하며 일반 대중은 교육을 제대로 받지 못해 문제해결 기술이나 민주적 방법에 대한 이해가 부족하다.	지역사회에는 빈곤, 주택, 고용, 보건, 비행과 범죄, 여가활용, 교통 등 수많은 사회문제가 산재되어 있다.	지역사회에 특권과 권력의 위계가 존재, 억압받고 박탈당하고 무시당하는 무력한 주민들이 정부, 대기업, 사회 기존 체제 등에 의한 부조리와 착취로 고통을 받고 있다.
변화를 위한 기본 전략	광범위한 주민들이 참여해서 자신들의 욕구를 결정하고 문제를 해결하려는 것	문제에 관한 적절한 자료를 수집해서 문제해결을 위한 합리적이고 가능한 방안을 강구하자는 것	불리한 처지에 놓여 있는 주민들의 합법적인 적이 누구인가를 찾아내고, 집단행동을 조직하여 선택된 적대적 집단에 압력을 가하는 것
변화를 위한 전술과 기법	합의, 의견 교환과 토의를 강조	문제 확인, 사정, 목표개발, 실행, 평가, 사실발견과 분석, 상황에 따라 갈등이나 합의를 사용하기도 함	갈등이나 대결(정면대결, 직접적인 실력행사), 항의 시위, 보이콧, 피케팅 등 비교적 다수의 대중을 규합
사회복지사의 역할	조력자, 격려자, 조정자, 교육자, 능력 부여자, 촉진자	전문가, 계획가, 사실발견 수집가, 분석가, 프로그램 기획 및 평가자	옹호자, 행동가, 매개자, 중재자, 대변가, 조직가

내용 \ 모델	지역사회개발	사회계획	사회행동
변화의 매개체	과업 지향적 소집단 활동	관료조직, 공식조직 중시	대중조직, 정치과정
권력구조에 관한 견해	지역사회 전체, 권력을 쥔 사람도 지역을 향상시키기 위해 공동으로 노력한다.	전문가의 후원자 또는 고용기관	클라이언트 밖에 존재하는 클라이언트 집단에 대한 반대세력 또는 강압세력으로 간주한다.
대상 지역사회의 범위	지리적 측면에서 전체 지역사회	전체 지역사회 또는 지역사회 일부	억압받고 있는 지역사회 일부
지역사회 구성집단들 간 이해관계에 관한 전제	상이한 집단 계층의 이해관계가 상호조화를 이룰 수 있다. 합리적인 설득, 대화, 상호 간의 호의로 쉽게 합의될 수 있다.	지역사회 내 집단들 간의 갈등적인 이해에 크게 개의치 않는다. 실용적이며 특정 문제의 해결에만 관심을 갖는다.	구성집단 간의 이해관계가 상충되며 서로 조화를 이룰 수 있다.
공공의 이익에 관한 개념	합리주의적·중앙집권적 개념, 협동적인 결정과정을 이용해서 주민의 일반적인 복지를 위해 여러 지역사회 집단의 이익을 반영한다.	이상주의적·중앙집권적 개념, 계획전문가는 사회과학자들과 협의를 통해서 지식, 사실, 이론에 입각해서 공익을 대변하며, 개인의 정치적 이익이나 일반의 인기에 좌우되지 않는다.	현실주의적·개인주의적 견해
클라이언트 집단에 대한 견해	아직 완전히 계발되지 않은 상당한 잠재력을 가진 시민	서비스의 혜택을 받는 소비자	체제의 희생자(고통받는 집단, 특정 불이익집단
클라이언트 역할에 관한 견해	지역사회 문제해결 과정에 적극적으로 참여한다. 클라이언트는 자기들의 욕구를 표현하고 바람직한 목표를 결정하며, 적절한 조치를 강구하는 데 참여한다.	서비스에 대한 수혜자	혜택을 받는 자, 적극 참여하는 경우도 있음

4) 로스만의 혼합모델

로스만은 위의 세가지 모델 분류가 이념적인 분류일 뿐이며, 실제 지역사회복지 실천의 개입을 위해서는 상호 혼합된 형태, 즉 사회행동+사회계획, 사회계획+지역사회개발, 지역사회개발+사회행동 등과 같은 형태로 활용될 수 있다고 하였다.

① 사회행동+사회계획

지역사회의 이슈에 대한 실증적 연구를 바탕으로 문제해결 방법을 계획하면서 동시에 대중에게 해당 이슈의 중요성을 알리고 대중의 참여를 꾀하는 것이다. 다양한 형태의 사회행동과 함께 문제해결을 위한 과학적 조사와 연구도 병행한다. 예를 들면 도시개발로 인하여 거주지에서 밀려나게 된 지역주민들의 현황과 문제점을 조사하고, 이를 기반으로 주민들의 주거권을 옹호하기 위한 활동을 전개한 경우이다.

② 지역사회개발+사회계획

지역사회복지실천에서 새로운 계획 과정에 주민의 참여를 강조한다. 예를 들면 지역사회보장계획은 지역사회개발과 사회계획에 의한 실천이라고 할 수 있고 사회복지공동모금회와 같은 조직은 민간 자원을 모아 적절하게 재원을 지원해야 하는 과업 중심의 역할도 있지만, 지역주민이 자신이 살아가는 지역사회 내의 문제해결에 스스로 참가하도록 만드는 과정 중심의 역할도 함께 수행해야 하기 때문에 모델의 혼합 적용이라고 할 수 있다.

③ 지역사회개발+사회행동

지역사회복지실천 과정에서 지역사회개발모델의 특성을 나타내면서 목적에서는 사회행동모델을 따르는 것이다. 지역사회 내 공동의 문제를 확인하기 위해 여러 집단 간의 합의가 필요하고 동시에 문제의 근원이 되는 권력집단에게 대항하는 행동이 필요할 때 적용된다.

4. 웨일과 갬블(Weil & Gamble)의 모델

웨일과 갬블은 목표, 변화 표적체계, 일차적인 구성원, 관심영역, 사회복지사의 역할 등을 중심으로 지역사회복지실천모델을 8가지 유형으로 구분하였다. 이러한 모델들은 상호 배타적이지 않으며 개념적인 구성요소나 사회복지사의 역할 등에서 상호 중복되지만, 지역사회복지실천과 관련하여 가장 적절한 개입전략을 선택하는 데 유용한 준거틀을 제시하고 있다. 특히 8가지 모델은 개발(지역사회의 사회·경제적 개발모델), 조직화(근진지역사회조직모델, 기능적인 지역사회조직모델), 계획(프로그램개발과 지역사회연결, 사회계획모델), 사회변화(정치·사회행동모델, 연합모델, 사회운동모델)라는 기능과 특성에 따라 4가지 유형으로 재분류할 수 있다.

1) 근린지역사회조직모델(neighborhood and community organizing model)

근린지역사회조직모델은 지역사회개발모델에서 그 원형을 찾을 수 있으며, 지리적으로 가까운 지역사회조직화에 초점을 두고 대부분 지역사회의 사회적·정치적·환경적 이슈를 취급한다. 근린지역사회조직모델은 능력 계발과 과업수행이라는 두 가지 목표를 강조한다. 즉, 지역사회 주민들이 조직활동에 참가하면 조직하는 기술, 문제분석, 계획, 그리고 리더십을 발전시키기 때문에 주민들의 능력을 계발할 수 있다는 것이다. 그리고 지역사회 주민들은 조직활동을 통해 지역사회의 사회경제적 조건들을 향상시키거나 도시계획이나 지역계획과 외부 개발에 영향을 미쳐 구체적인 과업을 성취한다는 것이다.

변화를 위한 표적체계는 지방정부, 외부개발자, 지역사회 주민 등이며, 지역사회 주민의 삶의 질에 관심을 두고 있다. 사회복지사는 조직가, 교사, 코치, 촉진자의 역할을 수행하며, 조직가의 역할 중에서 조직 내의 리더십 형성과 발전을 위한 역할도 중요하다.

2) 기능적 지역사회조직모델(functional community organizing model)

기능적 지역사회조직모델의 구분은 지리적 의미의 지역사회보다는 동일한 정체성이나 이해관계를 기초로 한 기능적 지역사회에 초점을 두고 있다. 기능적 의미의 지역사회조직은 특정의 공통 관심사나 이슈를 기반으로 이해당사자를 조직화하는 특성이 있다. 사회복지사는 조직가, 옹호자, 촉진자, 조직의 구성원들이 지리적으로 흩어져 있는 특성이 있기 때문에 조직의 소식과 정보들의 소통은 중요한 의미를 가지기 때문에 정보전달자로서의 역할을 수행한다. 변화를 위한 표적체계는 일반 대중, 정부기관 등이다.

주요 전략은 특정 이슈나 집단에 대한 정책, 행위 및 인식의 변화에 초점을 두고 옹호를 이끌어 낼 수 있는 행동에 있다. 이러한 옹호는 교육을 통해서나 조사, 공공행동, 정책 개발, 로비, 서비스 개발을 통해 이루어진다.

3) 지역사회의 사회 · 경제적 개발모델(community social and economic development model)

지역사회의 사회 · 경제적 개발모델은 로스만의 지역사회개발모델과 밀접한 관계가 있다. 하지만 저소득과 불이익 계층의 효과성을 제고시키기 위해서는 경제개발과 사회개발이 동시에 이루어져야 한다는 인식을 전제로 하고 있다. 이를 위해서는 필요한 내 · 외부적 자원의 개발과 활용도 중요하다. 지역사회 주민의 삶의 질 향상을 목적으로 시민참여를 통한 사회 · 경제적 발전을 도모한다. 지역주민 입장에서 발전 계획을 마련하고 일차적으로 개인과 집단의 소득향상을 추구한다. 주민들이 투자된 자원들을 이용할 수 있도록 조직과 능력을 배양하는 것에 초점을 맞추고 지역발전을 위한 실질적인 자원의 동원을 추구한다.

변화를 위한 표적체계는 금융기관, 재단, 외부개발자, 지역사회 주민이며, 지역사회의 사회 · 경제개발에 투자할 자원들을 확보하기 위해 사람들을 설득하는 것이 중요하다. 이 모델의 일차적인 구성원은 저소득집단, 주변집단 또는 불이익집단이며, 주요 관심영역은 사회경제적 영역에서 투자의 균형뿐만 아니라 교육 수준과 리더십 기술의 향상에 있다. 사회복지사는 교사, 계획가, 관리자, 협상가 등의 역할을 수행한다.

4) 사회계획모델(social planning model)

사회계획모델은 객관성과 합리성에 기반을 두고 지역사회 문제를 해결하려는 모형이며, 객관적인 조사와 자료 분석 등을 기초로 하며 개별 기관 수준 및 휴먼서비스 기관의 협의체 또는 지역 휴먼서비스협의회 등에서 이루어진다. 계획가는 휴먼서비스에 필요한 자원결정과 자원을 효율적으로 이용해야 할 뿐만 아니라 구체적인 기술과 책임성을 가져야 한다.

변화를 위한 표적체계는 지역사회 지도자의 관점과 휴먼서비스 지도자의 관점 등이다. 주요 전략으로는 지역사회의 사회적 욕구 통합과 사회서비스 관계망의 조정에 주목한다. 사회복지사는 조사자, 관리자 등의 역할을 수행한다. 이를 위해 사회복지사에게 조사, 욕구사정, 평가, 프로포절 개발, 분석 등에 관한 기술과 정보전달 및 관리기술이 요구된다.

5) 프로그램개발과 지역사회 연결모델(program development and community liaison model)

프로그램개발과 지역사회 연결모델은 로스만의 사회계획모델에서 세분화된 모델로서, 지역사회 주민들의 욕구를 충족시키기 위해서 지역사회와 연계된 다양한 수준의 프로그램을 개발하고 확대하는 것을 중요한 목표로 하고 있다. 지역과 프로그램 간의 상호작용을 통해 프로그램을 개발·확장시키고 지역사회 내 다양한 대상자인 서비스 대상자, 관련기관 직원, 지역주민, 전문가 등과의 연계를 도모한다.

변화의 표적체계는 프로그램개발에 재정을 지원하는 사람과 프로그램을 이용하는 수혜자이다. 이 모델의 일차적인 구성원은 계획된 변화와 프로그램개발과정에 관여한 기관위원회와 지역사회 대표들이며, 관심의 주된 영역은 특정 대상이나 지역사회를 위한 서비스 개발이다. 사회복지사는 대변인, 계획가, 관리자, 프로포절 제안자로서의 역할을 수행한다.

6) 정치 · 사회행동모델(political and social action model)

정치 · 사회행동모델은 정책, 법, 그리고 정책 입안자들의 변화를 통해 사회정의를 추구하는 것으로, 이를 통해 의사결정에서 배제되었던 사람들이 힘의 균형을 찾도록 하는 것이다. 이 모델의 초점과 목표는 정책 또는 정책결정자를 변화시키는 데 있으며 특히 저소득집단에 불이익을 야기하는 정부당국의 조치를 변화시키는 데 초점을 둠으로써 사회적, 정치적, 그리고 경제 정의를 위한 행동이라 할 수 있다. 사회복지사는 옹호자, 교육자, 조직가, 조사자로서의 역할을 수행한다. 이를 위해 부정의를 들추기 위한 조직사업, 정치적 캠페인, 옹호 집단소송, 로비 활동을 진행한다.

7) 연합모델(coalitions model)

연합모델의 목표는 연합의 공통 이해관계에 대응할 수 있는 자원동원의 잠재력을 증진시키고, 사회적 프로그램의 방향에 영향을 미칠 수 있는 다조직적인 권력기반을 구축하는 것이다. 즉, 지역사회가 당면한 문제가 한 집단의 노력만으로는 해결되기 어려우며, 분리된 집단 및 조직을 집합적인 사회변화에 동참시키는 것을 강조한다. 공동의 목표로 설정한 사회적 변화를 위해 다양한 개별 집단 및 조직들이 독립성을 유지하면서 새로운 조직을 구성하거나 연대하는 것에 초점을 맞춘다.

사회복지사는 전문적 또는 휴먼서비스 연합에서의 지도자와 대변인이며, 연합을 만들고 유지하기 의해서 중개와 협상기술이 필요하다.

8) 사회운동모델(social movement model)

사회운동모델의 목표는 바람직한 사회변화라고 할 수 있다. 사회정의를 실현시키기 위해서 사회 전체의 변화를 선도하고 자극한다. 생태학, 반전, 반핵, 인권운동, 여성운동 등 지역차원에서부터 세계적 차원에 이르기까지 광범위하게 개입하는 모델이기도 하다. 보편적 가치로 인간의 화합, 폭력의 최소화, 환경보호, 인간 존엄성, 다양성의 인정 등을 추구한다. 일차적인 구성원은 새로운 비전과 이미지를 창출할 수 있는 조직 지도자이며 사회복지사는 사회운동의 자원봉사자 또는 사회운동조직의 스탭으로서 관여할 수 있다. 즉, 옹호자와 촉진자로서의 역할을 수행한다.

표 5-3 웨일과 갬블의 모델 비교

내용 / 모델	변화 전략 및 목표	변화를 위한 표적체계	일차적인 구성원	관심영역	사회복지사의 역할
근린지역사회 조직모델	지역주민의 능력개발, 외부 개발자들이 지역에 미칠 영향을 조절	지방정부, 외부 개발자, 지역사회 주민	지리적 의미의 지역사회 주민	지역주민의 삶의 질	조직가, 교사, 코치, 촉진자
기능적 지역사회 조직모델	특정 이슈나 집단에 대한 정책, 행위 및 인식의 변화를 위한 행동, 서비스 제공	일반 대중, 정부 기관	동호인	특정 이슈와 대상 집단에 대한 옹호	조직가, 옹호자, 촉진자, 정보전달자
지역사회의 사회·경제적 개발모델	지역주민의 관점에 기초한 개발계획	금융기관, 재단, 외부 개발자, 지역주민	저소득집단, 불이익을 받고 있는 집단	지역주민의 소득, 자원, 사회적 자원의 개발 및 교육 수준과 리더십 기술향상	교사, 계획가, 관리자, 협상가
사회계획모델	선출된 기관 또는 인간서비스를 계획하는 협의회가 행동을 하기 위한 제안	지역사회 지도자의 관점과 인간서비스 지도자의 관점	선출직 공무원, 기관 책임자, 기관 간의 조직	지역사회의 사회적 욕구 통합과 사회서비스 관계망 조정	조사자, 관리자 프로포절 작성자

내용 / 모델	변화 전략 및 목표	변화를 위한 표적체계	일차적인 구성원	관심영역	사회복지사의 역할
프로그램개발과 지역사회 연결모델	지역사회서비스의 효과성 증진을 위한 새로운 프로그램개발 및 기존 프로그램의 확대, 재조정	프로그램개발에 재정을 지원하는 사람과 프로그램을 이용하는 수혜자	프로그램개발에 관여하는 서비스 제공 기관의 이사회, 지역사회 대표들	특정 대상이나 지역사회를 위한 서비스 개발	대변인, 계획가, 관리자, 프로포절 제안자
정치·사회 행동모델	정책, 정책결정자 등의 변화에 초점을 둔 사회정의 행동	선거관리자, 선출직 공무원, 잠재적 참여자	정치적 권한이 있는 시민	정치권력의 형성, 제도의 변화	옹호자, 조직가, 조사자, 조정자
연합모델	연합의 공통의 이해관계에 대응할 수 있는 자원동원, 복합적인 권력기반 구축	선출직 공무원, 재단, 정부기관	특정 이슈에 이해관계가 있는 조직 및 집단	연합의 구성집단, 특정한 이슈	중재자, 협상가, 대변가
사회운동모델	사회정의를 실현하기 위한 행동	일반 대중, 정치제도	새로운 비전을 제시할 수 있는 조직 지도자	사회정의	옹호자, 촉진자

5. 테일러와 로버츠(Taylor & Roberts)의 모델

테일러와 로버츠는 로스만의 기본 3모델을 중심으로 2가지 모델을 새롭게 추가하여 5모델을 제시하고 있다. 이들은 지역사회복지실천모델은, 첫째, 실천방법의 각 변인, 둘째, 대안적인 전략, 셋째, 의사결정의 영향 정도에 등에 있어 후원자와 클라이언트가 어느 정도 의사결정 권한이 있느냐 따라 구분하였다.

1) 프로그램개발 및 조정모델(program development and coordination model)

프로그램개발 및 조정모델은 인보관운동과 자선조직협회에 근거하고 있으며, 지역사회의 변화를 효과적, 효율적으로 유도하기 위해 공공기관을 중심으로 프로그램을 개발하고 조정해 나가는 모델이다. 서비스는 행정기관이 직접 전달하거나 민간 단체나 협회를 통해 전달할 수 있다. 후원자가 전적으로 의사결정을 하고 클라이언트는 이들에 의해 기획된 서비스를 제공받는다. 클라이언트의 참여는 매우 제한적이다.

2) 계획모델(planning model)

계획모델은 로스만의 사회계획모델이 지나치게 합리적이고 과학적인 접근을 지향한다는 점을 지적하며 의사결정에 있어 상호교류와 인간 지향적 특성을 추가하고자 한 모델이다. 사회계획모델에서와 같이 조사연구가 객관적 분석 등을 통한 지역사회 문제해결에 초점을 맞추고 동시에 의사결정의 과정과 조정 등 과정 지향적 실천도 추구하면서 설계 및 실행과 같은 과업 지향적인 기술적 측면의 필요성을 주장한다. 클라이언트의 영향력은 미약하고, 후원자의 영향력이 강한 모델이다.

3) 지역사회연계모델(community liaison model)

지역사회연계모델은 클라이언트의 개별적 문제를 지역사회에 연계하여 지역사회의 문제를 해결하고자 한다. 클라이언트의 문제해결을 위해 지역사회와의 관계형성, 관계개발, 관계조정활동에 상당히 큰 비중을 두면서 지역사회를 대상으로 접근해 나가는 것이 특징이다. 사회복지기관의 다양한 구성원들이 클라이언트의 문제해결을 위해 필요한 연계활동, 즉 조직 간의 관계형성과 지역사회 지지 및 지원의 확보 등을 통해 접근해 나가는 방식이다. 일선 사회복지사들은 클라이언트의 옹호, 욕구사정, 프로그램개발 등의 역할을 수행한다. 후원자와 클라이언트의 영향력이 동등한 모델이다.

4) 지역사회개발모델(community development model)

지역사회개발모델은 로스만의 지역사회개발모델과 밀접한 관련이 있으면서 조력, 리더십 개발, 자조, 상호부조, 지역성에 바탕을 둔 지역사회 연구 및 문제해결을 강조한다. 지역사회의 자체적 역량을 개발하여 지역사회 문제를 스스로 해결할 수 있도록 지지하고 지원하는 것에 초점을 둔 모델이다. 시민참여에 기반을 둔 자조적 활동, 시민역량개발, 자체적 리더십 개발 등을 통해 지역사회개발을 추구하며, 지역복지실천가에게는 조력가의 역할을 강조한다. 클라이언트에게 많은 결정권한이 있는 모델이다.

5) 정치적 역량강화모델(political empowerment model)

정치적 역량강화모델은 로스만의 사회행동모델과 밀접한 관련이 있으며 갈등이론과 다원주의 사회에서의 다양한 이익집단의 경쟁원리에 기초하고 있다. 사회적으로 배제된 집단의 사회적 참여를 지원하고 지지하여 스스로의 권리를 찾고 확대시킬 수 있도록 하는 모델이다. 사회적으로 배제된 집단과 그 구성원들에 초점을 두면서 배제된 집단 구성원의 사회참여 노력을 확대시키는 것에 중점을 두는 지역사회 문제 접근방식이다. 사회복지사는 교육자, 자원개발자, 운동가의 역할을 하며, 클라이언트에게 100% 결정권한이 있는 모델이다.

표 5-4 테일러와 로버츠의 지역사회복지실천모델 비교

모델 내용	프로그램개발 및 조정모델	계획모델	지역사회 연계모델	지역사회 개발모델	정치적 역량강화모델
특징	공공기관 중심 프로그램개발	조사·연구·분석 강조, 과정지향적 실천	클라이언트의 문제를 지역사회에 연계	역량개발·문제해결과정 지원	소외집단의 사회적 참여·권리 강화
권한 정도	후원자가 100%의 결정권한	후원자가 7/8의 결정권한	후원자와 클라이언트가 각각 1/2의 결정권한	클라이언트가 7/8의 결정권한	클라이언트가 100%의 결정권한

6. 포플(Popple)의 모델

포플은 영국의 경험을 바탕으로 지역사회복지실천을 보호(care)와 행동(action)의 연속선상에서 8가지 모델로 구분하여 설명하고 있고, 각 모델은 독립적이라기보다는 기법이나 기술 측면에서 중복되기는 하지만 서로 상이한 전통과 이데올로기를 반영하고 있다.

1) 지역사회보호모델(community care model)

지역사회보호모델은 노인, 장애인, 아동 등 지역주민의 복지를 위한 사회관계망과 자발적 서비스를 증진시키는 데 목적을 두고 있다. 복지욕구 충족을 위한 자조개념을 개발하는 데 집중한다. 사회복지사는 지역주민이 자원봉사활동의 주도자가 되고, 보호를 제공할 수 있도록 격려하는 역할을 담당한다. 조직가 및 자원봉사자로서의 역할을 담당한다.

2) 지역사회조직모델(community organization model)

지역사회조직모델은 타 복지기관 간의 상호협력을 증진하여 서비스의 중복을 방지하고, 자원 부재의 현상을 극복하여 복지 전달의 효과성과 효율성을 높이고자 하는 모델이다. 서비스 중심의 지역사회조직모델은 탐색적이고 실험적인 활동을 하는 데 용이할 뿐만 아니라 사회복지기관들이 개발한 서비스의 관리 및 정부의 재정보조를 유도하는 데에도 도움이 된다. 사회복지사는 조직가, 촉매자, 관리자로서의 역할을 수행한다.

3) 지역사회개발모델(community development model)

지역사회개발모델은 지역사회 구성원의 삶의 질을 향상시키기 위한 기술과 신뢰를 습득할 수 있도록 집단을 원조하는 데 중점을 두고 있다. 교육을 통해 자조개념을 증진시켜 지역사회의 독자성을 반영하도록 돕는다. 사회복지사는 조력자, 지역사회활동가, 촉진자로서의 역할을 수행한다.

4) 사회 · 지역계획모델(social · community planning model)

사회 · 지역계획모델은 지역사회개발모델과 유사한 측면이 있지만 사회적 상황, 사회정책과 사회복지기관의 서비스 분석, 주요 목표 및 우선순위의 결정, 서비스 프로그램의 기획과 적절한 자원의 동원, 그리고 서비스와 프로그램의 집행 및 평가 등에 중점을 두고 있다. 사회복지사는 교육가와 촉진가로서 역할을 수행한다.

5) 지역사회교육모델(community sducation model)

지역사회교육모델은 교육과 지역사회 간의 관계를 보다 밀접하고 동등한 관계로 방향 설정을 모색하는 시도로서, 비판적 사고와 담론을 통해 억압적인 조건이나 상황을 변화시키는 행동양식을 고양시키는 데 중점을 두고 있다. 지역사회 구성원의 경험, 문화, 가치 등을 공유하는 기회를 교육과정으로 삼을 수 있다. 사회복지사는 교육가, 촉진가로서 역할을 한다.

6) 지역사회행동모델(community action model)

지역사회행동모델은 전통적으로 계급에 기초한 모델로, 갈등과 직접적 행동을 활용하여 불균등한 권력을 평등하게 만들도록 대응한다. 특정 이슈에 대한 권력자와의 협상을 위해 직접적인 행동을 선호한다. 사회복지사는 행동가로서의 역할을 수행한다.

7) 여권주의적 지역사회사업모델(feminist community work model)

여권주의적 지역사회사업모델은 지역사회실천에 대한 페미니즘을 적용하는 모델로서, 여성 불평등의 사회적 요인에 대해서 집합적인 대응을 통해 여성의 복지를 향상시키는 것을 추구하고 있다. 사회복지사는 행동가, 조력자, 촉지가로서의 역할을 수행한다.

8) 인종차별철폐 지역사회사업모델(black and anti-racist community work model)

인종차별철폐 지역사회사업모델은 지역사회실천에 있어서 인종차별에 저항하거나 그들의 권리보호를 위해 상호원조와 조직화에 초점을 두고 있다. 교육, 주택, 건강, 고용 등의 영역에서 차별을 시정하는 데 목적을 두고, 캠페인, 자조집단 형성, 직접 행동 등 다양한 방식을 전개한다. 사회복지사는 행동가, 자원봉사자로서의 역할을 수행한다.

표 5-5 포플의 지역사회복지실천모델의 비교

모 델	주요 전략	사회복지사의 역할
지역사회보호모델	사회적 관계망과 자발적 서비스의 증진 자조개념의 개발	조직가 자원봉사자
지역사회조직모델	타 복지기관 간 협력 증진	조직가 촉매자 관리자
지역사회개발모델	삶의 질 향상과 관련된 신뢰 및 기술 습득을 하도록 집단 원조 적극적 참여	조력자 지역사회활동가 촉진자
사회·지역계획모델	사회적 상황의 분석, 목표와 우선순위의 설정, 서비스 및 프로그램의 실행 및 평가	조력자 촉진자

모 델	주요 전략	사회복지사의 역할
지역사회교육모델	교육과 지역사회 간의 밀접하고 동등한 관계 시도	교육자 촉진자
지역사회행동모델	지역 수준에서 계급 및 갈등에 기초한 직접적인 행동	행동가
여권주의적 지역사회사업모델	여성복지의 향상, 성 불평등 해소를 위한 집합적 행동	행동가 조력자 촉진자
인종차별철폐 지역사회사업모델	소수인종의 욕구 충족을 위한 집단 조직 및 활동 인종주의에 대한 도전	행동가 자원봉사자

7. 지역사회복지실천모델의 특징

지역사회복지실천은 조직화, 개발, 계획, 변화전략 등을 통해 지역사회의 다양한 문제해결을 위한 노력이라고 할 수 있다. 지역사회복지실천은 지역사회의 사회경제적 상황이나 문제해결 방법, 이데올로기적 가치지향 등에 따라 다양한 방식으로 전개되어 왔으며, 그 결과 지역사회 구성원의 욕구 충족과 삶의 질을 높이고 사회변화를 목적으로 하는 지역사회복지실천모델은 다양한 유형으로 분류되고 있다.

지역사회복지실천모델의 유형과 발전과정을 통해 나타난 특징을 종합적으로 살펴보면 다음과 같다(오정수 · 류진석, 2006 재인용).

첫째, 지역사회복지실천모델은 시대적 상황 및 개별 국가의 경험을 반영하고 있다. 미국의 경험에 기초하여 분류하고 있는 모델은 일반적으로 조직화 개발, 사회행동 등을 강조하고 있으며, 민간주도적인 지역사회복지실천을 중심으로 논의하고 있다. 반면에 영국의 경우 공공 부문 중심의 사회복지서비스의 제공 및 실천 활동이라는 부분을 반영하여 지역사회보호모델이 중요한 실천모델로 언급되고 있다.

둘째, 지역사회복지실천모델의 발전과정은 사회경제적 배경이나 이데올로기, 사회복지실천의 전문화 경향과 밀접히 연관되어 있다. 지역사회복지실천모델에 많은 영향을 미친 이데올로기는 신자유주의의 확산과 경쟁원리의 강화였다. 이러한 이념적 공세 및 사회 환경의 변화는 지역사회복지의 실천 활동에도 많은 영향을 미치고 있다. 특히 신자유주의의 이념 확산으로 지역사회복지서비스의 효율성 문제가 중요한 이슈로 부각되거나 사회복지교육에서 지역사회조직이나 지역성에 기초한 옹호활동보다는 오히려 기관행정, 계획, 조직 개발과 프로그램개발 및 평가 및 연계모델 또는 협력 등이 중요한 실천 활동의 초점으로 변화되는 경향을 보여 주고 있다.

셋째, 지역사회복지실천모델의 세분화 경향을 띠고 있다. 전통적인 지역사회복지실천모델은 로스만의 지역개발, 사회계획, 그리고 사회행동으로 분류되었으나 웨일과 갬블은 1990년대 이전까지 지역사회복지실천방법들에 대한 종합적인 검토를 통해 8가지 유형으로 세분화되어 있다. 즉, 지역사회의 의미는 지역성과 기능성을 동시에 내포하고 있기 때문에 로스만의 지역사회조직 역시 지리적 지역사회조직과 기능적 지역사회조직으로 구분될 필요가 있다는 점을 강조하였다. 그리고 로스만의 사회행동모델을 정치 · 사회행동 · 연합으로 구분하였으며, 기존의 지역사회개발모델을 지역사회, 사회 · 경제개발로 구체화하였다는 것이다. 이처럼 전통적인 지역사회복지실천모델로 언급되었던 유형들을 사회 환경 변화에 대응할 수 있는 모델로 점차 세분화시키는 경향을 보여 주고 있다.

넷째, 지역사회복지실천모델의 다양한 분류는 실천현장에 적합한 적용과 선택에 유용할 것이며, 이를 효과적으로 실행하기 위해서는 사회복지사의 역할이 무엇보다 중요하다. 더구나 지역사회복지실천모델의 다양한 적용과 선택은 지역사회에서 당면하고 있는 여러 가지 조건이나 사회복지사의 실천이념 등 다양한 기준에 따라 달라질 수 있음을 시사해 주고 있다. 결국, 지역사회복지실천과정에서 다양한 실천모델이 개별 지역사회의 상황에 맞게 선택적으로 사용될 수 있으며, 이를 통해 지역사회와 지역주민들의 삶의 질이 개선될 수 있다는 것을 의미한다.

생각해 볼 문제

1. 지역사회복지실천과 관련된 지역사회 문제 한 가지를 생각하고 규명한다.

2. 문제해결을 위한 개입과정에 관련된 지역사회 내 집단을 파악한다.

3. 개입의 주요 목표를 설정하고 목표 달성을 위한 구체적인 자원을 열거해 본다.

4. 목표달성을 위해 선택 가능한 실천모델을 골라 그 이유를 설명한다.

5. 선택한 실천모델의 장점과 단점을 살펴본다.

CHAPTER 06

지역사회복지실천에서 사회복지사의 역할

학습목표

1. 사회복지실천 현장에서의 사회복지사의 일반적 역할에 대해 이해할 수 있다.
2. 지역사회실천모델에 따른 사회복지사의 역할을 이해할 수 있다.
3. 지역사회실천모델별 사회복지사의 역할을 비교·설명할 수 있다.

1. 사회복지사의 일반적 역할

사회복지사의 역할은 사회복지사의 개입 수준이나 기술에 따라 차이를 보인다(구금섭 · 박지영 · 김종철 · 전대성 · 허정철, 2013: 141-151; 전재일 · 조운희 · 이성희 · 이준상, 2009: 143-154; 황철수, 2009: 21-25). 예를 들어, 헵워스(Hepworth) 등은 업무특성에 따라 직접서비스 제공자, 체계 연계자, 체계 유지 및 강화자, 조사연구자, 체계개발자로 구분하고 있고, 제스트로(Zastrow)는 개입 수준에 따라 미시적 차원, 중범위 차원, 거시적 차원, 전문가 차원의 역할로 구분하고 있다.

사회복지사가 수행하는 역할 중에는 지역사회복지, 사회복지행정, 사회복지정책 등에서 주로 다루어지는 역할도 있다. 따라서 여기서는 사회복지실천 현장에서 수행되는 사회복지사의 일반적 역할들을 중심으로 살펴보고자 한다.

1) 중개자(broker)

클라이언트(client)에게 필요한 자원이나 서비스를 연결하는 역할이다. 중개자의 역할을 효과적으로 수행하기 위해서는 단순히 이용 가능한 기관 이름을 아는 것만으로는 부족하다. 우선, 기관의 수혜자격 기준(소득이나 연령 등)에 대한 지식이 필요하다. 둘째, 여러 다른 자원들(임시보호기관, 쉼터 등)에 대해서도 숙지하고 있어야 한다. 셋째, 클라이언트를 의뢰할 때 접촉할 담당자 네트워크를 구축해야 한다. 즉, 사회복지사는 누가 클라이언트에게 가장 많은 도움을 줄 수 있는지 파악하고 있어야 한다(Kirst-Ashman & Hull, 2002: 507, 이원숙, 2008: 321 재인용).

2) 조력자(enabler)

클라이언트를 지지 및 격려하고 안내하는 역할을 통해 클라이언트가 보다 쉽고 성공적으로 과제를 수행하거나 문제를 해결해 나갈 수 있도록 원조한다. 또한 개인, 가족, 소집단 등을 대상으로 클라이언트를 임파워먼트 한다. 즉, 클라이언트가 스스로 서비스를 사용할 수 있도록 능력을 향상시키고 이를 활용할 수 있도록 돕는다(구금섭 외, 2013: 146).

3) 교사(educator)

클라이언트에게 문제에 대처하는 새로운 정보를 제공하거나 새로운 기술을 배우도록 돕고, 모델링을 통해 클라이언트에게 대인적 방식을 가르치는 역할이다(Compton & Galaway, 1989: 509-510, 이원숙, 2008: 322 재인용). 예컨대, 빈곤가정의 부모에게 저렴한 비용으로 영양이 풍부한 음식을 준비할 수 있는 정보를 제공하는 것 등을 들 수 있다. 이를 위해 사회복지사는 그 기술과 관련된 지식을 가지고 있어야 하며, 피교육자가 이해할 수 있도록 명확하게 전달할 수 있는 능력이 있어야 한다(Zastrow, 1995: 18-50, 양옥경 · 김정진 · 서미경 · 김미옥 · 김소희, 2010: 215 재인용).

4) 중재자(mediator)

클라이언트가 다른 사람들이나 조직과 갈등관계에 있을 때 개입 · 조정하여 공동의 합의점을 찾아내는 역할이다. 중재자는 관련 당사자의 어느 편에서 서지 않고 항상 중립을 지켜야 한다. 성공적인 중재자 역할을 위해 사회복지사는 상대방의 주장이 갖는 합법성을 인정하도록 돕고, 쌍방이 모두 성공적 결과를 희망하고 있음을 이해시키며 갈등조정 기술을 적절히 활용할 수 있어야 한다(Kirst-Ashman & Hull, 2002: 81, 이원숙, 2008: 321 재인용).

5) 옹호자(advocate)

기존 제도로부터 클라이언트가 불이익을 받을 때 클라이언트를 위해 정보를 수집하고, 요구사항을 분명히 해 제도에 도전하도록 지도력을 발휘하는 적극적이고 직접적인 역할이다. 즉, 클라이언트를 위해 논쟁, 주장, 타협, 환경조작 등을 수행하는 역할이다(Miley, O'Melia, & DuBois, 2007: 400; 이원숙, 2008: 323). 옹호자 역할의 목표는 특정 제도를 비난하거나 비판하는 것이 아니라, 정책을 개선 및 변화시키는 데 있다. 따라서 클라이언트를 위해 적절한 많은 노력이 요구되며, 때로는 위험을 감수하기도 한다.

6) 사례관리자/ 조정자(coordinator)

흩어져 있는 또는 다양한 기관에서 산발적으로 주어지는 서비스들을 조직적인 형태로 정리하는 역할로, 주로 사례관리자의 역할이다. 즉, 자원 탐색과 이를 어떻게 전달할 것인지 계획하며, 서비스 제공을 조직하고, 과정을 모니터 하는 것이다. 사회복지사는 이 역할을 통해 서비스의 중복과 상충되는 정보제공을 막을 수 있다(양옥경 외, 2010: 215-216).

7) 협상가(negotiator)

협상은 갈등상황에 놓인 사람들 사이에 상호 합의에 도달할 수 있도록 중간 지점을 찾는 역할을 한다. 양쪽 모두가 잘되기를 바란다는 점에서는 중재자와 유사하지만, 협상가는 중립을 지키지 않고 어느 한쪽 특히, 클라이언트와 동맹을 맺기도 한다.

8) 집단 촉진가(group facilitator)

집단이나 조직 차원에서 조직의 기능이나 상호작용, 구성원들 간의 협조나 지지, 정보교환 등을 촉진시키며, 조직 간의 연결망(network)을 강화시키는 집단 리더의 역할을 한다.

9) 활동가(activist)

기본적으로 제도의 변화를 추구하는 것으로, 주로 사회 불평등, 사회적 박탈에 초점을 두고 있다. 이 역할은 환경을 변화시키기 위해 지역사회의 욕구를 조사 · 분석하고 그 결과를 알리며, 대중의 힘을 동원하기 위해 사람들을 조직하는 것이다.

2. 지역사회복지실천모델별 역할

지역사회복지실천 영역에서 사회복지사는 지역사회에 대한 정확한 지식과 정보를 바탕으로 지역주민들을 이해하고자 한다. 이때 사회복지사의 역할은 지역사회복지실천모델에 따라 다양하게 나타난다. 그러나 각 모델 간 역할은 서로 배타적이지 않다. 예를 들어, 지역사회개발모델에서 조력자의 역할과 사회행동모델에서 조력자의 역할은 의미는 동일하지만 서로 강조하는 점이 다르다(김용환 · 김순연 · 김영대 · 김재경 · 신경희 · 이덕희, 2014: 212; 남일재 · 문영주, 2015: 169). 즉, 지역사회개발모델에서의 사회복지사는 지역주민들의 불만을 표출하고, 표출된 불만을 서로 연결시켜 주는 촉매자(catalyst)로서의 역할을 강조하는 반면, 사회행동에서의 사회복지사는 지역사회 주민들이 스스로 역량을 강화시켜 주도적으로 참여할 수 있도록 조력하는 일에 초점을 두고 있다.

여기서는 앞서 5장에서 기술한 로스만의 지역사회복지실천모델에 따른 사회복지사의 역할에 대해 살펴보고자 한다. 구체적으로 지역사회복지실천모델은 지역사회개발모델, 사회계획모델, 사회행동모델을 포함한다.

표 6-1 지역사회복지실천모델별 사회복지사 역할

지역사회개발모델		사회계획모델		사회행동모델	
로스 (Ross)	리피트 (Lippitt)	샌더스 (Sanders)	모리스 (Morris)와 빈스톡 (Binstock)	그로서 (Grosser)	그로스만 (Grossman)
안내자 (guider) 조력자 (enabler) 전문가 (expert) 치료자 (therapist)	촉매자 (catalyst) 전문가 (expert) 실천가 (implementer) 조사자 (researcher)	분석가 (analyst) 계획가 (planner) 조직가 (organizer) 행정가 (administrator)	계획가 (planner)	조력자 (enabler) 중개자 (broker) 옹호자 (advocate) 행동가 (activist)	조직가 (organizer)

1) 지역사회개발모델과 사회복지사의 역할

로스는 지역사회개발모델에서 사회복지사의 역할을 안내자, 조력자, 전문가, 치료자로 구분하였다. 여기서 로스는 전문가나 치료자의 역할보다는 안내자와 조력자의 역할을 더 강조하고 있다.

(1) 안내자로서의 역할

지역사회복지실천 영역에서 사회복지사의 일차적 역할로, 지역사회 문제해결을 위한 목표를 설정하고, 해결방안을 모색하도록 원조하는 것이다. 이때 사회복지사는 주민들이 올바른 문제해결 방향과 목표를 설정하도록 도와야 한다. 그러나 문제해결을 위한 주체는 주민들이므로 주민들을 이용하거나 조정 · 강요해서는 안 된다. 즉, 사회복지사는 문제해결을 위해 무엇을, 어떻게 해야 할지에 대한 견해를 가질 수 있다. 그러나 사회복지사 자신의 의견을 강요하지 않되, 타당하다고 판단되는 사업에 대해 주민들이 관심을 갖도록 자극하고 격려하며 그 이익을 설명해 줄 수 있다. 이를 실천하기 위해 사회복지사가 지켜야 할 원칙은 다음과 같다(김범수 · 신원우, 2013: 142-143).

① 사회복지사의 일차적 역할은 지역사회가 문제해결에 따른 목표를 설정하고 이를 해결하는 방안을 강구하도록 돕는 것이므로, 주민들이 올바른 방향으로 목표를 설정하도록 도와주어야 한다.

② 지역사회조직에 있어 사회복지사는 문제해결 과정에서 주도권을 발휘해야 한다. 즉, 안내자로서의 사회복지사는 결코 자유방임적이거나 수동적 자세를 취하지 않도록 하며 잠재된 문제를 주민들이 인지하도록 자극할 수 있어야 한다.

③ 안내자로서의 사회복지사는 객관적인 입장을 취하며 지역사회를 있는 그대로 수용해야 한다. 즉, 지역사회조직의 초기 단계에서 사회복지사는 지역사회의 조건에 대해 칭찬하거나 비난하는 등의 감정을 표현해서는 안 된다. 그러나 실천과정에서 사회복지사가 지역사회 성격을 이해하고 주민들을 알게 되면, 사회복지사가 수용할 수 없는 점에 대해 주민들이 토의하여 개선하도록 자극을 주는 것이 필요하다.

④ 사회복지사는 자신을 지역사회 전체에 동일시해야 한다. 특정 사업에 찬성하거나 반대하지 말아야 하며, 지역사회 내의 일부 또는 특정 집단에 대해 배타적인 태도를 취하지 말아야 한다.

⑤ 사회복지사는 안내자로서의 자기 역할을 수용하고, 주민들의 요구가 있더라도 주민들이 결정해야 하거나 조직을 이끌어야 하는 주민들의 역할을 대신해서는 안 된다. 즉, 지역사회조직에 있어서 사회복지사는 자기의 행동을 자제할 수 있어야 하고 자기가 맡은 바를 원만하게 수행할 수 있는 능력을 길러야 한다.

⑥ 사회복지사는 자신의 역할에 대해 설명(interpretation)해 지역사회가 이해하고 수용하도록 노력해야 한다.

(2) 조력자로서의 역할

지역사회조직의 과정을 용이하게 하는 역할로, 사회복지사가 지역사회의 불만을 집약하고 이를 바탕으로 조직화를 격려하며 조직 내에서 주민상호 간의 좋은 대인관계를 육성하고 공동의 목표를 강조하는 활동을 포함한다.

① 불만을 집약하는 일

사회복지사는 지역사회주민들이 표출한 불만을 연결하여 집약하는 일을 돕는다. 지역주민 개인이 겪는 문제가 지역사회의 문제인지를 확인해야 하며, 지역주민들이 지역사회의 문제를 공동의 노력으로 해결할 수 있음을 인식하도록 도와야 한다. 예를 들어, 대학을 졸업한 젊은이가 취업을 못한 경우 자신의 능력부족이라고 생각할 수 있지만, 지역사회 내 대학을 졸업하고도 취업을 하지 못하는 젊은이들이 수십 명이 넘는다면, 이는 사회적 문제로 다루어져야 한다(김용환 외, 2014: 216). 이때 사회복지사는 지역사회가 문제를 쉽게 해결할 수 있으리라는 근거 없는 낙관을 갖지 않도록 유의해야 한다. 즉, 사회복지사는 주민들이 불만을 현실적으로 받아들이도록 해야 하며, 불필요한 약속이나 보증으로 쉽게 실망하지 않도록 신중해야 한다.

② 조직화를 격려하는 일

조력자로서 사회복지사는 지역사회 주민들이 불만에 대해 서로 논의하여 우선순위를 결정하고 이를 해결하기 위한 조직을 결성하도록 도움을 주어야 한다. 개인이나 집단은 새로운 상황이 현재보다 낫다는 확신이 있을 때 새로운 조직체에 참여하려는 속성이 있다. 따라서 사회복지사는 어느 정도로 지역사회 주민을 지지하고 불만을 해소해 주어야 할 것인지 판단해야 한다.

③ 좋은 대인관계를 조성하는 일

사회복지사는 따뜻한 인간관계를 바탕으로 긍정적인 분위기를 조성해야 하며, 주민들이 상호관계를 유지하고 집단에 참여하는 데 있어 만족감을 갖도록 도와야 한다. 이를 위해서 사회복지사는 주민들에게 친절하고 우호적이어야 하며 '사소한 일'에까지도 관심을 갖는 사람이어야 한다. 지역사회조직화의 초기 단계에서 사회복지사는 주민들 간에 원만한 관계가 수립될 수 있도록 교량적인 역할을 해야 한다. 이는 주민들이 사회복지사와 긍정적 신뢰관계(rapport)를 형성해야 모임에 기꺼이 참여하고 다른 사람들과 협력적인 관계를 갖게 되기 때문이다.

④ 공동목표를 강조하는 일

지역사회조직화의 과정에서 사회복지사는 객관적인 입장을 유지하면서 주민들에게 장기적인 목표를 일깨워 주고 일을 추진하는 시기의 적절성, 일과 인간관계, 일의 내용 등에 대해 주민들에게 적절하게 질문을 던짐으로써 관심을 촉구해야 한다. 이와 함께 전체 지역사회, 전체의 사업, 전체 과정을 항상 인식하고 주민들이 궁극적인 목표에서 이탈하지 않도록 관심을 환기시켜야 한다. 조력자로서 사회복지사는 주민들이 호소하는 지역사회 현안에 관심을 갖고, 공동의 목표를 확인하고 협력함으로써 주민들이 만족감을 갖도록 한다(남일재 · 문영주, 2015: 172).

(3) 전문가로서의 역할

전문가로서 사회복지사는 자신의 전문 영역과 관련하여 필요한 자료를 제공하고 직접적인 충고를 하는 역할을 한다. 이는 주로 지역사회의 과정을 용이하게 하는 조력자의 역할과 상반되는 것은 아니다. 전문가는 조사자료, 기술상의 경험, 자원에 관한 자료, 방법상의 조언 등을 제공해 줄 수 있다. 그러나 객관적인 자료를 제공하고 조언하여 지역사회가 스스로 합리적인 판단을 하게 도와주는 것일 뿐, 지역사회가 해야 할 일에 대해서 권고하는 것은 아니라는 사실을 명심해야 한다.

전문가로서의 역할은 구체적으로 다음과 같다(김범수 · 신원우, 2013: 146; 남일재 · 문영주, 2015: 173-174).

① 지역사회진단(community diagnosis)

사회복지사는 지역사회의 구조와 특성, 공동의 목적을 추진하는 데 있어 방해 요인 등에 대한 분석 및 진단을 수행한다.

② 조사기술(research skill)

사회복지사는 과학적이고 체계적인 조사방법에 대한 지식과 기술을 활용하여 욕구조사, 수요조사, 평가조사 등을 수행한다. 사회복지사는 조사에 통찰력이 있는 사람이 아닐 수 있다. 그럼에도 지역사회가 요구하는 정보에 대해 신뢰할 수 있는 근거를 제시하기 위해 조사기술을 활용한다.

③ 타 지역사회에 관한 정보

사회복지사는 다른 지역사회에서 진행된 조사, 연구, 시범사업 등에 대한 정보를 제공한다.

④ 조직화에 관한 조언

사회복지사는 지역주민들이 조직을 결성하는 방법과 절차에 대한 전문가적 지식을 활용할 수 있어야 한다. 실천과정에서 지역사회의 관행이 있을 수 있으나 자신이 알고 있는 유용한 실천방법이 있다면 제시할 수도 있다.

⑤ 기술상의 정보(technical information)

사회복지사는 기술적인 방안에 대한 자료를 제공하고 자료를 확보할 수 있는 방법도 숙지하고 있어야 한다.

⑥ 평가(evaluation)

사회복지사는 계획 및 수행 중인 사업에 대한 객관적이고 체계적인 평가를 수행하거나 사업과정을 어느 누구에게나 설명해 줄 수 있어야 한다.

(4) 사회치료자로서의 역할

사회복지사는 지역사회 문제의 성격과 특성을 주민들에게 제시하여 그들의 이해를 돕고 이를 통해 지역사회 내 긴장을 해소하고 협력을 방해하는 요인을 제거할 수 있다. 때로는 공동의 노력이나 협력을 저해하는 금기적 사고(taboo idea)나 전통적인 태도가 긴장을 유발하고 집단 내 분란을 일으키는 요인으로 작용할 수도 있다. 이러한 경우 이를 변화시키기 위한 활동을 전개할 수 있다. 이때 지역사회의 기원이나 역사를 알아야 하고 믿음과 실제와의 관계를 알아야 하며, 지역사회의 권력구조, 지역사회 내의 역할과 역할 간의 관계에 대해서도 알 필요가 있다.

2) 사회계획모델에서의 사회복지사의 역할

사회계획모델 측면에서 사회복지사의 역할을 분석한 대표적 학자는 모리스와 빈스톡(Morris & Binstock), 샌더스(Sanders)이다. 모리스와 빈스톡은 계획가를, 샌더스는 전문가의 역할을 강조하고 있다.

사회계획모델은 지역사회 문제에 대한 자료수집과 분석, 가장 합리적인 대처방안에 대한 의사결정을 할 수 있는 지식과 기술을 가진 전문가의 역할을 필요로 한다. 샌더스는 계획된 변화를 이룩하기 위해서 분석가, 계획가, 조직가, 행정가의 역할이 필요하다고 주장하였다(Sanders, 1969, 김범수 · 신원우, 2013: 147-149 재인용). 샌더스가 강조한 전문가의 역할을 중심으로 살펴보면 다음과 같다.

(1) 분석가로서의 역할

사회복지사가 계획된 변화를 성취하기 위한 전문적 활동은 무엇보다도 사실 발견과 분석을 통해서 시작된다. 분석은 사회조사 관련 이론 및 실천기법의 발달로 인해 다양한 수준의 지역사회사정(community assessment)방법이 활용되고 있다. 그리고 지역사회사정을 통해 밝혀진 지역사회의 욕구는 중앙정부, 각 지방자치단체,

다양한 사회복지 관련 기관에서 정책 입안 및 개선, 새로운 서비스나 프로그램 지원을 위해 기본적인 근거자료로 활용되고 있다.

또한 사회복지사는 변화를 이끌기 위해 지역사회조사를 실시한다. 이때 조사영역은 사회 문제의 영향요인, 사회변화를 위한 프로그램 과정분석, 계획수립과정 분석, 프로그램 성과 평가 등이 포함된다.

(2) 계획가로서의 역할

사회계획모델에서 사회복지사는 사실발견과 분석결과를 바탕으로 사회문제의 변화를 목표로 하는 계획을 수립한다. 그리고 계획수립에 있어 목표를 달성하기 위한 제반 여건, 예컨대 사업수행 공간, 재정, 인력, 법, 건축 등 기술적인 면을 고려할 필요가 있다. 또한 사업을 계획하는 과정에서 철학적인 면, 인간적인 측면에 관심을 가지며, 복지증진을 위한 목표를 강조해야 한다. 이에 덧붙여 목표달성을 위한 수단도 함께 고려해야 한다. 즉, 목표달성을 위한 수단이 합리적이고 합법적인지, 그리고 클라이언트의 인권침해 소지가 없는지 확인해야 한다.

(3) 조직가로서의 역할

조직가의 역할은 계획의 수립과 실천과정에서 지역주민들을 지역사회에 있는 행동체계에 참여시키는 것이다. 사회복지사는 지역사회조직화를 위해 각 집단이나 단체들이 해야 할 역할을 분명히 하고, 이를 효과적으로 수행할 수 있도록 훈련시켜야 한다. 특히, 주민들의 참여의식을 고취시켜 스스로 조직화하고 목표를 달성해 갈 수 있도록 사기와 능력을 북돋아 주어야 한다.

(4) 행정가로서의 역할

행정가로서 사회복지사의 역할은 프로그램이 실제로 운영되고 주민들이 이에 반응을 보이는 단계에서 발휘된다. 사회복지사는 프로그램 목표를 효과적이고 효율적으로 달성되도록 모든 인적 · 물적 자원을 적절히 관리해야 한다. 또한 프로그램 진행과정에서 발생할 수 있는 예기치 못한 여러 가지 행정적 문제에 능동적이고 융통성 있게 대처할 수 있는 통찰력과 기술을 갖출 필요가 있다.

3) 사회행동모델에서의 사회복지사의 역할

사회행동모델에서 로스만은 다양성이 존재하는 정치·문화에서 불이익집단(사회적 약자집단)을 조직하는 데 필요한 사회복지사의 역할을 강조한다. 이 모델에서의 사회복지사는 대중을 조직하고 지도하며 정치적 과정에 영향을 미치려고 노력한다.

그로서(Grosser)는 지역사회의 자원배분 메커니즘을 변경하여 지역사회 불우계층의 이익을 증대시키는 것이 도시 빈곤지역 주민이나 어려운 처지에 있는 클라이언트의 복지를 위한 사회복지사의 주된 역할이라고 강조한다(김범수·신원우, 2013: 150 재인용). 이때 사회복지사는 사회적으로 배제된 계층의 복지증진을 위해 클라이언트의 편에 서서 활동할 수 있어야 한다. 이러한 전략목표를 달성하기 위해 그로서는 사회복지사의 역할을 조력자, 중개자, 옹호자, 행동가로 제시하였다.

(1) 조력자의 역할

사회복지사는 주민들이 스스로 역량을 강화시켜 주도적으로 참여할 수 있도록 원조하며, 조직화를 용이하게 하고 격려하는 역할을 수행한다. 그러나 사회행동모델에서는 다른 역할보다 중립적인 입장에 있으며, 매우 제한된 가치를 지닌 소극적인 것으로 지적하고 있다.

(2) 중개자의 역할

중개자 역할은 클라이언트와 지역사회의 자원을 연결하는 것이다. 즉, 지역주민이 필요로 하는 자원이 어디에 있는지를 가르쳐 줌으로써 이에 접근할 수 있게 해준다. 이는 지역사회개발모델에서 주민들이 스스로 자원의 소재를 파악하도록 도와주는 역할에 비해 보다 적극적인 역할을 수행한다고 할 수 있다.

(3) 옹호자의 역할

그로서는 지역주민들에게 자원의 소재를 알려 주는 중개자 역할만으로는 충분하지 않다고 보고 적극적인 옹호자의 역할이 불가피하다고 주장하였다(김용환 외, 2014: 226). 이 역할은 필요한 정보를 끌어내고 주민의견의 정당성을 주장하고, 기관의견에 도전할 목적으로 지도력과 자원을 제공해야 한다. 사회복지사는 사회적 갈등상황에서 전문적인 역량을 오직 클라이언트의 이익을 위해서 사용해야 한다.

(4) 행동가의 역할

행동가로서 사회복지사는 갈등적인 상황에서 중립적이거나 수동적인 자세를 거부하는 행동가의 역할을 수행하며 클라이언트의 행동을 조직화한다. 이 과정에서 사회복지사는 지역사회와 지역사회 주민들을 클라이언트가 아닌 사회변화를 위한 동지로 보게 된다. 따라서 사회행동모델의 4가지 역할 중 가장 적극적이고 급진적인 역할로 볼 수 있다.

생각해 볼 문제

1. 지역사회복지 전문가로서의 사회복지사의 역할에 대해 열거한다.

2. 로스만의 지역사회실천모델별 사회복지사의 역할을 비교 · 설명한다.

3. 지역사회실천모델 중 하나를 골라 그 모델에서의 사회복지사의 역할을 구체적으로 열거한다.

CHAPTER 07

지역사회복지실천에서의 사회복지사의 기술

학습목표

1. 지역사회복지실천에서의 사회복지사의 기술을 이해할 수 있다.
2. 지역사회복지실천에서의 사회복지사의 기술을 구체적으로 설명할 수 있다.

1. 지역사회 욕구사정기술

지역사회복지실천에서 욕구사정은 지역사회의 다양한 이슈와 문제를 포괄해야 하며 다양하고 상이한 자료수집방법으로 이루어지기 때문에, 욕구사정에 관한 방법론에 대해 정확히 이해해야 한다. 그리고 욕구사정은 특정 지역사회 집단을 목표로 할 수 있고, 지역사회 주민, 서비스 전문가, 기업가, 성직자, 지도자 등을 광범위하게 포함하기 때문에 그들의 문화, 관점, 특성 등을 이해해야 한다. 따라서 욕구사정은 지역사회복지실천활동을 수행하기 위한 예비적 안내 역할로서 의미를 지니고, 조사방법론 및 지역사회 특성, 지역사회 구성원의 특성을 파악하는 것이다.

욕구사정은 지역사회 주민, 서비스 전문가, 지도자의 인식에 초점을 둔다. 즉 어떤 서비스가 필요한가, 그리고 지역사회에 영향을 미치는 사회문제가 무엇인가를 확인하고 문제해결의 우선순위를 결정하는 데 초점을 두고 있다. 또한 서비스 이용 가능성, 서비스체계의 조정, 서비스의 차이, 서비스 접근 가능성 등도 욕구사정의 초점이 된다. 특히, 서비스가 필요한 전체 대상집단을 포괄하고 있는가를 판단하기 위해 서비스의 차이에 대한 분석이 필요하다. 접근 가능성에 대한 사정은 지역사회 주민이 서비스를 쉽게 찾을 수 있고 접근할 수 있는가를 조사하는 것이다. 접근 가능성은 위치, 대중교통수단의 이용 가능성, 서비스 비용, 서비스에 대한 대기시간, 신청 용이성 및 처리기간 등의 요인에 의해 제약을 받을 수 있다(Hardina, 2002: 110, 오정수 · 류진석, 2013: 149 재인용).

1) 욕구사정 목적과 초점

일반적으로 욕구사정은 클라이언트에게 어떤 서비스가 필요한지를 결정하기 위해 수행된다. 지역사회복지실천에서 욕구사정은 지역사회의 다양한 이슈와 문제를 포괄해야 하며 다양하고 상이한 자료수집방법으로 이루어지기 때문에, 욕구사정에 관한 방법론에 대해 정확히 이해해야 한다. 그리고 욕구사정은 특정 지역사회 집단을 목표로 할 수 있고, 지역사회 주민, 서비스 전문가, 기업가, 성직자, 지도자 등을 광범위하게 포함하기 때문에 그들의 문화, 관점, 특성 등을 이해해야 한다.

따라서 욕구사정이란 지역사회복지실천활동을 수행하기 위한 예비적 안내 역할로서 의미를 지니고, 조사방법론 및 지역사회 특성, 지역사회 구성원의 특성을 파악하는 것이다. 욕구사정의 목적과 초점은 다음과 같다(Hardina, 2002: 110, 오정수 · 류진석, 2013: 149 재인용).

첫째, 지역사회 주민, 서비스 전문가, 지도자, 다른 핵심인사의 인식, 즉 어떤 서비스가 필요한가에 초점을 두고 있으며, 지역사회에 영향을 미치는 사회문제를 확인하고 문제해결의 우선순위를 결정하는 데 초점을 둔다.

둘째, 욕구사정의 초점은 서비스 이용 가능성, 서비스체계의 조정, 서비스의 차이, 서비스 접근 가능성 등이다. 특히, 서비스가 필요한 전체 대상집단을 포괄하고 있는가를 판단하기 위해 서비스의 차이에 대한 분석이 필요하며, 접근 가능성에 대한 사정은 지역사회 주민이 서비스를 쉽게 찾을 수 있고 접근할 수 있는가를 조사하는 것이다. 접근 가능성은 위치, 대중교통수단의 이용 가능성, 주차시설 운영시간, 서비스 비용, 서비스에 대한 대기시간, 신청 용이성 및 처리기간 등의 요인에 의해 제약을 받을 수 있다.

2) 욕구사정의 고려사항

욕구사정 시 고려사항은 다음과 같다(오정수 · 류진석, 2013: 150-151).

첫째, 정보와 이용 가능한 자원에 대한 파악이다. 어떤 자료에 기초하여 지역사회 문제나 주민의 욕구를 확인할 것인가를 결정해야 한다. 또한 원하는 자료를 쉽게 수집할 수 있는 방법과 자료의 정확성과 유용성 등 지역사회에 대한 정보 문제에 대해서도 고려해야 한다. 그리고 자원의 이용 가능성, 자료수집 비용, 바람직한 정보를 수집하는 데 자원의 기여 정도 등을 포함해야 한다.

둘째, 현재 이용 가능한 서비스가 지역사회 문제 또는 욕구를 포괄하고 있는가를 판단해야 하며, 자료수집방법 및 욕구사정 내용과 관련해 지역사회가 어느 수준에서 허용되는지도 고려해야 한다.

셋째, 욕구사정은 자료수집과 분석을 통해 공식적이고 체계적인 접근을 해야 한다. 공식적인 욕구사정은 인터뷰, 설문조사, 통계자료를 통한 자료 분석을 사용하며, 문제분석을 위해 다양한 관점에 입각한 접근과 방법론을 적용해야 한다. 다양한 자료원에서 수집된 자료는 욕구사정의 신뢰도를 높일 수 있고, 지역사회 문제를 더욱 정확하게 확인할 수 있다. 욕구사정이 수렴적 분석(convergent analysis)으로 불리듯이 다양한 자료수집방법으로 얻은 정보를 종합하고 통합하여 최종 분석이나 결정이 이루어져야 한다.

넷째, 욕구사정 방법을 선택할 때는 조사방법 및 조사수행시간, 실제 수행하는 데 필요한 자원, 지역사회 구성원의 포함여부에 대한 실천가의 견해(orientation) 등을 고려해야 한다.

3) 욕구사정 질문

효과적인 욕구사정을 위해 지역주민의 지역사회에 대한 관점, 서비스 욕구에 대한 관점, 서비스 제공자나 핵심 제공자의 지역욕구에 대한 관점, 지역사회 자산(community assets)에 대한 관점으로 분류하여 욕구사정 질문을 살펴보면 다음과 같다(Hardina, 2002: 116, 김용환 외, 2014: 192 재인용).

(1) 지역주민의 지역사회에 대한 관점

- 지역주민은 어떤 문제를 경험하고 있는가?
- 어떻게 사회문제가 처리되고 있는가?
- 사회문제 해결을 위해 지역 구성원은 어떤 행동을 취하고 있는가?
- 사회문제 해결을 위해 정부 및 지역 내 기관은 어떤 행동을 취하고 있는가?

(2) 서비스 욕구에 대한 관점

- 사회문제 해결을 위해 제공되는 서비스는 있는가?
- 지역사회 구성원이 서비스의 필요성을 느끼고 있는가?
- 사회문제 해결을 위해 지역사회 구성원이 이용할 수 있는 서비스가 있는가?
- 이러한 서비스가 지역사회 구성원에게 접근 가능한가?
- 이러한 서비스를 받지 못하는 지역사회 구성원이 있는가?

(3) 지역사회 욕구에 대한 서비스 제공자 및 핵심 정보제공자의 관점

- 지역사회 구성원에게 필요한 서비스의 형태는 무엇인가?
- 현재 지역사회조직을 통해 제공되는 서비스는 무엇인가?
- 비교할 수 있는 서비스가 한 개 이상의 조직에서 제공되고 있는가?
- 서비스가 지역사회 구성원의 욕구를 충족할 만큼 적절한가?
- 서비스가 지역사회 구성원에게 접근 가능한가?
- 서비스를 받지 못하는 지역사회 구성원이 있는가?
- 어떤 서비스가 부가적으로 제공되어야 하는가?
- 어떻게 서비스가 조직 간 조정되고 있는가?

(4) 지역사회 자산에 대한 관점

- 지역사회 구성원의 기술과 자원은 무엇인가?
- 어떤 조직과 기관이 지역사회에 있는가?

- 지역조직 간 연계되고 있는 것은 무엇이며, 어떻게 활용되고 있는가?
- 지역조직을 위해 활용될 수 있는 지역 외부의 자원들은 어떤 것들이 있는가?

2. 옹호(대변)기술

옹호기술은 사회정의를 지키고 유지하려는 목적으로 지역주민이나 지역사회의 입장에서 직접적으로 대변, 보호, 개입, 지지하는 일련의 행동을 의미한다. 지역주민이 서비스를 받을 자격이 충분함에도 불구하고 정당한 처우나 서비스를 받지 못하는 경우와 특정집단에게 불리한 영향을 미치는 쟁점들을 변화시키는 데 개입한다. 옹호자로서 사회복지사는 클라이언트의 이익을 위하여 전문적인 대변인이나 대리인으로서 활동한다. 따라서 옹호기술은 기대하는 변화를 달성하기 위해 표적 집단과의 갈등이나 대결을 결의하기도 한다. 옹호기술의 실제과정은 옹호활동의 계획, 문제 정의, 목표 설정, 표적 정하기, 옹호를 위한 재가의 획득, 개입 수준 결정, 개입전력 실행, 결과평가 등 일련의 과정으로 이루어진다(Rothman & Sager, 1998: 184-185, 오정수 · 류진석, 2013: 175 재인용).

1) 옹호 유형

(1) 자기옹호

- 클라이언트 개인 및 집단이 스스로 자신을 옹호하는 활동
- 때로는 자조집단 및 지지집단을 구성해서 활동
- 사회복지사의 활동은 행정적, 기술적 지원, 정보제공 등

(2) 개인옹호 및 가족옹호

- 클라이언트가 스스로 자신을 옹호할 수 없을 때 사회복지사가 개인이나 가족을 대신하여 진행하는 옹호활동
- 사회복지사의 활동은 스스로를 돌볼 수 없는 개인(또는 가족)에 대한 욕구 파악 및 사정

(3) 집단옹호

- 유사한 문제를 경험하는 클라이언트로 구성된 집단의 공동문제를 해결하기 위한 활동

(4) 지역사회옹호

- 지역주민들이 스스로 지역사회를 옹호하기도 하고 지역사회를 대신하여 다른 사람들이 옹호하기도 함
- 사회복지사의 활동은 조직화

2) 효과적인 옹호활동을 위한 원칙

효과적인 옹호활동을 위해 사회복지사가 유의해야 할 원칙은 다음과 같다(김종일, 2006: 197; 김범수 · 신원우, 2013: 152).

- 클라이언트의 수준에 맞추어야 한다.
- 가능하면 팀워크(teamwork)를 수행한다. 개별적 옹호활동이 더 나은 결과를 가져올 때도 있지만 집단적 옹호활동은 자원동원이나 다양한 전술 활용에 유리할 수 있다.
- 종종 적극적이고 단호한 태도가 요구된다. 옹호활동의 상대인 기득권 조직이나

개인을 상대로 타협 또는 양보하는 태도를 취하기 쉽다. 하지만 클라이언트의 이익을 지속적으로 알리고 상대방의 변화를 유도하기 위해서는 적극적인 태도를 취해야 한다.

- 유연성을 발휘할 필요가 있다. 단호한 태도가 요구된다고 해서 모든 일에 경직된 태도를 보여야 하는 것은 아니다.

3. 연계(네트워크)기술

연계(networking)는 서비스의 중복을 방지하고 자원을 효율적으로 관리하기 위해 정기적인 모임 및 회의를 통해 서비스 계획을 공동으로 수립한 후 개별 기관들이 각각 서비스를 제공하는 것이다. 이를 통해 개별 기관의 정체성을 유지하면서 서비스 제공에 있어서는 팀 접근(team approach)을 수행할 수 있다(박태영, 2003: 210; 김범수 · 신원우, 2013: 154). 지역사회 내 다양한 문제들을 해결하기 위한 효과적인 연계방법 개발 및 실행이 미흡한 편이다. 이는 지역사회 내 관계자들의 연계에 대한 인식부족, 연계와 관련된 정보 부재, 실무자의 업무 과다, 필요자원의 부재 등을 들 수 있다(김범수 · 신원우, 2013: 154).

그러나 사회복지실천에서 지역사회의 자원을 연결하여 클라이언트의 욕구를 해결하고자 하는 사례관리가 강조되면서 연계기술의 중요성이 더해가고 있다. 특히 지역사회복지에서 지역 문제에 대해 공동으로 대응하고 협력하기 위한 지역사회 내 자원을 동원하고 원활한 의사소통을 위해 연계기술이 강조되고 있다.

연계기술의 활용의 의의는 다음과 같다(최옥채, 2012: 350-351).

첫째, 사회복지사는 연계기술을 활용함으로써 자신의 능력과 세력을 강화 · 확장할 수 있다. 구성원들이 사회복지사를 지지하고 사회복지사의 활동에 협력하는 것은 사회복지사의 개입을 원하는 것이고, 이는 사회복지사에게 자신감을 갖게 한다.

7. 협상/ 갈등조정기술

협상은 내가 원하는 것을 상대로부터 얻어 내거나 상대가 나에 대해 좋은 감정을 갖도록 하는 일이며, 거미줄처럼 얽혀 있는 긴장과 대립 속에서 자신에게 유리한 결과를 얻기 위해 정보와 힘을 사용하는 것을 의미한다(강문희, 2001: 15-16). 특히 협상은 쟁점이 되고 있는 문제해결을 위해 사용할 수 있는 수단이 없거나 클라이언트들이 이용할 수 있는 효과적인 방법도 없고 그렇다고 다른 방법, 예컨대 법적인 호소로도 만족스러운 결과를 기대할 수 없을 경우에 유용하게 사용할 수 있는 기술이다(Bateman, 1995: 91, 김용환 외, 2014: 266 재인용).

경쟁하는 서로는 자신들의 목적을 달성하기 위해 상대가 취한 조치에 대해 영향을 미치려고 한다. 협상에서 주민조직 대표들과 상대방 대표들 간에는 토의가 있고 요구사항이 제시되고 이에 대응하는 요구사항을 제시하게 된다. 이러한 과정을 통해 결국에는 합의가 이루어진다.

협상은 상대방으로 하여금 주민조직이 요구하는 것을 받아들이지 않을 수 없는, 선택의 여지가 없는 상황으로 만드는 것이 그 목적이다. 따라서 사회복지사는 협상 과정에서 자신의 결정이 상대방이 취할 수 있는 선택권에 어떤 영향을 주는지를 분석해야 한다. 성공적으로 협상을 이끌기 위해서는 자신이 취하는 조치에 대해 상대방이 의존하게끔 해야 한다. 즉, 상대방이 자신에게 의존하는 정도가 클수록 양보할 가능성이 높아지게 된다(김용환 외, 2014: 266).

협상의 목적인 자신의 요구를 최대한 관철시키기 위해서 프루이트(Pruitt)가 제시한 기술은 다음과 같다(최일섭 · 이현주, 2007: 296-297).

첫째, 협상에는 기한을 두어야 한다. 어느 때까지 이루어지지 못한다면 쌍방에게 피해가 될 수 있다는 것을 보여 줄 수 있는 기한(deadline)을 정해야 한다. 만약 주민조직의 요구가 관철되기까지 보이콧을 한다거나 어떤 대가를 치르더라도 끝까지 투쟁하겠다는 의지를 보이면 상대방은 어느 정도의 선에서 양보를 할 태세를 취해야 한다.

둘째, 요구하는 입장을 확고히 해야 한다. 상대방으로 하여금 요구만 거창하지 실제로는 요구의 관철을 위해 구체적 행동을 하지 않는다는 인상을 주어서는 안 된다. 요구가 적절해야 되며 그 요구를 관철하기 위한 행동은 확고히 실천할 필요가 있다.

셋째, 언제 어떻게 양보를 해야 할 것인지를 배워야 한다. 이 기술은 협상기술의 핵심이다. 너무 성급하게 타협하려 하면 상대방은 주민조직을 약하다고 여길 것이며, 너무 협상을 끌면 상호타협을 거부하는 결과를 초래할 수 있다.

넷째, 상대방의 제안에 대응할 때는 신중해야 한다. 상대방의 제안에 대해 즉각적인 거부는 협상을 완전히 망칠 수 있고, 쉽게 받아들이면 필요 이상의 양보를 할 가능성이 있다. 따라서 제안이 나오면 어느 정도 시간을 갖고 생각하는 것이 중요하다.

다섯째, 협상이 계속 진행되도록 해야 한다. 협상에 참여하는 사람들은 주협상 안건에 중점을 두겠지만 때로는 간단한 양보를 통해 주협상 안건과 관련된 쌍방의 대안을 만들어 내기가 수월할 수도 있다.

여섯째, 중재자를 개입시킬 필요가 있는지 고려해야 한다. 중재자는 쌍방이 신뢰할 수 있고 협상에 참여하기를 원하는 사람이어야 한다. 쌍방이 절대 타협할 수 없는 차이가 있을 때 중재자가 기적과 같은 역할을 수행할 수는 없다. 그러나 중재자가 개입함으로써 절차에 관한 사소한 오해로 협상이 결렬될 가능성을 줄일 수 있다.

사회복지사가 이러한 협상의 기술을 적용하는 데 유용한 몇 가지 원칙을 제시하면 다음과 같다(최옥채, 2012: 285).

첫째, 협상에 자신감을 갖고 임하며, 각 팀에 다수가 협상에 참여할 때 각자 구성원의 역할을 분담하여 대응하는 것이 바람직하다.

둘째, 상대와 교섭을 쉽게 이끌기 위해서는 목표, 상황, 상대를 분명히 하고 상대의 강점과 약점을 미리 파악해야 한다. 또한 합당한 협상 목표를 설정하기 위해 과거의 경험을 거듭 점검하며 상대에 관한 상세한 정보를 수집해야 한다.

셋째, 상대를 설득하기 위한 메시지는 단순하고 강해야 한다.

넷째, 상대의 지위, 역할에 따라 이에 합당한 자가 나서야 하는데, 이는 적당히 권위(전문지식, 직급)를 갖추었을 때 상대에서 영향을 미칠 수 있기 때문이다. 상황에 따라 관련 주요 인물(공무원, 전문가)을 대동하는 것이 바람직하다.

다섯째, '지배력은 설득력이다(신완선, 2000: 332)'라고 할 정도로 상대에 대한 선의의 장악력이 중요하다.

여섯째, 사회복지사는 항상 신중해야 한다.

일곱째, 협상에서 처음 설정한 목표를 달성하면 그것으로 만족한다. 또한 협상 과정에서 양보한 부분에 미련을 가지는 것은 실천가의 정신건강을 위해 바람직하지 않다.

8. 임파워먼트(역량강화)기술

임파워먼트는 사회적 · 조직적 환경에 관한 클라이언트의 통제력을 증가시키고자 하는 사회복지실천의 과정, 개입, 기술을 의미한다(양옥경 외, 2010: 425). 조직적 차원에서 임파워먼트는 조직원 개개인에게 조직을 위해 중요한 일을 할 수 있는 능력과 권한이 있다고 확신을 심어 주는 강화과정을 말한다(박원우, 2002: 12). 지역사회 차원에서는 지역사회 내 개인이나 조직들이 각각의 욕구를 충족시키기 위해 자신의 기술과 자원을 공동의 노력으로 이끌어 낼 수 있는 지역사회로 만드는 것을 말한다(Israel, Checkoway, Schulz, & Zimmerman, 1994, 김범수 · 신원우, 2013: 164 재인용). 이러한 임파워먼트는 지역사회 전체 구성원들이 지지할 의사결정구조를 구축하고 전반적인 지역사회복지 실천과정(문제의 명확화, 욕구조사, 전략실행 및 평가)에 있어서 사회적 소외계층의 참여를 확대하는 것이 지역사회복지의 목표달성을 위해 필수적이다(감정기 · 박종만 · 김찬우, 2005: 84; 김범수 · 신원우, 2013: 164).

지역사회의 임파워먼트를 높이기 위한 구체적인 기술 및 방법은 다음과 같다(Rubin & Rubin, 2001: 88-96, 김종일, 2006: 205-207 재인용).

첫째, 의식제고(consciousness raising)이다. 무력감을 느끼는 개인들에게 문제의 원인이 자신들에게 있는 것이 아니라는 점을 알게 한다. 이러한 과정을 통하여 자신들을 억압하는 사회구조에 대해 비판적 의식을 갖추게 한다.

둘째, 자기주장(self-assertion)이다. 문제의 원인과 소재를 파악한 후 공개적으로 자신의 목소리를 내어 자신의 주장을 전개해 나가는 것이 필요하다. 사회복지사는 이들이 공개적으로 자신의 주장을 전개하는 것에 대해 두려움을 갖거나 위축되지 않도록 원조해 주어야 한다.

셋째, 공공의제의 틀을 갖추는 것(framing the agenda)이다. 쟁점이 공공의제가 될 수 있도록 쟁점을 정리하고 대중의 관심을 끌 수 있도록 해야 한다. 이 과정에서 시위나 대중매체 캠페인은 대중들이 관심을 유도할 수 있는 좋은 수단이 된다.

넷째, 권력 키우기(building power)이다. 이는 자원 동원과 조직화를 통해 주민들의 권력을 키우는 과정이다. 사람의 수, 열정, 법적 행동, 전문성, 힘의 위협 등은 중요한 힘의 원천이 된다.

다섯째, 역량 구축(capacity building)이다. 이는 클라이언트의 역량을 강화하기 위한 조직을 설립하고 자신들의 주장을 효과적으로 표명하기 위한 캠페인을 전개하는 과정을 포함한다. 이를 통해 목표를 달성하고 무력감을 스스로 극복하도록 한다.

여섯째, 사회적 자본의 창출(creating social capital)이다. 사회적 자본은 지역사회 구성원의 사회적 관계에 바탕을 둔 자원으로서 물리적 자본과는 상대적 개념이다. 이러한 사회적 자본은 구성원 간의 협력과 연대감을 높이는 데 기여한다.

생각해 볼 문제

1. 사회복지사의 기술 중 조직화에 있어 고려할 사항은 무엇인지 논의해 본다.

2. 여러 사회복지사의 기술 중 그 중요도에 따라 우선순위를 정해 본다.

3. 가장 중요하다고 정한 사회복지사의 기술은 무엇이며 그 이유에 대해 설명한다.

CHAPTER 08

지방자치와 지역사회복지

학습목표

지방자치의 개념을 알고 지방자치제의 실시가 지역사회복지와 어떤 연관성이 있는지 이해함으로써 사회복지사로서 지역 내 사회복지 발전 방향을 모색할 수 있다.

'사회복지'는 학문적으로나 현실적으로 정치학, 경제학, 사회학, 행정학 등의 인접 학문과 더불어 발전하고 변화하고 있다. 이것을 바탕으로 오늘날을 살펴볼 때 변화하고 있는 사회의 구조와 정치적 흐름, 대국민서비스 전달방법 등을 보면 지방자치에 그 이념과 방법을 두고 실천되는 것이 대부분이라고 하겠다. 절대적인 빈곤을 경험하는 국민의 수가 상대적으로 줄어듦으로써 국가에서는 인간다운 삶을 유지할 수 있는 최저 생활을 법적으로 정하는 사회복지의 밑그림을 그렸다. 그리고 그것을 기반으로 각 지방에서는 중앙정부로부터 위임된 사무를 진행하고, 다양해지는 주민의 욕구에 부응하는 서비스와 예산의 효율적 사용을 진행하고 있다. 사회복지 또한 예외가 아니어서 지방자치와 밀접한 관련을 맺고 유지되거나 변화하고 있으므로 우리는 지방자치를 이해하고 지역사회복지의 발전을 모색해 보고자 한다.

1. 지방자치와 지역사회복지

1) 지방자치의 개념

지방자치는 지방분권과 일정 부분 유사성을 가지고 있으면서도 나름의 독자적인 의미가 있다. 따라서 지방자치와 지방분권의 개념을 각기 살펴보면 다음과 같다.

지방은 국가의 부분적인 구역이므로 국가가 발전하기 위해서는 지방이 제대로 발전해야 하는 것은 두말할 필요가 없다. 지방이 잘 발전하기 위해서는 그 지역을 올바르게 다스려야 하는데, 스스로 해당지역을 다스리는 것이 바로 지방자치(地方自治, Local Autonomy, Local Self-government)이다. 따라서 지방자치란 일정한 지역공동체에 거주하는 주민들이 국가로부터 자치권을 부여받아 자치단체를 구성하고 직접적인 참여를 통해 다양한 지역문제를 해결하는 활동을 말한다. 즉, 지방자치는 지방사람들의 생각과 노력으로 그 지방이 개성 있고 독창성 있는 얼굴을 만들어가는 활동이라고 할 수 있다(정하용, 2006: 16).

지방자치는 주민자치와 단체자치 두 가지로 나누어 살펴볼 수 있다. 주민자치는 주민이 타인의 제약 없이, 주민 대표를 선출하여 의사결정에 직 · 간접적으로 권한을 행사하는 것을 말하며, 영미식 자치, 풀뿌리 자치제라고 표현하기도 한다. 지방자치단체의 권한이 강하고 중앙정부에 대한 귀속이 약하다고 볼 수 있다. 단체자치는 독일과 프랑스 같은 대륙계 국가들에서 발생되어 대륙식 자치라고도 한다. 국가의 한 지역이었다가 국가로부터 독립된 존재로 보기 때문에 주민자치에 비해 중앙정부와의 관계를 더 중요하게 생각한다.

민주주의(democracy)의 실현을 위해서는 권력의 기능적 분립과 권력의 지역적 분립이 요구되는데, 후자가 바로 지역적 분립으로서 지방분권이다. 지방분권(decentralization)은 정치적 분권(political decentralization)으로서, 국가 권력의 일부를 지방자치단체에 위양하여 지방주민 또는 그 대표자의 책임 아래 지방사무가 처리되는 것을 의미한다. 이것은 국민의 자유와 권리의 신장이라는 지방자치의 입장에서 볼 때 그 실천과정에서 수반되는 부산물로 간주되는 것이다. 자치적 분권은 절대왕정 체제의 권력집중에 따른 폐해를 해소하기 위해 삼권분립과 함께 도입된 중요한 정치조직 원리로서, 오늘날 대부분의 국가에서 이를 채택하고 있다. 우리나라는 1949년 「지방자치법」을 제정함으로써 지방분권을 위한 법적 장치가 만들어졌으며, 1952년 지방의회가 구성됨으로써 지역에 바탕을 둔 근대국가의 정치적 분권이 처음으로 이루어졌다(김현조, 2009: 14).

지방자치와 지방분권은 통치의 권한이 어디에서 유래되었느냐의 차이로 나뉜다고 할 수 있겠다. 한국의 지방자치의 시대적인 변화와 흐름을 살펴보면 지방분권에서 지방자치의 성격으로 변화하고 있고, 그에 따라 지역주민의 목소리에 귀 기울이려는 모습을 많이 볼 수 있다. 또한 보육료 지원, 기초노령연금 등으로 복지라는 것이 일부 계층에게만 적용이 되는 것이 아니라 누구에게나 해당이 되고 피부에 와 닿는 정책이라는 것으로 인식이 되면서 지역복지의 예산 확보와 발전에 지역주민의 관심이 높아지고 있다.

2) 지방자치의 효과

지방자치제 실시와 그로 인한 기대효과는 크게 정치적인 면과 행정적인 면, 두 가지로 볼 수 있다.

정치적인 면에서 지방자치의 효과로는, 첫 번째, 민주주의의 이념을 실현할 수 있다는 점이다. 오늘날의 국가는 정치의 방법에서 대부분 '민주주의'를 채택하고 있으며 민주주의는 입법, 사법, 행정의 삼권분립으로 유지되고 있다. 그러나 여타의 이유로 삼권분립이 유지되지 못할 시 민주주의를 유지하기 위한 장치가 바로 지방자치라고 하겠다. 지방자치제의 실시를 통해 우리는 민주주의를 유지할 수 있으며, 국가 권력의 지나친 강화나 전제주의의 확산을 막을 수 있다. 두 번째는 국가의 변화나 정권의 변화로 인한 혼란이 지방으로 전달되어 국민의 생활에 타격을 입히는 것을 막아 주는 방파제로서의 목적을 지니고 있다. 안정적으로 정권이 이양되거나 교체가 되는 경우가 아니라 급격하게 변화할 때 정국 변동에 따르는 국정마비 등의 현상이 국민의 생활에 영향을 주는 것을 막아 줄 수 있다. 세 번째는 국민이 민주주의의 양식을 배우고 익히고 실천하는 민주주의의 학교로서의 목적이 있다. 지역 현안에 대해 주민들의 생각이 모두 동일할 수 없다. 모두는 이해관계에 따라 각기 다른 입장을 가지는데, 이것에 대해 해결방안을 모색해 가는 과정을 거치면서 문제해결의 방법을 익히게 된다.

지방자치제 실시를 통해 행정적인 측면에서 얻을 수 있는 효과는, 첫 번째, 지역의 환경에 맞는 행정을 실시할 수 있다는 점이다. 이것은 사회복지행정과 더욱 밀접하게 관련이 있다고 하겠다. 지역의 인구구성의 특성을 분석해 요구되는 사회복지행정을 실시할 수 있고, 예상되는 사회문제를 미리 예방하는 것 역시 지방자치체를 통해 기대할 수 있는 부분이다. 두 번째는 창의적으로 실험적인 접근이 가능하다는 점이다. 지방은 각기 다른 환경으로 특수성을 가지고 있지만 반대로 보편성을 보이는 면도 있다. 주민과 좀 더 가까운 거리에서 의견을 수렴하고 해결책을 모색해 봄으로써 중앙정부 행정가의 접근과는 또 다른 해결책이 제시될 수 있으며 한 지역에서 성공적으로 해결된 사회문제는 다른 지역에서 모델링을 할 수 있어 긍정적인 파급력 역시 크다고 하겠다.

3) 지방자치의 구성요소

지방자치가 원활하게 이루어지기 위해서는 최소한의 기본 요소가 있어야 한다. 지방자치의 주된 활동은 지역에서 이루어지지만, 지방의 통합적 요소인 국가가 없으면 지방의 의미가 없어지므로 국가는 중요한 요소가 된다.

첫째, 지방자치단체이다. 지방자치를 실현시키는 주체는 지역주민들이며, 이들은 집합적으로 독립법인을 설립해서 지방자치를 하게 된다. 이러한 법인이 바로 지방자치단체이다.

둘째, 공유하는 문제이다. 지역주민들이 공동으로 해결해야 할 문제가 존재해야 한다. 이 문제를 가장 효율적인 방법으로 해결하기 위해 지방자치가 필요하며 자치사무를 의미한다.

셋째, 재정의 자주성이다. 지방자치를 원활하게 수행하기 위해서 재원이 필요하며, 그 재원은 지역주민들이 자기부담으로 뒷받침하지 않으면 안 된다. 이러한 자주적인 재원을 통해서 지역문제를 처리할 때, 성공적인 자치가 실현될 수 있다.

넷째, 지역주민의 참여이다. 지방자치는 지역주민들이 스스로 자신들의 문제를 해결하는 방법을 모색하고 추진해 나가는 것이므로, 중요한 것은 언제든지 지역주민의 의사가 반영되고 그 운영에 있어서 주민들이 반드시 참여하는 일이다.

다섯째, 지방과 국가의 협력이다. 지방자치와 국가의 관계는 독립적이다. 하지만 지방자치가 국가로부터 완전히 독립한 것이 아니며, 정책을 추진하는 데 있어 국가와 밀접한 관련성이 있다. 총체적인 국가발전을 위해서는 서로 협력해야 하기 때문에 적절한 분담을 통해 파트너십을 이룩하지 않으면 안 된다.

이러한 지방자치의 다섯 가지 구성요소를 종합해 보면, '지역주민들이 지방자치단체를 구성하여 지역의 공동문제를 국가와의 협력관계 속에서 자주재정에 의하여 참여를 통해 스스로 처리하는 것'이라고 정의할 수 있다(정하용, 2006: 17).

4) 지역사회복지와의 연관성

이상에서 살펴본 바와 같이 지방자치는 국민이 국가의 주인이라고 하는 민주주의를 실천하기 위한 하나의 방법이며, 지방자치단체, 공동의 문제, 지역주민의 참여, 재정의 자유성, 지방과 국가의 협력을 그 구성요소로 한다. 다시 말해 '지역주민으로부터 권한을 위임받은 지방자치단체가 직·간접적으로 주민의 의견을 모으고 참여를 통해 공동체의 문제들을 처리하고 일정한 재정을 기반으로 지역사회에서 요구되는 사업을 실시하며 지역과 국가의 발전과 단일 지역에서 해결하기 어려운 사안은 중앙정부와 협력하여 진행하는 것'이라고 정의할 수 있겠다.

지역사회복지의 기본 요소는, ① 지역사회를 기본 단위로 추진, ② 주민조직과 행정조직의 협력관계 구축, ③ 주민 전체에 대해 편의성 제공, 특히 소외계층의 복지를 강조, ④ 인적 서비스를 특히 중시하면서 금품서비스를 병행으로 제공, ⑤ 기획과 예산, 그리고 그 집행에 관한 사항은 지역사회가 담당하여 주민책임하에 운영되고, 행정기관에서는 행정적·기술적·재정적 면에서 지원·협조하는 것을 기본 요소로 하고 있다(신대순, 1991: 55, 전해황·이성윤·송낙길·정주석·염일열·김정호 외, 2008: 67 재인용).

이처럼 지방자치와 지역사회복지의 기본 요소는 중복되거나 매우 흡사하다. 국민들이 복지를 이해하는 틀이 전반적으로 넓어지면서 복지라는 단어는 매우 일상적인 단어가 되었으며 지역주민이 느끼는 불편은 주민복지라는 차원에서 접근되고 있다. 주민이 자신의 의사를 적극적으로 표현하는 것이 권리를 행사하는 것의 하나로 이해되면서 주민들은 보다 나은 생활 여건, 보다 나은 삶의 질을 원하고 그것을 지방자치단체를 통해 지역사회복지로 제공받기를 희망하고 있다. 지방정부 역시 지방자치제를 실시하기 이전에 인력, 예산, 권한의 부족으로 실시하지 못했던 많은 지역의 현안을 자체적으로 개선할 수 있는 여지가 매우 많아졌다. 지역주민의 욕구에 맞는 정책을 얼마나 실시하였느냐에 따라 다음 선거의 당락이 결정되는 선출직은 주민의 피부에 와 닿는 서비스, 주민이 필요로 하는 정책, 대다수의 주민이 관심을 가지는 행정에 적극 개입한다. 이것은 반대로 지역민의 관심이 부족하거나 소수의 주민, 또는 발언권이 적은 사안에 대해서는 변화가 어렵다는 뜻이기도 하나 이것은 차후 개선되어 나가야 할 일부분으로 받아들여야 하겠다. 따라서 지역사회복지와 지방자치는 뗄래야 뗄 수 없는 불가분의 관계라고 하겠다.

지방자치제가 지역사회복지에 미치는 영향을 살펴보면 표갑수는 다음의 다섯가지를 긍정적인 측면으로 보았다(이태희 · 전태숙 · 승금희, 2014: 191-194).

① 지방자치제 실시는 지방정부와 지역사회 주민들이 자기가 거주하는 지방의 복지에 대한 책임의식을 갖게 되고, 주체적으로 참여할 수 있는 기회를 갖게 되기 때문에 지역사회복지를 활성화시키는 계기가 된다.

② 지방자치제 실시로 지방의 발언권이 점진적으로 강화될 것으로 예상되어 지방재정 자체의 액수가 증가되고, 도시와 농촌 간의 재정력 격차가 크므로 앞으로 사회복지예산의 배분에서 불균형의 시정을 위한 정책적 배려가 의도적으로 이루어지며, 사회복지기능의 강화를 위해 지방행정부서의 지위와 함께 행정인의 전문성과 사기가 크게 향상될 것이다.

③ 지방의회의원 입후보자들은 당선을 위해 지역주민의 요구에 부응하는 정책대

안을 경쟁적으로 내세우고 이는 거의 모든 복지프로그램으로 구체화되고 있다.

④ 복지행정의 방향이 정부 중심의 복지행정으로부터 지방정부 중심의 복지행정으로 전환이 이루어진다. 중앙정부 중심의 복지행정은 제도와 정책을 통해 전체 국민의 안녕과 복지증진을 기하는 것을 중심으로 보편적이고 일반적인 서비스를 제공하게 되어 지역사회 주민들의 욕구를 충분히 행정에 수용하지 못한다. 반면에 지방정부 중심의 복지행정은 생활문제 발생의 근원인 지역사회에 기반함으로써 지역사회 및 지역주민의 생활상의 욕구에 대하여 즉각적이고 포괄적으로 대응할 수 있으며, 지역 단위가 지역사회이므로 지역사회복지증진에 주민들의 자발적 참여를 증대시키는 효과를 가져올 수 있을 것이다.

⑤ 지방자치제는 지역주민의 실제적 욕구에 기반한 복지정책을 펼칠 가능성이 과거보다 훨씬 높다.

이상을 종합 · 분석하면 지방자치제의 실시로 인해 사회복지에 다음과 같은 효과가 나타날 것이다. 즉, 사회복지서비스의 내용충실과 복지행정의 효율화, 주민복지의식을 고취하여 주민복지의 발전, 지역사회복지 자원의 개발과 지역개발, 지역 간 사회복지의 격차해소, 복지행정의 책임뿐만 아니라 민간 및 지역주민의 협력과 참여에 기여하는 것이라 할 수 있다(김영모, 1995: 2).

다음으로 지방자치제 실시로 인한 지역사회복지의 부정적 측면을 살펴보면 다음과 같다.

① 사회복지에 대한 책임이 지방으로 이전되어 중앙정부가 지역문제에 대하여 소홀해진다.

② 지역이기주의 팽배하여 서로 자신의 지역에만 신경을 쓰게 됨으로써 혐오시설에 대한 님비현상이 일어난다.

③ 경제성장을 최고의 목표로 추구해야 하는 지방자치단체는 지방자치제의 도입에 따라 중대한 정책결정에 있어서 지역경제성장을 도모하는 개발 정책을 보다 확대하려고 하는 데 반해, 상대적으로 지역사회복지사업은 우선순위나 예

산상 이유로 축소하려 할 것이다.

④ 지방재정의 분권화는 재정자립도의 격차를 해소하지 않는 한 본래의 지방자치제와 지역사회복지사업의 실패는 물론 또 다른 문제점을 증폭시켜 지역갈등을 야기할 수 있다.

지방정부의 권한이 넓어졌고 투표를 통해 지방정부의 권한에 가부를 결정할 수 있는 힘이 지역주민에게 있음은 이제는 누구나 이해하고 있다. 하지만 권한은 책임과 함께 발생한다. 지역민은 지방자치제의 실시로 그간 선 성장, 후 분배의 논리에 입각해 중앙, 또는 특정지역의 성장으로 인해 소외되었던 우리 지역에서의 삶이 직접적으로 나아지리라 생각한다. 하지만 막상 지역 공동의 문제에 대해 여론의 뚜껑을 열어보면 각기 자신의 이익과 연결해서 결정되기를 원하는 것을 알 수 있다. 모두가 만족하는 결과물은 드물다. 공통의 문제를 해결하기 위해서는 배려와 양보가 이루어져야 하는데, 그것이 일정 집단에게 의사와는 관계없이 지속적으로 일어난다면 그것은 또 하나의 사회문제로 언젠가는 표출될 것이다. 또 지역주민들이 직접 느낄 수 있는 정책이나 행정, 서비스에만 관심을 가지는 개인주의가 만연하고 그 외의 사회 흐름에 대해 관심이 없다면 우리 모두의 문제인 공동의 문제는 오히려 탁상행정으로 결정이 되거나 논의해야 될 대상에서 탈락할 수가 있다.

이러한 것들이 뜻하는 바는 무엇일까. 지방자치제는 주민이 지자체를 통해 권리의 행사로 지역 환경의 변화를 이끌어 낼 수 있는 무한한 가능성이 있으며 특히 사회학적 인구학적 특성이 반영되고 지역민의 목소리가 담긴 사회복지정책을 실시할 수 있다. 그러나 지역주민의 참여와 관심의 정도, 이익집단 간의 타협과 공공선을 위한 의사결정 등이 이루어져야 하는 것이 선결 요건이라고 볼 수 있다.

2. 지방자치와 주민참여

1) 주민참여의 개념

주민참여가 무엇인가에 대하여는 논자에 따라 견해 차이가 있으나 간단히 말하자면 주민참여는 정부의 정책결정과정에 영향을 미치기 위한 일반 주민의 행위이다. 구체적으로 주민참여는 다음과 같은 특징을 지니는 것으로 인식하고 있다. 첫째, 주민참여는 정치전문가가 아닌 아마추어(amateur)로서의 일반 주민에 의한 행위라는 점이다. 둘째, 주민참여는 공공문제에 관한 영향력 행사를 목적으로 하는 행위라는 점이다. 셋째, 주민참여는 단순한 인식이나 태도가 아닌 명시적인 행위 또는 활동이라는 점이다(이승종, 2003: 142).

주민참여는 일반적으로 주민의 정치 및 행정과정에의 참여를 의미한다. 그러나 이것은 개념을 정의하는 사람의 입장에 따라 각기 다르게 규정되는 다의적 개념이라 할 수 있다. 버바(S. Verba)는 주민참여를 '공권력이 부여되지 않는 일반 시민들이 공적 권력이 주어진 사람들의 정책결정과정에 영향을 미칠 의도로 참여하는 것'이라고 정의하고 있으며, 아른슈타인(S. Arnstein)은 주민참여를 '정보의 배분, 목표와 정책형성, 자원배분과 사업집행 등에 관한 결정과정에 참여하지 못한 사람들을 위한 전략'이라고 규정하고 있다(김현조, 2009).

이러한 의미에서 본다면 주민참여는 행정과정은 물론이고 정치과정까지 포함하는 광의의 개념과 행정과정을 중심으로 하는 협의의 개념으로 정의할 수 있다.

광의의 주민참여는 대표자를 선출하는 선거에서부터 구체적인 정책의 집행에 이르기까지 정치 및 정책 전 과정에 걸쳐 일어나는 주민의 모든 정치 · 행정적 행위를 말한다. 여기에서 모든 정치적 행위란 제도 및 비제도적인 것, 반대와 지지, 의도적 행위와 관습적 행위를 모두 포괄하는, 공식적 정책결정자가 아닌 일반 주민에 의해 일어나는 일체의 행위를 의미한다. 즉, 광의의 주민참여는 입법부와 행정부, 사법부를 포괄하는 국가의 모든 기관과 공무원의 의사결정에 영향력을 행사할 목적으로 추진되는 일반 시민의 참여를 의미한다. 그러나 정치적 행위라 할지라도 혁명과 같이 정치체제 자체의 근본적인 변화를 추구하는 행위, 사회를 불안하게 하는 폭력적인 행위, 뇌물공여와 같이 물질적 보상을 이용한 비합법적인 행위, 민원서류 발급신청과 같은 통상적 서비스 청구행위 등은 일반적으로 주민참여의 범위에서 제외된다. 그것은 기존 체제의 정통성을 인정하고, 합법적이고 합리적인 정치행정 과정을 통해 정책결정에 영향을 미치려는 것이 주민참여의 기본 철학이기 때문이다(김현조, 2009).

협의의 주민참여는 지역주민들이 행정부의 공식적인 의사결정과정에 관여하여 주민들의 욕구를 정책이나 계획에 반영하려는 적극적 노력이라 할 수 있다. 즉, 주민참여는 관료조직들의 정책형성 및 집행 과정에 그 정책으로 인해 영향을 받게 될 주민들이 참여하여 정책결정에 영향을 미치고 그 집행과정에 자발적으로 참여하는 것이라고 할 수 있다(김현조, 2009: 380-381).

2) 주민참여의 긍정적 · 부정적 영향

위에서 살펴본 것과 같이 주민참여란 정책결정과정에 영향을 주는 것을 의미한다. 주민참여가 주민의 복지증진에 미치는 영향을 긍정적인 것과 부정적인 것으로 나누어 살펴보면 다음과 같다.

긍정적인 영향으로는, 첫 번째, 주민참여는 주민의 의사를 반영함으로써 대다수 사람의 의사에 따라 정책이 결정된다. 이것은 특정계층의 이익을 위해 국가나 지역 전체의 자원과 예산을 사용하지 않고 형평성 있고 고른 발전과 국민의 삶의 질 향상을 기대할 수 있다.

두 번째, 국민 또는 주민이 참여하여 정책이 결정되는 국민의 적극적인 참여를 이끌어 낼 수 있다. 어떠한 정책이든 해당 부, 실의 행정만으로 진행되는 것이 아니라 결국은 국민 또는 주민이 행동함으로써 더 빠른 변화를 기대할 수 있는 바, 주민이 정책에 참여하게 되면 진행과정에서 좀 더 적극적인 개입과 협조를 하게 된다.

세 번째, 주민이 참여하면 정책결정자의 신중하고 책임감 있는 선택을 유도하게 된다. 정책결정자는 지역주민이 진행과정을 예의주시하고 지켜보고 있다는 것을 알게 되고, 기대에 부응하는 행동이 이후 선거의 결과에 영향을 줄 것이라는 것을 안다. 따라서 투표를 통해 대표를 선출하고 활동을 지켜보고 이후 선거에 반영하는 과정을 지속적으로 유지함으로써 주민복지의 질적 개선을 이룰 수 있다.

네 번째, 이해 당사자 양측의 의견이 첨예하게 갈라져 정권이 혼란스러울 때 지역주민의 의사표현으로 정책결정자 간의 의견을 조율하도록 유도할 수 있다는 것이다. 2004년 1월 29일 제정된 「주민투표법」 제1조에 따르면 "「지방자치법」 제14조의 규정에 의한 주민투표의 대상 · 발의자 · 발의요건 · 투표절차 등에 관한 사항을 규정함으로써 지방자치행정의 민주성과 책임성을 제고하고 주민복지를 증진함을 목적으로 한다."라고 되어 있다. 따라서 지방자치단체에서는 「주민투표법」을 활용하여 지역주민 다수의 의사를 확인하고 반영할 수 있다.

이러한 긍정적인 효과 외에 주민참여가 미칠 부정적인 영향에 대한 우려도 몇 가지 있는데, 그중 첫 번째, 정책과정의 효율성이 떨어질 수 있다는 것이다. 정책결정에 있어 전문가 또는 행정가가 진행할 경우, 투입되는 비용 대비 효과가 높은 데 비해 지역주민의 의사를 묻고 확인하는 과정은 많은 시간과 비용의 투입이 요구된다.

두 번째, 주민참여가 편향된 정책결정을 낳을 수도 있다는 점이다. 지역주민 역시 정책의 방향에 따라 얻을 수 있는 이익이 각기 달라 이익집단으로 나뉠 수 있다. 극단적일 경우 여론의 보도나 비이성적 판단, 상대적으로 힘이 있는 이익집단에 의해 다수결이란 이름하에 중립적인 정책결정을 막을 수 있다.

그러나 주민참여로 발생할 수 있는 부정적인 효과보다는 긍정적인 효과가 더 크며, 행정 전문가와 지역주민의 적극적인 의견 교환과 이익집단 간의 이해 및 배려를 통해 공동체의 결속을 끌어낼 수 있기 때문에 주민참여를 끌어낼 수 있는 방안에 대한 고려가 필요하겠다.

3) 주민참여의 방안

김현조(2009: 389-395)에 의하면 주민참여의 수단은 행정참여와 직접민주제에 의한 참여로 나뉜다. 행정참여와 직접민주제에 의한 참여 방안을 서술한 내용을 요약하면 다음과 같다.

행정참여는 중 첫 번째, 각종 행정위원회를 통한 참여를 뜻한다. 자문위원회, 심의위원회, 독립행정위원회 등이 있는데, 자문위원회는 행정기관의 정책 결정에 도움을 주기 위해 설치되는 임의적 성격의 회의체이며, 심의위원회는 사안이 중대하고 특정사안을 공식적 의제로 다루어 문제의 본질을 파악 후 기관장의 최종결정을 내리도록 하는 곳이기 때문에 법률적 근거를 두고 설치된다. 독립행정위원회는 기관장의 영향력을 벗어난 독립적 의사결정기관으로서 합의제로 운영된다. 이것은 객관적이고 합리적 결정이 요구되는 경우에 주로 설치하는데, 인사위원회, 소청심사위원회, 선거관리위원회 등이 여기에 속한다.

두 번째, 커뮤니티활동인데, 이것은 마을단위의 주민협의체를 의미하며 반상회와 주민의 집단항의를 들 수 있다. 반상회는 일상적 생활에서 자주 마주칠 수 있는 가까운 거리에 있는 이웃들이 공동의 문제를 해결하기 위해 조직된 단체였다. 공동생활과 관련된 모든 문제를 논의할 수 있고 스스로 해결책을 찾기 때문에 참여의식을 제고할 수 있다. 주민의 요구사항이 행정기관에 전달되고 반대로 행정기관의 요구사항이 주민에게 전달되는 통로역할을 담당하는데, 반상회는 공간적으로는 이상적인 참여조직의 모습을 갖추었음에도 불구하고 정부로부터의 주민에 대한 일방통행식 홍보의 장으로 오용되고 있음은 아쉬운 일이 아닐 수 없다(이승종, 2003: 147)고 평가되고 있다. 반상회는 조선시대 오가작통법에서 기원을 찾을 수 있고, 용어자체가 일제 시대의 잔재이며 권위주의 정권의 국가정책을 전달하기 위한 수단이라 비판받았고, 지방자치 4대 선거가 치러진 1995년부터 지자체별로 폐기하기에 이르렀다(민초, multigreen 블로그 참고). 그러나 이를 잘 활용해 주민의 의사를 모으고 지자체와의 대화의 통로로 활용할 수 있다면 시간적 · 공간적 제약을 넘어설 수 있는 주민참여 활동의 하나가 될 것이다.

세 번째, 광청활동으로, 주민의 여론을 살피는 활동이다. 공청회, 간담회, 여론조사 등이 있는데, 공청회는 행정부의 필요에 의해 개최되는 것이 일반적이지만 법령에 의무적으로 개최를 규정하는 경우도 있다. 사업의 타당성 등 근본적 문제에서부터 세부적 사항까지 모두 질문하게 되므로 청문회의 성격도 지닌다. 간담회는 행정기관이 특정한 사안에 대해 의견을 청취하기 위해 소규모의 회합을 가지는 경우이며, 소수의 인원을 대상으로 비공식적 측면이 강하다는 점에서 공청회와 차이가 있다. 여론조사는 주민들의 일반적 의사를 확인하기 위해 일정한 설문을 준비하여 조사하는 것으로, 서면, 전화, 인터넷을 통해 조사하는 방법이 있다.

네 번째, 행정절차법으로, 공동의 이해가 걸려 있는 행정과정의 특정 사안에 대해 사실을 확인하는 '공람', 개별적 이해가 걸려 있는 행정사안에 대해 개인별로 사실을 확인하고 부당한 권리침해가 없도록 사전에 방지하는 '열람'을 거쳐 확인된 사실을 기초로 개인적 또는 집단적으로 행정당국에 '의견제출' 하여 지방정부에 자신의 의견을 직접 반영할 수 있다.

마지막으로, 사전영향평가제인데, 정부는 사업을 시행하기 전에 주민의 의견을 충분히 반영하여 사업계획을 확정하는 사전 영향평가제(effect appraisal)를 도입하고 있다. 예컨대, 도로 건설, 하수시설, 공원조성, 쓰레기장 설치 등의 사업을 시행할 때 주로 이용하는 것으로서, 사업의 영향평가단은 그 사업의 타당성과 주민들에게 주는 편익과 불편 여부 등을 종합적으로 평가하여 사업계획을 확정하거나 수정 · 보완하게 한다. 사전 영향평가제를 실시하는 것은 정부가 시민들의 의견을 반영하지 않고 사업을 추진하다가 발생될 시민과의 갈등을 사전에 예방하기 위한 것이다.

직접민주제에 의한 주민참여는 '주민이 공중의 일원으로서 공익을 도모하기 위해 지방자치단체의 정책형성이나 의사결정 과정에 직접 참가하는 것(조태제, 1997: 449)' 등으로 정의되고 있으나 일반적으로 직접민주제는 주민이 공중의 일원으로 지방자치단체의 사무에 관한 의사결정에 대표자를 통하지 않고 직접적, 능동적으로 참여하여 직접 결정하거나 통제하는 법적 제도로 정의된다. 직접민주주의의 형태는 일정한 유권자의 서명에 의해 자치단체의 자치헌장이나 조례의 제정 또는 개폐 등에 관해 직접 발안하는 '주민발안제도', 미국에서 발달한 직접민주제도로서 지방자치단체의 중요사항이나 의회에서 의결된 입법 또는 중요한 안건을 투표에 붙여 채택여부를 결정하는 '주민투표', 일정한 자격요건을 가진 지역주민이 일정수 이상의 연서를 통해 자치단체 또는 그 장의 권한에 속하는 사무의 처리가 법령에 위반되거나 현저히 반한다고 인정되는 경우 감사를 청구하는 '주민감사청구제도', 감사청구에 의해 취해진 조치가 만족스럽지 못할 경우 제기할 수 있는 사법적 쟁송제도인 '주민소송제도', 지방자치단체의 선거직 공무원이 주민의 신뢰에 반하는 행위를 한다고 생각될 때에는 임기가 끝나기 전에 주민이 그들의 해직을 청구하는 제도인 '주민소환제도' 등이 있다.

표 8-1 주민참여제도의 내용과 법적 근거

주민참여제도	내 용	법적 근거
주민투표	지방자치를 폐지하거나 설치하거나 나누거나 합칠 때 또는 그 명칭이나 구역을 변경할 때에는 관계 지방자치단체의 의회의 의견을 들어야 한다. 다만, 「주민투표법」 제8조에 따라 주민투표를 한 경우에는 그러하지 아니하다.	「지방자치법」 제5조
	중앙행정기관의 장은 지방자치단체의 폐치, 분합 또는 구역변경, 주요시설의 설치 등 국가정책의 수립에 관하여 주민의 의견을 듣기 위하여 필요하다고 인정하는 때에는 주민투표의 실시구역을 정하여 관계 지방자치단체의 장에게 주민투표의 실시를 요구할 수 있다.	「주민투표법」 제8조
조례의 제정과 개폐청구	시·도와 인구 50만 명 이상 대도시에서는 19세 이상 주민 총수의 100분의 1 이상 70분의 1 이하, 시·군 및 자치구에서는 19세 이상 주민 총수의 50분의 1 이상 20분의 1 이하의 범위에서 지방자치단체의 조례로 정하는 19세 이상의 주민 수 이상의 연서(連署)로 해당 지방자치단체의 장에게 조례를 제정하거나 개정하거나 폐지할 것을 청구할 수 있다.	「지방자치법」 제19조

주민참여제도	내 용	법적 근거
감사청구	지방자치단체의 18세 이상의 주민은 시·도는 300명, 제175조에 따른 인구 50만 명 이상 대도시는 200명, 그 밖의 시·군 및 자치구는 150명을 넘지 아니하는 범위에서 그 지방자치단체의 조례로 정하는 18세 이상의 주민 수 이상의 연서(連署)로, 시·도에서는 주무부장관에게, 시·군 및 자치구에서는 시·도지사에게 그 지방자치단체와 그 장의 권한에 속하는 사무의 처리가 법령에 위반되거나 공익을 현저히 해친다고 인정되면 감사를 청구할 수 있다.	「지방자치법」 제21조
주민소송	감사를 청구한 주민은 그 감사 청구한 사항과 관련이 있는 위법한 행위나 업무를 게을리한 사실에 대하여 해당 지방자치단체의 장을 상대방으로 하여 소송을 제기할 수 있다.	「지방자치법」 제22조
주민소환	주민은 그 지방자치단체의 장 및 지방의회의원(비례대표 지방의회의원은 제외)을 소환할 권리를 가진다.	「지방자치법」 제25조

출처: 조추용·김양이·황미경(2015). p. 183.

3. 한국의 지방자치 발전과정

1) 제1시기

제1시기는 제1 · 2 공화국시대로, 이 시기는 지방자치의 발전기라 한다. 이후 우리나라에 근대적 의미에서의 지방자치제도가 도입된 것은 정부수립 다음 해인 1949년 7월 「지방자치법」의 제정이 그 기원적 성격을 가진다. 하지만 「지방자치법」은 6차에 걸친 개정 끝에 5 · 16을 기점으로 폐기되었고 그 이후 개정되었다.

개정된 내용은 다음과 같다. 「지방자치법」은 1949년 7월 제정 · 공포된 후 부칙 제1조로 동년 8월 15일부터의 실시를 규정하였으나 1949년 12월 1차 개정을 실시하여 지방자치제의 실시를 연기하였고, 6 · 25동란으로 1952년 선거를 통해 전격적으로 지방자치제가 실시되었다. 이후 1956년 2월과 7월에 걸친 두 번의 개정으로 시 · 읍 · 면장의 선출이 주민의 직선제로 바뀌고 지방자치단체의 장에 대한 지방의회의 불신임권이 폐지되었으며, 1958년 12월 지방자치제의 전면적 개정을 통해 시 · 읍 · 면 · 동 · 이장의 선출이 임명제로 변경되어 점차 민주주의의 이념에 반하는 반관적(半官的) 자치로 전락하고 말았다. 이와 같은 결과 속에서도 지방자치제는 4 · 19혁명에 의하여 일대 전환을 하게 되어 4 · 19를 계기로 지방행정의 민주화에 대한 제도적 구현이 요청되었다. 따라서 1960년 11월 제5차 개정을 통하여 전 지방자치단체의 장은 주민이 직접 선출하게 되었다(류종훈, 2014: 162-163).

2) 제2시기

지방자치제의 제2시기는 제3, 4공화국 시대로, 지방자치제의 중단기라 하겠다. 5 · 16 이후 군 출신 집권자들은 권위주의적 · 집권적 성향을 지니고 있고, 자치와 분권으로 인하여 야기되는 갈등과 비능률에 잘못된 지나친 반대성향을 지녔기에 지방자치분권에 대한 철저한 부정적 태도를 보였다(박동서, 1987: 36, 김범수, 2012: 102-103 재인용).

따라서 1962년 지방자치에 대한 임시조치법을 공포 · 시행하여 지방자치는 중단되었고 고도로 중앙집권화한 강력한 행정체계하에서 하향식 의사소통에 의한 일방적인 행정집행이 이루어졌다. 그 후 유신체제에서는 집권자의 정치적 의도에 따라 통일을 지방자치제의 요건으로 규정하여 주민의 행정참여를 막고 과도했던 중앙집권화를 더욱 강화하였다(조창현, 1988: 55-56, 김범수, 2012: 102-103 재인용).

3) 제3시기

제5공화국(전두환)에서 현재에 이르는 시기로, 지방자치의 부활기이다. 제5공화국 헌법은 지방의회의 구성시기를 지방자치단체의 재정자립도를 감안해 법률로 정한다고 규정함으로써 지방자치에 대한 논의의 가능성을 제시하였다. 결국 1984년 11월 국회에서 1987년 상반기 중 적합한 일부지역에서 지방의회를 일차적으로 구성하기로 합의하기에 이른다.

노태우 정권(제6공화국, 1988.2~1993.2) 때에는 다양한 사회복지욕구에 따라 여러 계층의 목소리가 정부정책에 반영되었다. 따라서 그동안 시행되지 못했거나 미비한 사회보장제도가 다소 확충되는 시기라고 볼 수 있다. 1989년 국회에서 지방의회 구성을 합의했으나 대통령의 거부로 지방의회 구성이 무산되었다가 1990년에 지방자치제도를 실시하게 되었다. 이 시기에는 과거에 비해 많은 사회복지제도들이 마련되었지만 모든 국민적 욕구를 충족시키는 데는 부족하였다. 특히 다양한 사회계층의 욕구에 부응하는 정책으로 충분한 생계유지 및 저소득층 스스로 자립할 수 있는 프로그램 개발이나 실천이 되지 못 했다.

김영삼 문민정부(1993.2~1998.2)는 복지발전 확장기로 볼 수 있다. 이 시기는 사회보장제도의 마련 및 확충에 따른 제도적 정착과 많은 노력을 기울인 복지발전확장기라고 할 수 있다. 고용보험이 제정되고, 기존의 노령수당이 경로연금으로 확대 · 개편되었으며, 저소득 장애인가구에 대한 교육비 확대 및 각종 장애인 감면제도 등이 대폭 확대 · 시행되었다.

김대중 국민의 정부(1998.2~2003.2)는 생산적 복지시대라고 볼 수 있다. 이 시기는 생산적 복지를 강조하면서 경제위기하에서 생계에 어려움을 겪고 있는 저소득층 실직자를 돕기 위한 각종 제도들이 확대되거나 마련되었다. 그러나 여전히 사회보장제도에 대한 사각지대가 존재할 수밖에 없는 한국적 입장에서 전 국민적 복지를 실천하지 못한 한계점이 있다. 아울러 저소득층 및 취약계층에 대한 충분한 지원이 이루어지지 못 했다는 단점이 있다.

노무현 참여정부(2003.2~2008.2)는 참여복지시대라고 볼 수 있다. 이 시기는 참여복지의 슬로건 아래 사회복지의 공급주체로서의 국가의 책임을 강조하고 있다. 복지의 대상도 취약계층이 아니라 모든 국민이라는 보편주의를 택하여 예방적 복지를 강조하였다. 「건강가정기본법」을 입법하였고, 행복한 가정 만들기를 위한 준비로 가정이 해체되는 문제를 미연에 방지하도록 준비하는 가족복지정책을 우선하면서 여성부를 발족하였다.

참여정부 후반에는 '다원적 참여복지'로 슬로건을 변경하고 지방분권화 및 다양한 사회복지 주체를 인정하도록 한 시기이다. 사회복지 공급주체가 국가뿐만 아니라 민간단체의 참여를 강조하고 있다. 따라서 기업 및 종교재단의 적극적 참여를 유도하는 방법으로 복지정책을 선회하는 '다원적 복지시대'가 열리게 되었다. 복지의 대상도 '행복하고 건강한 가족'이라는 보편주의를 택함으로써 예방적 복지를 강조하였다(양성관 외, 2014: 140-141).

4. 지방자치와 사회복지전달체계

1) 사회복지전달체계의 개념

현대사회가 요구하는 사회복지의 궁극적 목적은 경제적 · 사회적 · 문화적 욕구를 지닌 개인이나 가정, 집단이나 지역주민에게 그들의 사회적 욕구에 상응하는 서비스를 제공함으로써 보다 만족스럽고 자립적인 생활을 영위할 수 있도록 도와주는 데 있다. 그러므로 주민의 복지수요를 수용하기 위해서는 합리적 사회복지정책의 수립도 중요하지만 사회복지대상자, 즉 복지수혜자에게 어떠한 내용의 서비스를 어떻게 제공하느냐의 효과적 복지서비스전달체계의 확립도 중요하다고 할 수 있다. 왜냐하면 대상자의 선정이나 수혜자격요건의 설정, 수혜내용의 성격에 관한 정책의 실질적 집행은 바로 복지서비스전달체계를 통해서 이루어지고 있기 때문이다(Friedlander & Apte, 1980: 4, 전해황 · 이성윤 · 송낙길 · 정주석 · 염일열 · 김정호 외, 2012: 73-74 재인용).

그렇다면 지역사회복지서비스전달체계란 무엇인가? 사회복지전달체계를 '사회복지서비스의 공급자 간, 그리고 공급자와 수혜자 간의 조직적 연결망'이라고 볼 때 지역사회복지의 전달체계란 '지역 차원에서 사회복지적 급부나 서비스를 산출하는 공공 또는 민간기관 상호 간의 관계와 서비스 공급주체에 의해 수혜계층인 복지대상자에게 효율적으로 전달되는 데 필요한 공·사의 사회복지조직 연결망'을 지칭한다(전해황 외, 2012: 74).

사회복지정책에 있어서 전달체계는 사회복지정책에서 제공하는 급여 혹은 서비스를 제공하는 조직적 장치를 말한다. 이의 중요성은 사회복지정책에 규정되어 있는 사회복지급여와 서비스를 적절하고 효율적으로 대상자에게 전달하여 그들의 욕구를 효과적으로 충족시킴에 있어 결정적 역할을 하기 때문이다. 또한 전달체계는 정책을 실천하는 조직에 관한 논의라 할 수 있으며, 여기에는 조직의 구조와 기능에 대한 사항이 주된 관심영역이기에 결국 조직이 정책목표를 제대로 수행하기 위해서 필요한 구조와 기능, 그리고 인력선발과 배치 등을 적절하게 선택하는 문제로 귀결된다(현외성, 2001: 196).

길버트와 스펙트는 사회복지대상자·수혜자에게 어떤 내용의 서비스를 어떻게 제공하느냐 하는 것에 가장 중요한 영향을 미치는 것은 이른바 서비스전달체계라고 기술하였다. 사회복지에 관한 정책을 수립하고 서비스를 마련함에 있어서 기본적으로 고려하여야 할 요소로 사회적 할당(social allocation)을 비롯하여 사회적 급부(social provision)와 서비스 전달, 그리고 재정을 들고 있다(양복철, 2004: 28-29).

공공복지에 대한 전달체계는 복지대상자의 다양한 문제와 욕구, 그리고 서비스 제공자의 기술과 지식 및 자원 등이 상호작용을 이루며 전개되는 일정한 조직적 과정이라고 할 수 있다. 또한 공공복지의 조직적인 환경은 중앙정부에서 지방정부 일선에 이르는 모든 공조직 등 일체의 서비스 전달망을 말한다(하춘광, 2002: 10).

2) 지역사회복지전달체계 구축을 위한 기본 원칙

복지수혜대상자에게 만족한 서비스를 제공하기 위해서는 우선 복지행정조직이 제도적으로 완비됨과 동시에 복지서비스전달체계가 기능적으로 설계되어야 한다. 따라서 효과적 지역복지서비스전달체계를 구축하기 위해서는 다음과 같은 두 가지 측면에서의 기본 원칙이 제시되어야 한다. 하나는 복지수혜대상자에게 적절한 서비스를 제공하기 위해 모든 사회복지기관 및 조직들이 수행하고 있는 다양한 기능들의 효율성을 극대화시키기 위한 행정적 측면에서의 원칙이고, 또 다른 하나는 일정 시점에서 정해진 가용자원, 즉 현존의 서비스와 대상자의 욕구를 연결시킴에 있어 서비스의 효율성을 제고시키기 위한 서비스 제공 측면에서의 기본 원칙이 그것이다(이계탁, 1997: 216-220, 전해황 외, 2012: 75-78 재인용).

(1) 행정적 측면

① 기능분담 체계성의 원칙

사회복지 수혜대상자에게 적합한 서비스를 제공하려면 개별 사회복지기관의 행정상의 위치에 따라 각각의 주 기능에 차이가 나기 때문에 이상적 전달체계는 상부로부터 하부 또는 하부에서 상부로 연결하는 기능상의 분담이 체계성과 일관성을 유지해야 한다. 즉, 보건복지부 같은 상부체계는 주로 정책결정과 관련된 계획 및 통제기능을, 시 · 군 · 구와 같은 중간체계는 책임기능 및 서비스 제공기능을, 읍 · 면 · 동의 하부체계는 복지대상자와의 접촉기능을 담당해야 한다.

② 전문성에 따른 업무분담의 원칙

사회복지와 관련된 제반업무는 그 특성에 따라 전문 분야와 비전문 분야로 구분할 수 있는 바, 전문 분야인 경우에는 전문가와 준전문가로, 비전문 분야인 경우에는 자원봉사자로 구분하여 업무를 분담시킴으로써 경비 절감, 효과적 서비스 제공 등을 기대할 수 있다.

③ 책임성의 원칙

서비스 제공자는 사회복지서비스의 제공과 관련된 모든 절차를 규정에 따라 수행해야 할 책임이 있으며, 서비스 제공자는 지역사회에 대한 책임은 물론, 복지대상자에 대한 책임뿐만 아니라 전문가로서의 책임도 져야 한다. 특히 전문가로서의 책임은 전문가로서 윤리강령을 준수하고 전문가다운 지식과 기술을 지속적으로 연마하고 발전시켜야 할 책임을 의미한다.

④ 접근 용이성의 원칙

복지서비스에 대한 충족은 복지수혜대상자가 사회복지서비스에 대한 필요성을 느낄 때마다 쉽게 접근할 수 있는 서비스전달체계가 보장되는 곳에서 이루어진다. 다시 말해서 복지서비스를 필요로 하는 사람이 필요한 때 편리한 곳에서 필요한 서비스를 얼마나 쉽게 제공받을 수 있는가 하는 것은 매우 중요하다. 왜냐하면 서비스 제공시기가 늦을수록 복지대상자의 문제가 그만큼 악화되어 서비스의 효과가 반감되기 때문이다.

⑤ 통합조정의 원칙

복지대상자의 문제는 다양한 서비스가 동시에 투입되어야 할 정도로 복잡성을 띠고 있기 때문에 이 같은 문제를 해결하기 위해서는 다양한 서비스를 통합 · 관리할 수 있는 책임기관이나 전문가를 선정하거나, 사회복지계획 및 자원배분, 그리고 업무수행 시 관계기관 및 관계자 간의 협조, 조정이 원활하게 이루어질 수 있는 전달체계를 구축해야 한다.

⑥ 지역사회참여의 원칙

오늘날의 사회복지 문제는 공식적 사회복지체계만으로 해결하기에는 서비스의 질과 양이 부족하다. 따라서 지역사회가 안고 있는 사회복지 문제들을 해결하기 위해서는 공식적 체계는 물론, 비공식적 체계도 최대한 수용 · 활용해야 효과적이기 때문에 지역사회의 광범위한 참여가 요구된다.

⑦ 조사 및 연구의 원칙

사회복지기관 및 조직의 주요 기능 중 하나인 계획 및 통제기능을 수행하기 위해서는 조사 및 연구의 필요성이 요구되고 있다. 사회복지서비스의 전문화는 바로 조사 및 연구 활동의 성패에 따라 좌우되기 때문에 바람직한 지역복지서비스의 전달체계는 조사 및 연구기능을 활성화시키기 위해 자체 전문 인력의 개발과 동시에 산업협동체제의 구축을 위한 노력이 필요하다.

(2) 서비스 제공 측면

① 평등성의 원칙

모든 복지수혜대상자는 성, 연령, 종교, 지역, 지위 및 소득에 상관없이 사회복지서비스를 신청 또는 이용할 수 있는 권리를 가진다. 그러므로 복지서비스전달체계가 합리적이고 효율적으로 유지 · 운용될 때 지역주민의 복지권이 보장될 수 있다.

② 재활 및 자활의 원칙

사회복지서비스의 궁극적 목표는 복지수혜대상자로 하여금 필요한 사회복지서비스를 통해 자립 또는 정상적 사회복귀를 가능하게 하는 것이기 때문에 이를 위한 서비스가 적절하게 제공되어야 한다.

③ 적정성의 원칙

서비스의 궁극적 목표인 자활 및 재활을 성취하는 과정에서 필요로 하는 서비스를 양적 · 질적인 면에서 충분하게 제공받을 수 있어야 한다.

④ 포괄성의 원칙

복지수혜대상자의 욕구가 다원화되고 있어 제공하는 사회복지서비스도 복지대상자의 다양한 욕구를 충족시킬 수 있도록 다각적 측면에서 포괄적으로 제공해야 한다.

⑤ 지속성의 원칙

사회복지서비스의 목표인 재활 및 자활을 달성하기 위한 과정은 오랜 기간을 요구하는 어려운 과정이기 때문에 사회복지서비스가 그 효과를 달성하기 위해서는 적절한 수준의 서비스가 복지수혜대상자의 각각의 수준과 필요에 따라 일정기간 동안 지속적으로 제공되어야 한다.

⑥ 가족 중심의 원칙

일반적으로 개인에게 발견되는 문제는 자신뿐만 아니라 그가 속해 있는 가족, 집단, 지역사회 또는 전체사회의 구조적 문제로까지 확대될 수 있다. 따라서 복지 문제해결의 대상이 개인일지라도 문제해결을 위한 서비스 제공의 기본 단위는 최소한 가족 또는 가정을 하나의 단위로 해서 서비스를 제공하는 것이 바람직하다.

3) 공공영역에서의 사회복지전달체계의 개편과정

사회복지전달체계는 크게 공공영역과 민간영역으로 나누어 살펴볼 수 있다. 이 중 민간영역은 국가로부터 사회복지사업을 위탁받아 종합복지관, 단종복지관, 생활시설 및 각종 센터를 운영하는 사회복지법인, 종교법인, 개인 등이 운영하는 형태로서, 사회복지 현장에서 직접적인 실천을 위주로 활동하고 있다. 이에 관해서는 이후 11장 지역사회복지추진체계에서 좀 더 자세히 살펴보도록 한다. 이 장에서는 공공영역에서의 사회복지전달체계의 개편과정을 알아보려고 한다.

1994년 정부는 선진국의 사회복지가 '보건 · 복지 · 의료'의 통합으로 이행되는 것을 모델로 하여 사회복지전달체계의 최종 단위 조직으로 보건복지사무소를 설치하기로 결정하였다. 보건복지사무소 시범사업 운영 지역은 대도시 중 서울 관악구, 대구 달서구, 중 · 소도시 중 경기 안산시, 농촌지역 중 강원 홍천군, 전북 완주군의 5개 지역이었다. 당초 1995년 7월에서 1997년 6월까지 2년을 계획하였으나 시범사업의 충분한 운영을 통한 좀 더 객관적인 평가를 위해 1999년 12월까지 사업 기간을 연장하였다. 이때 보건복지사무소의 설치 근거는 보건과 복지서비스의 연계가 용이하고, 또 기존의 보건소 조직을 활용하면 실현 가능성이 높다는 데 있었다. 그러나 보건복지사무소 시범사업은 종료되고 말았다.

2000년대 들어 사회복지전달체계 개선에 관한 논의가 계속되면서 지역사회복지협의체 시범사업을 실시하게 되었고, 2003년 7월 「사회복지사업법」 개정 이후 지역사회복지협의체의 확대 · 실시를 통한 사회복지전달체계의 개편이 추진되면서 지역 공공복지전달체계의 개선 방안으로 사회복지사무소 설치에 관한 논의가 이루어졌다. 이러한 논의는 그동안 시 · 군 · 구 복지조직이 잦은 인사이동과 전문성 부족으로 중앙의 정책을 일선기관에 전달하는 역할만 하고 지역특성에 맞는 정책수립에는 부족하며, 읍 · 면 · 동에 배치되어 있는 사회복지전담공무원도 여러 분야의 행정 업무를 담당하고 있어 전문적인 서비스를 제공하지 못한다는 문제점이 지적되어 온 데 따른 것이다. 이에 2004년 7월부터 2006년 6월까지 2년간 대도시 4곳(서울 서초구, 부산 진구와 사하구, 광주 남구), 중 · 소도시 3곳(강원 춘천시, 충남 공주시, 경북 안동시), 농어촌 2곳(충북 옥천군, 울산 울주군)에 시범사업을 실시하였다. 그러나 상담실 운영으로 인한 상담업무의 내실화, 복지대상자 급여결정기간 단축(법정 기한인 14일보다 3일 단축), 대상자 선정과정의 객관성과 공정성 등의 긍정적인 효과에도 불구하고, 2006년 7월 주민생활지원서비스 체계 설치안으로 대치되면서 시범사업이 종료되었다. 이는 시 · 군 · 구 단위의 복지전담 업무체계로 읍 · 면 · 동사무소 등 일선조직의 복지기능 수행이 어렵다는 판단에 의함이었다.

그 후 2012년 4월부터 현재에 이르기까지 지역 단위 수요자 중심의 복지서비스 제공체계 구축의 핵심으로 시 · 군 · 구에 희망복지지원단을 설치 · 운영 중이다. 이는 저출산 · 고령화, 여성의 경제활동참여 확대, 근로빈곤층 증가 등 복지수요에 대응하여 복지제도와 예산이 크게 확대되어 사회안전망은 발전하였으나 복지체감도는 여전히 낮다는 문제 인식에서 시도되었다. 그리고 기존의 본질적 지원에서 벗어나 복지 · 보건 · 고용 · 교육 · 주거 · 법률 등 다양한 서비스를 통합적, 맞춤형으로 연계 · 제공함으로써 대상가구의 복합적 욕구에 효과적으로 대응하여 복지체감도를 향상시킨다는 점에서 긍정적으로 평가받고 있다(남일재 · 문영주, 2015: 191-192).

4) 사회복지전담공무원

사회복지를 실천하는 데 필요한 필수 구성요소로는 사회복지정책, 사회복지전달체계, 재정을 들 수 있다. 대표적인 대면서비스인 사회복지는 사회복지전달체계를 이루는 사회복지전문가가 중요한 자원이다. 지방자치에서 시 · 도에 소속되어 사회복지서비스를 전달하는 전문가를 사회복지담당공무원이라고 하는데, 이들은 일반 행정직과 사회복지직으로 구분된다. 그중에서 사회복지직 공무원을 사회복지전담공무원이라고 하는데, 공공영역의 서비스 전달이 안정적이고 전문적으로 이루어지려면 사회복지전담공무원의 확보가 필수이다.

사회복지전담공무원은 「사회복지사업법」 제14조 규정에 따라 사회복지업무를 담당하는 지방자치단체의 사회복지직 공무원으로서, 주로 읍·면·동에 배치되어 근무하고 있으며, 2002년부터 시·도 및 시·군·구 사회복지 관련 부서에서도 근무하고 있다(남일재 외, 2015: 193). 1987년 사회복지전문요원이라는 이름으로 49명이 최초로 배치되었으며, 1991년부터 읍·면·동에 본격적으로 배치되기 시작하여 '1992년에 「사회복지사업법」 개정을 통해 법적 근거가 마련되었고 사회복지전담공무원으로 불리게 된 것(양성관 외, 2014: 142)'이라고 한다. 그 이후 복지수요의 급증과 국민기초생활보장제도의 시행으로 채용인원이 급속히 증가하여 공공복지행정 업무를 수행하고 있다. 특히 사회복지전담공무원은 자산조사를 통하여 국민기초생활보장제도의 성공적 도입, 정착에 주도적인 역할을 수행하고 있으며, 복지체감도를 높이기 위한 주민밀착형 통합서비스를 제공하는 업무 또한 수행하고 있다(남일재 외, 2015: 193). 1999년에 사회복지전담공무원의 일반직 전환 지침이 마련되었고 2000년 1월부터 별정직에서 일반직으로 전환되었다.

대상자를 발굴하여 공적 부조를 연결하고 클라이언트가 필요로 하는 서비스를 제공하는 기관에 클라이언트를 의뢰하며, 복지사각지대에 놓인 지역주민을 지역자원과 연결하는 일을 담당하는 사회복지전담공무원은 예전에 비하면 많은 수가 확충되었다. 또한 「사회복지사업법」 제14조 제1항에 의하면 "사회복지사업에 관한 업무를 담당하게 하기 위하여 시·도, 시·군·구 및 읍·면·동 또는 제15조에 따른 복지사무 전담기구에 사회복지전담공무원을 둘 수 있다."고 하여 법적인 근거도 분명해졌다. 그럼에도 불구하고 일선 사회복지 현장에서는 담당자의 부족을 이야기한다.

지방자치단체 특히 지역주민과 직접 대면하는 일선기관의 사회복지 담당인력의 부족이 심각한 상황이며, 인력 확충 없이 조직개편과 인력 이동으로 인한 변화에 따른 피로감이 누적되고 있다. 통합조사, 통합관리, 서비스 연계 업무의 세분화, 사회복지통합관리망으로 인한 업무 증가로 인하여 인력 부족 현상도 심화되고 있다. 지역주민의 욕구에 기반하여 맞춤형(tailor-made) 통합서비스제공을 위해서는 초기상담, 욕구사정, 통합사례관리 등이 강화되어야 한다. 그런데 이러한 업무는 전문성을 갖춘 인력이 담당하는 것이 필수적임에도 불구하고, 사회복지직이 충원되지 않고 일반직 등으로 충원되면서 업무분담의 편중 현상이 심화되고 있다. 지방자치단체에서 복지담당 조직의 관리자들이 사회복지업무에 대한 이해가 부족하고 이로 인하여 업무분담의 불합리성이 커짐으로써 전문적 · 통합적 서비스 제공에 오히려 장애가 되고 있다. 또한 복지업무의 특성상 수퍼비전이 매우 중요하고 필요성이 높지만, 전문성이 없는 관리자들은 수퍼비전을 담당할 역량이 부족하고 관심도 낮다. 요약하면 지방자치 단체 복지업무 담당인력의 부족 현상은 양적인 측면과 업무분담의 불합리성으로 인한 질적인 측면 모두에서 심화되고 있는 추세이다(지역사회 통합적 복지서비스를 위한 지방자치단체 복지기능 강화, 정홍원, 한국보건사회연구원, 2013).

「사회복지사업법」에서는 제14조 제2항에 "복지전담공무원은 사회복지사 자격을 가진 사람으로 하며, 그 임용 등에 필요한 사항은 대통령령으로 정한다."라고 되어 있으나 대상자를 비롯한 언론, 국민들은 사회복지전담공무원과 사회복지업무를 담당하는 일반 행정직에 대한 구분을 하지 않는다. 사회복지전달체계이자, 공적 영역 중 가장 일선에서 클라이언트를 만나는 행정가는 사회복지사로의 자격을갖춘 전문가여야 하며 그 수는 클라이언트 수에 대비하여 적정해야 할 것이다. 초기에 비하면 일반직으로의 전환, 승진의 공평성은 많이 개선되었고, 사회복지전담공무원의 수도 늘어나고 있는 것은 사실이다. 이와 함께 인건비의 안전적인 확충과민-관의 효율적인 사회복지업무 분담과 협력, 더 나아가 지역주민 조직의 활용 등을 통해 사회복지전담공무원이 경제 · 심리적 안정이 필요한 대상자를 찾아내는 최일선에서 전문가로서의 역할을 다 할 수 있도록 지원되어야 하겠다.

생각해 볼 문제

1. 사회복지의 책임과 권한이 중앙정부에서 지자체로 이관되면서 나타나는 장단점에 대해 생각해 본다.

2. 지역사회복지를 활성화하려면 주민참여가 꼭 필요한데 적극적인 참여를 이끌어 낼 수 있는 방법은 무엇인지 고민해 본다.

3. 공공영역에서 사회복지전달체계의 발전을 위해서 개선되어야 할 점을 생각해 본다.

CHAPTER 09

지역사회보장계획

학 습 목 표

지역사회보장계획의 배경과 필요성, 법적 근거를 알아보고 4년간의 중장기 계획을 수립하는 과정이 지역사회복지와 어떤 관련이 있는지 이해한다.

1. 지역사회보장계획의 의의

지방자치제가 실시되면서 각 지역에서는 지역주민의 욕구에 부합하는 정책을 세우고 실천하고자 노력하고 있다. 이것은 중앙정부의 역할보다는 지방정부의 역할이 더욱 강조되고 있기 때문이며, 한편으로는 지역의 특수성을 담은 서비스를 지방자치단체에서 제시할 수 있기 때문이라는 지역민의 열망 때문이라고 볼 수 있다. 이에 따라 지방자치단체에는 지역의 상황에 대해 정확히 이해하고 지역민의 욕구를 조사하여 분류하며 한정된 자원을 적극적으로 활용해 지역사회복지를 실시하기 위해 장기적이고 전문적인 계획의 수립이 지속적으로 요구되고 있다.

이러한 흐름에서 2003년 「사회복지사업법」 개정을 통해 2005년 7월 31일부터 시·도지사 또는 시·군·구청장은 4년마다 지역사회복지계획과 연차별 시행계획을 수립하도록 의무화되었다. 지역사회복지계획은 지역사회복지서비스의 제공을 제도적으로 보장하여 안정적으로 공급할 수 있으며, 계획수립이나 실행 시에 주민참여를 통해 주민자치, 지방자치를 실현할 수 있고, 주민의 복지욕구와 필요도가 계획에 직접 반영되어 실제적인 지역사회복지를 이룰 수 있다. 또한 지역사회복지계획을 수립·실행·평가하는 과정 가운데 민간이 공공영역과 대등한 관계로 상호 비판적인 협력을 할 수 있기에 지역사회복지계획이 필요하다(이경은·장덕희·김휘연·문도원·이마리아, 2016: 211-212).

각 시 · 군 · 구에서 적절한 복지서비스를 계획하고 실천해 왔던 '지역사회복지계획'은 과거에는 「사회복지사업법」에 근거를 두고 진행되었으나 생활고를 비관한 가족들의 동반자살 등 충격적인 사건이 연속으로 사회적 이슈가 되면서 복지사각지대를 줄이는 것에 대한 논의가 진행되었고 '지역사회보장계획'으로 명칭과 내용이 변경되었다. 「사회보장급여의 이용 · 제공 및 수급권자 발굴에 관한 법률」이 제정되었는데, 이 법은 사회보장급여의 이용 및 제공에 관한 기준과 절차 등 기본적 사항을 규정하고 지원을 받지 못하는 지원대상자를 발굴하고 지원하여 인간다운 생활을 할 권리를 최대한 보장하는 데 목적이 있다. 이 법의 제35조(지역사회보장에 관한 계획의 수립)에 따르면 특별시장, 광역시장, 특별자치시장 · 도지사 · 특별자치도지사 및 시장 · 군수 · 구청장은 지역사회보장에 관한 계획(이하 '지역사회보장계획'이라 한다)을 4년마다 수립하고, 매년 지역사회보장계획에 따라 연차별 시행계획을 수립하도록 하였다. 또한 이러한 지역사회보장계획을 수립할 때는 「사회보장기본법」 제16조(사회보장 기본계획의 수립) "보건복지부장관은 관계 중앙행정기관의 장과 협의하여 사회보장 증진을 위하여 사회보장에 관한 기본계획(이하 '기본 계획'이라 한다)을 5년마다 수립하여야 한다."와 연계되도록 하였다. 제1기 지역사회복지계획(2007~2010년), 제2기 지역사회복지계획(2011~2014년), 제3기 지역사회복지계획(2015~2018년)에 이어 2019년부터 2022년까지 계획되어 있는 제 4기 지역사회보장계획이 진행 중이다.

각 시 · 군 · 구에서 계획하는 지역사회보장계획은 보건복지부에서 각 중앙행정기관과 협의하여 진행하는 사회보장기본계획과 연계해서 수립해야 한다. 다시 말해 지역사회보장계획에서는 중앙정부에서 복지의 큰 틀을 계획하는 것과 같은 방향성을 가지되 지역의 특성을 살려 주민복지를 위한 방안을 담아야 한다는 뜻이 되겠다.

지역사회보장계획은 지역사회복지계획보다 좀 더 포괄적이며 내용에 차이는 있으나 목적과 진행방법은 유사한 부분이 많으므로, 이 장에서는 기존 학자들의 지역사회복지계획을 살펴봄으로써 지역사회보장계획에 대한 이해를 높이고자 한다.

1) 지역사회보장계획의 배경

우리나라에서는 지방자치제가 실시됨에 따라 정기적으로 각 지역의 환경과 인구 구성 등에 맞는 지역사회복지서비스를 계획하고 실천방법을 수립 · 진행해 왔다. 고수현(2013: 155)과 양성관 등(2013: 191-192)의 학자들이 설명한 각 나라의 지역사회복지계획과 우리나라의 지역사회보장계획의 배경을 살펴보면 다음과 같다.

(1) 영국

영국의 지역사회복지계획은 시봄 보고서에 기초해 1970년에 제정된 「지방자치제 사회복지서비스법(Local Authority Social Service Act)」이 시초가 되었다. 이 법으로 사회복지서비스를 지방자치단체에 이양함과 동시에 1971년 사회복지서비스를 통합하는 사회서비스부(Social Service Department: SSD)를 지방자치단체에 실시하였고 보건복지계획수립을 의무화하였다.

(2) 미국

지역사회복지를 '지역사회조직'이라고 불렀으나, 1970년대 이후 '사회계획'을 더해 '지역사회조직 및 사회계획' 또는 '사회계획 및 지역사회조직'으로 지칭하였다. 이에 따라 연방정부는 지방자치단체에 있어서 지역사회조직과 사회계획 또는 사회복지계획의 수립을 의무화하였다. 이는 1960년대 이후 확산된 정상화(normalization)의 이념에 기초한 사회행동의 실천으로 볼 수 있다.

(3) 일본

일본에서는 지역사회복지를 주로 지역복지라고 부른다. 1960년대 전국사회복지협의회의 기본 요항에 의해 시 · 정 · 촌(市 · 町 · 村)의 사회복지협의회가 지역복지계획의 책정을 규정한 것이 시초이다. 국가 차원의 시초로는 1973년의 유류파동을 계기로 1975년 일본 정부가 '향후의 사회보장의 형태에 대해'라는 사회개발방식의 지역계획을 내놓은 것이다. 1984년에는 전국사회복지협의회가 「지역사회계획-이념과 방법」을 간행해 전국의 시·정·촌의 사회복지협회에 지역복지계획의 책정을 지도하였다. 1989년에는 고령자 보건복지추진 10개년 전략(Gold Plan)을 수립하였으며, 2000년 6월 개정된 「사회복지법」에 규정된 지역복지계획은 2003년부터 실시되고 있다.

(4) 우리나라

우리나라의 지역사회복지계획은 1970년대의 지역사회개발사업이 시초가 된다. 1970년대와 1980년대는 세계적으로 석유 위기상황에서 감속경제이행기에 있었던 시기였지만 선진국들로부터 어느 정도의 보호무역체제를 인정받았던 우리나라는 '새마을운동'을 통하여 지역사회개발 전략을 시도하고 있었던 시기였다.

사회보장영역에서 본다면 「사회보장기본법」에 의해 1999년부터 5년마다 수립되는 '사회보장장기발전계획'이 있다. 2004년 1월에 '참여복지 5개년(2004~2008) 계획'으로 발표된 것이 명칭만 바꾼 것이지 제2차 사회보장장기발전계획에 속한다. 그리고 「지역보건법」 제3조에 규정된 '지역보건의료계획'도 여기에 속한다. 지역의료보건계획은 1997년부터 시행되어 매 4년마다 기본 계획을 수립하고 연차별 시행계획을 매년 수립하도록 되어 있다. 그런데 지역사회복지계획을 직접적으로 규정한 것은 2003년 7월에 개정된 「사회복지사업법」에서 찾아야 한다. 이에 따라 2007년도부터 2010년까지의 4년간에 걸친 제1차 지역사회복지계획이 수립되었기 때문이다. 지역사회복지계획은 시·군·구 기초자치단체장이 수립하여 지역주민 등 이해관계자의 의견을 들은 후 지역사회복지협의체 심의를 거쳐 결정하며, 시·도지사는 시·군·구의 지역사회복지계획을 검토한 후 시·도 지역사회복지계획을 수립하여 사회복지위원회 심의를 거쳐 보건복지부 장관에게 제출하도록 되어 있다. 이러한 우리나라의 지역사회복지계획은 영국과 일본에서 선행되었던 지역사회보호 이념의 실천모델을 원용한 측면이 있다.

2) 지역사회보장계획의 필요성

지역사회보장계획은 기존의 지역사회복지계획이 지역의 자율성과 독자성을 기초로 지역사회 내의 사회복지발전을 도모하였던 것에 중앙행정기관과 지방자치단체의 유기적인 연계를 더한 것이다. 따라서 지역사회보장계획은 지역사회복지계획의 필요성을 먼저 이해해야 하겠다.

첫째, 지역사회 중심의 사회복지 제도화를 위해 필요하다. 지역복지계획은 각 지역의 특성이나 주민이 복지욕구, 사회자원의 과다, 정책현황 등에 대하여 조사를 실시한다. 이 조사에서 드러난 문제를 해결하기 위해 주민참여에 기반을 둔 민·관 네트워크를 통하여 앞으로의 목표를 설정하고, 이를 실현하는 데에 필요한 사회자원을 조달하여 적정하게 배분하는 것에 대한 구체적인 실시를 약속하게 된다. 이러한 계획을 실현하는 과정에서 지역사회에 필요한 사회복지가 제도적 형태로 구체화될 수 있다.

둘째, 지역사회복지서비스의 수급조정과 안정적 공급을 위해 필요하다. 지방자치제하에서 지방정부는 각 지역사회에 있어서 복지서비스의 수급조정과 안정적 공급을 위한 방안을 모색해야 하는데, 이것은 지역복지계획을 수립·실천해 나감으로써 해결할 수 있다. 지역사회복지계획에서는 일정한 목표를 정하고 그것을 달성하기 위한 방법이나 수단을 검토하게 된다. 지역사회복지계획을 통해 지역의 복지 문제나 과제를 해결하는 데에 필요한 인적·물적 자원을 조달하여 적절히 분배하고 서비스의 수요와 공급의 균형을 조절함으로써 사회복지대상자에게 안정적, 지속적으로 서비스를 공급할 수 있다.

셋째, 지역사회복지서비스 공급 주체의 다원화를 위해 필요하다. 지역사회가 지닌 복지욕구와 문제는 공공부문만으로는 해결하기 어려우며, 다양한 민간단체가 참여해야 한다. 지역복지계획은 중앙 및 지방정부뿐만 아니라 지역사회 내의 다양한 민간단체를 끌어들여서 복지서비스의 공급에 참여하도록 촉구하게 된다. 이 계획에서는 기존의 사회복지기관·시설이나 사회복지단체뿐만 아니라 자원봉사단체, 시민단체, 전문가단체 등도 복지서비스 공급주체로 설정된다. 특히 앞으로 복지나 보건의 연계서비스에 대한 욕구가 증대될 것으로 예상됨에 따라 보건소나 병 · 의원 등과 같은 보건의료조직도 복지대상자를 위해 일정한 역할을 담당해야 한다.

넷째, 사회자원의 조달과 적정배분을 위해 필요하다. 지역복지계획을 수립하는 과정에서 보건 · 의료 · 복지 · 주택 · 고용 · 문화 등에 관련된 공공 및 민간기관, 공동모금이나 기부금 등의 물적 자원, 그리고 사회복지시설 종사자와 일반 주민 등의 인적 자원을 개발 · 조달하는 방안이 제시되고 이것을 효율적으로 배분하기 위한 노력이 이루어진다.

3) 지역사회보장계획의 법적 근거

지역사회보장계획은 사회보장급여법(「사회보장급여의 이용 · 제공 및 수급권자 발굴에 관한 법률」) 제 35조에 근거하고 있다. 해당 내용을 자세히 살펴보면 다음과 같다.

- 지자체장은 지역사회보장에 관한 계획을 4년마다 수립하고, 매년 지역사회보장계획에 따라 "연차별 시행계획"을 수립해야 한다. 이 경우 「사회보장기본법」 제 16조에 따른 사회보장에 관한 기본 계획과 연계되도록 하여야 한다.
- 시 · 군 · 구청장은 지역주민 등 이해관계인의 의견을 들은 후 계획을 수립하고, 지역사회보장협의체의 심의와 해당 시군구 의회의 보고를 거쳐 시 · 도지사에게 제출하여야 한다.
- 시 · 도지사는 시 · 군 · 구의 지역사회보장계획을 지원하는 내용 등을 포함한 해당 시 · 도의 지역사회보장계획을 수립하여야 하며, 사회보장위원회의 심의와 해당 의회의 보고를 거쳐 보건복지부장관에게 제출하여야 한다. 보건복지부장관은 제출된 계획을 사회보장위원회에 보고하여야 한다.
- 지역사회보장계획을 수립할 때 필요하다고 인정하는 경우에는 사회보장 관련 기관 · 법인 · 단체 · 시설에 자료 또는 정보의 제공과 협력을 요청할 수 있다.

- 보장기관의 장은 지역사회보장계획의 수립 및 지원 등을 위하여 지역 내 사회보장 관련 실태와 지역주민의 사회보장에 관한 인식 등에 관하여 필요한 조사("지역사회보장조사")를 실시할 수 있으며, 시 · 도지사 및 시장 · 군수 · 구청장은 지역사회보장계획 수립 시 지역사회보장조사 결과를 반영할 수 있다.
- 보건복지부 장관 또는 시 · 도지사는 지역사회보장계획의 내용이 대통령령으로 정하는 사유에 해당하는 경우에 시 · 도지사 또는 시장 · 군수 · 구청장에게 그 조정을 권고할 수 있다.

4) 지역사회보장계획의 취지 및 기대효과

지방자치의 실시와 국민의 권리 의식이 높아지고 있으며 삶의 만족도는 지방정부에게도, 지역주민에게도 중요한 부분이 되었다. 따라서 해당 지역 주민의 욕구에 맞는 서비스를 계획하는 것이 필요하다. 이렇게 계획한 서비스가 중단 없이 안정적으로 전달이 되기 위해서는 관련 기관 간의 협력을 통해 중복이 되지 않아야 한다. 또 필요한 주민에게 서비스 누락이 발생해서는 안 된다.

지역사회보장계획은 지역 내 계획안을 통해 지자체 단위의 사회보장 수준과 변화 목표를 지역주민을 비롯한 모든 관계자가 확인할 수 있다. 이 부분을 통해 변화를 위한 양적, 질적 목표를 계획함으로써 유관 기관이 분명한 목표성취를 위해 노력할 수 있고 지역주민의 만족도를 높일 수 있다. 그간의 복지서비스가 하향 전달식이고 수혜적 입장이었다면, 지역사회보장계획은 지역에서 필요로 하는 복지를 창출하기 위해 공공, 민간, 지역사회주민이 함께하는 작업을 통하여 상향적으로 의사를 표현하고 반영하며, 지역주민의 권리로서의 복지서비스가 계획되고 이것이 다시 지역주민에게 전달될 수 있다.

또한 지자체의 특수성을 기초로 하되 국가 정책의 보편적 방향을 반영해 해당 지역에 적절한 복지 정책을 설계함으로써 정책의 거시적 흐름과 결을 같이 하면서도 우리 지역에 맞는 정책이 실현되도록 계획할 수 있다. 그리고 각 시도 계획안의 기본 틀을 공유함으로써 지자체 간의 벤치마킹을 통한 전체적인 복지서비스의 질적 향상을 기대할 수 있다.

표 9-1 지역사회보장계획 수립·시행의 취지 및 기대 효과

취지	기대 효과
계획안을 통해 지자체 단위의 사회보장 수준과 변화 목표를 지역 주민을 비롯한 모든 관계자가 확인	지자체의 주도성 향상
지역에서 필요로 하는 복지를 창출하기 위하여, 공공, 민간, 지역사회 주민이 함께하는 작업의 토대 마련	합리적 사회보장사업 운영 기반 마련
지자체의 특수성을 기초로 하되 국가 정책의 보편적 방향을 반영하는 지역 정책 설계	국가 사회보장사업 운영의 효율화
계획안의 기본 틀을 공유함으로써, 지자체간의 상호 사회보장사업 이해와 벤치마킹, 상승 작용을 기대	전국의 균형적 사회보장 추진

출처 : 제4기 지역사회보장계획 수립 매뉴얼.

2. 제4기 지역사회보장계획 수립방향 및 진행 방법

1) 제4기 지역사회보장계획 수립방향

(1) 지역자치단체의 영역 확대 및 상향식 의사 반영 구조 강화

제4기 지역사회보장계획에서는 지역자치단체 자체적인 지역사업 개발의 과학적, 체계적 과정을 부각하고 있다. 지역사회보장계획 수립을 위한 수요와 공급을 진단하는 과정에서 전체 사회보장사업의 역할과 내용을 확인하고 국고보조사업으로 부족한 영역 또는 보완이 필요한 영역을 확인해 자체사업으로 반영할 수 있는 구조를 강화하였다. 또 지역자치단체의 문제 상황을 심도 있게 파악하여 지역 내에서 공유하고 해결하기 위한 과제를 도출해 자체사업으로 개발하는 과정을 중요하게 여기게 되었다.

지역 내 수요 공급 실태를 진단하고 영역별 목표 수준을 설정하며 자체사업 개발이라는 과정에서 주체별 역할, 협력, 민주성을 바탕으로 자체사업을 기획함에 있어 논리적인 연계성을 가지도록 하였다. 이 과정에서 공공과 민간을 비롯한 지역주민들이 지역사회보장의 실태와 우리 지역이 해결해야 하는 문제, 해결 방향과 방안을 공유함으로써 관련 주체들이 지역에 대한 진단을 철저하게 공유하고 사업 계획 수립에 합리성과 정당성을 가질 수 있게 하였다. 그뿐만 아니라 계획수립과 시행 평가 과정에서 지역주민 등 관계자의 실질적인 참여 확대를 위해 추진체계 및 절차별로 모든 참여주체의 역할을 제시하고 참여할 수 있도록 제4기 지역사회보장계획의 매뉴얼을 상세화하였고, 단계별 주민참여 방안을 제시함으로써 민주성을 띠게 되었다.

지역의 역량과 여건에 맞는 실질적인 변화를 위해 입체적인 접근을 시도하였다. 다양한 공간과 영역에 주목하여 일상생활 내에서 복지를 증진할 수 있도록 개방적인 접근을 유도하였는데 실제로 읍면동 단위의 사업은 지역 주민과 보다 밀접하게 접하고 있는 점을 활용해 읍면동 단위의 사업을 계획에 포함하여 체계화 · 공식화하였다. 이를 위해 읍면동의 지역사회보장협의체, 주민자체조직 등이 활성화함으로서 지역 주민의 목소리를 담은 지역사회보장계획의 실시하고자 하였다.

(2) 사회보장급여법 시행에 따른 '지역사회보장' 계획의 취지 반영

'사회보장'은 출산, 양육, 실업, 노령, 장애, 질병, 빈곤 및 사망 등의 사회적 위험으로부터 모든 국민을 보호하고 국민 삶의 질을 향상시키는 데 필요한 소득 및 서비스를 보장하는 사회보험, 공공부조, 사회서비스(「사회보장기본법」 제3조 1항)로서 사회복지의 범위가 유관 영역으로 확장된, 보다 포괄적인 개념으로 이해할 수 있다. 행정적으로는 기존에는 사회복지의 행정 부처로 보건복지부, 여성가족부가 중심이 되었다면 이제는 고용노동부, 교육부, 국토교통부, 문화체육부, 환경부 등이 유관부처로 포함되었다. 2015년 7월 사회보장급여법의 시행에 따라 지역사회복지계획이 사회보장영역의 계획으로 확대된 만큼 지역사회복지계획에 복지 증진을 위한 유관 사회보장 부처의 계획과 사업 참조를 권장하게 되었다. 또 형식적인 협력이 아닌,

지역주민 입장에서 서비스의 통합성이 높아진 것을 느낄 수 있도록 실질적인 연계와 협력이 이루어지도록 보다 발전된 방법을 모색하도록 하고 있다.

보다 넓은 중앙 정부의 사회복지의 방향과 기본 틀을 바탕으로 하고 지역사회복지의 영역이 복지와 보건, 교육, 고용, 문화, 주거, 환경으로 확대됨을 법에 근거함으로써 계획 수립과 시행, 점검 단계에 유관 부서가 참여하도록 유도하였다. 또 각 유관 영역에서 수행되고 있는 복지적 성격의 사업 내용과 추진상황을 공유할 수 있도록 계획안에 반영하였다.

(3) 계획 구성의 간소화와 합리화, 실효성 제고

제4기지역사회보장계획에서는 제3기계획의 수립과 시행평가, 계획의 핵심내용에 지자체에서 문제를 제기하거나 전문가 간의 논란이 있었던 부분을 수정하여 계획 구성을 간소화하되 합리적으로 구상하였고, 실효성을 높일 수 있도록 하였다.

우선, 제 3기 계획에서는 보편사업(국고보조사업), 지역사업(지자체 자체사업)을 아울러 계획안에 포함하였으며 성과관리(성과지표 및 목표설정)을 진행하였으나 제4기 계획에서는 보편사업을 배제하고 자체사업에 한하여 중점추진사업 세부사업으로 반영하였다. 다만, 중앙정부 지원의 국고보조사업 중 모든 지자체가 의무적으로 시행하는 사업이 아니라 지차제의 판단에 의해 선택적으로 시행하는 사업, 중앙정부의 공모에 의해 신청하여 시행하는 사업은 '국고보조사업'이지만 지자체 자체사업으로 포함하였다.

목표, 추진전략, 중점추진사업, 세부사업의 4단계 구조에 대해 중점추진사업의 모호성으로 지자체에서 문제를 제기하였고, 전문가 사이에 논란이 있었다. 또 추진전략과 중점추진사업, 세부사업 각 단계별 성과지표 및 목표수준의 제시로 성과관리가 어려웠다. 이 부분을 보완해 계획의 구성 요소 간 비중을 변경함으로써 실효성을 높일 운영 방안을 모색하였다.

계획수립과 시행결과의 추진절차와 체계 부분에서 시행결과 평가 일정을 중앙정부와 지자체가 준수할 수 있도록 개선을 요청하였고, 시행결과에 대한 모니터링 체계 구성과 운영을 통해 연중 개선점을 파악해 체계적인 운영을 위한 요소를 강화하였다. 계획수립 및 실행관리 과정에서 계획에 대한 관련 부서의 주체 간 관심과 참여를 도모할 수 있도록 안내하였다. 계획 수립과 시행결과의 평가에 대해서는 중기계획의 계획평가, 중간평가, 성과평가 등 평가의 성격을 명확히 하고 체계적인 평가를 통해 계획과 실시에 평가가 반영되도록 하였다. 또한 연차별 평가의 부담을 줄이기 위해 종합평가와 중간평가를 강화하였고, 정보시스템 기반의 보고서 작성 방안을 모색하였다.

표준화된 양식과 작성 내용, 작성 요령을 제공하여 체계적인 지역사회보장계획 수립이 가능하도록 하였다. 또 지역사회보장지표의 활용, 지역사회보장조사 방안, 주민참여방안, 지자체의 자체 모니터링 방안, 평가방안 및 평가지표 개선에 대해서는 보다 상세한 운영 방안을 제시하였다.

(4) 지역사회보장지표 및 통계관리 체계의 합리화

사회보장급여법(제36조)에는 '지역사회보장의 목표를 점검할 수 있는 지표(지역사회보장지표)'를 계획안의 내용으로 포함하도록 한 바, 정부는 2015년 지역사회보장지표의 기본체계를 마련하고 활용성을 높일 수 있는 방안을 모색해 왔다. 제4기 계획에서는 생애주기별, 기능별 점검의 지역사회보장지표 제시를 통해 지자체가 챙겨야 할 핵심 영역과 기본 정책 과제를 공유하고 성과관리가 필요한 영역을 제시하였다. 지자체는 지역사회보장지표를 활용해 추진전략-세부사업의 성과관리를 위한 성과지표, 지자체의 사회보장수준 분석 및 향후 계획 중인 성과평가에 활용할 수 있다. 통계지표를 통해 지역의 사회복지 수준, 타 지역과의 차이, 지역주민의 체감 정도, 개선 방안 등을 모색할 수 있는 만큼 중앙정부에서 취합 가능한 통계지표는 각 시군구로 전달하고, 또 이러한 통계 자료를 만들기 위한 근거자료의 확보는 지자체의 데이터 제출을 통해서 이루어지므로 통계지표의 생산을 위해 협력 관리하는 구조가 마련되도록 하였다. 또한 시군구별로 수행하던 지역사회보장조사를 시, 도 단위에서 통합 실시함으로써 규모의 경제 효과와 함께 조사결과의 타당성과 신뢰성이 제고되도록 하였다.

그간의 문제점	계획의 변화 방향	기대 효과
• 2005년부터 지역사회복지계획수립이 추진되었으나, 지자체 내 실행기반 취약 • 계획의 실효성, 유용성에 대한 부정적 인식	▸ 지역중심의 권한 및 역량 확대(empowerment)	지자체의 주도성 향상
• 사회보장사업 기획의 관주도성의 비판 존재 • 민–관의 실질적 거버넌스 구축 난제 • 사회보장사업 추진, 지역복지 공동체 구축을 위한 주민 참여 제한적	▸ 계획 수립–시행–평가 과정에서의 민주성(주민 참여, 관과 민의 협력) 견지	합리적 사회보장사업 운영 기반 마련
• 지자체 자체사업 개발을 위한 근거 정보 미흡(제한적 예산의 효율적 활용 곤란) • 지자체 간 사회보장 수준의 객관적 비교, 평가, 벤치마킹이 가능한 객관적 정보 부재	▸ 근거기반의 계획 설계–체계적 실행 기반 마련 ▸ 지역사회보장지표 활용 등을 통한 근거기반의 정책 추진 여건 구현	국가 사회보장사업 운영의 효율화
• 복지의 사회보장 범위 확장 추진을 위한 지역의 이해와 추진체계 미흡 • 국가 전반의 사회보장사업 간 체계성, 정합성 미흡	▸ 사회보장 정책 방향을 고려한 지역 사업 추진 ▸ 필요 사업의 일관성–지속성 제고	전국의 균형적 사회보장 추진

2) 제4기 지역사회보장계획 진행 절차

(1) 계획준비 단계: 계획수립을 위한 기획

- 지역사회보장계획 수립을 위한 기획, 예산 확보 및 활용계획 등을 총괄하여, 계획수립을 준비함.
- 계획수립 과정의 전반적 기획은 지자체 기획담당, 사회보장위원회(시도) 또는 지역사회보장협의체(시군구)를 중심으로 지역 주체들이 논의해 나가는 것이 바람직함.
- 계획수립 주체 간의 역할을 명확하게 하고 시 · 도 및 시 · 군 · 구의 지원 방향, 논의 방식과 절차, 지역 복지전문가의 참여 범주 등을 결정함.
  - 사회보장위원회(시도), 지역사회보장협의체(시군구)와 지자체 담당부서 중심으로 계획을 수립하되, 지역사회보장조사 등은 전문연구기관을 활용하는 방식

이 가능함.

- 특히 계획수립의 주관부서(팀, 담당자) 이외에, 모든 사회복지부서가 핵심 주체로서 참여할 수 있도록 독려함.
- 예산부서, 인사부서를 비롯하여, 사회보장영역의 일자리, 주거, 교육, 보건 등 지자체 내 유관 부서에서도 관심을 갖고 참여할 수 있도록 준비함.

• 지역사회보장계획의 계획(안)의 작성을 담당하는 '지역사회보장계획수립 TF팀'(이하 '계획수립 TF팀')을 구성 · 운영함.

(2) 지역분석 단계: 지역사회보장조사 실시

• 지역주민의 복지욕구와 활용 가능한 복지자원을 파악하는 지역사회보장조사 단계는 전문성이 요구되는 과정이므로, 지역의 전문연구기관이나 내 · 외부 전문가가 주도적인 역할을 할 수 있으며, 시 · 도 및 시 · 군 · 구는 이에 필요한 사항을 지원함.

- 자원조사의 경우는 계획수립 주체(시도-시군구, 계획수립 TF)가 직접 수행하는 방안도 바람직함.

• 지자체는 지역사회보장조사의 원활한 수행을 위해 조사 과정을 협조지원함(조사원 역할, 공문 발송 등).

• 시 · 도, 시 · 군 · 구는 지역사회보장조사 및 지역현황 진단 과정에서 필요할 경우, 지역 관련하여 기 확보된 기초자료를 제공함.

- 지역사회보장조사 혹은 지역현황 진단 과정에서 보건소, 교육청, 고용센터 등 유관기관이 통계 등 자료를 협조할 수 있도록 지자체가 적극적으로 역할을 담당함.

「사회보장급여의 이용·제공 및 수급권자 발굴에 관한 법률」

제35조(지역사회보장에 관한 계획의 수립)

⑦ 보장기관의 장은 지역사회보장계획의 수립 및 지원 등을 위하여 지역 내 사회보장 관련 실태와 지역주민의 사회보장에 관한 인식 등에 관하여 필요한 조사(이하 "지역사회보장조사"라 한다)를 실시할 수 있으며, … 지역사회보장계획 수립 시 지역사회보장조사 결과를 반영할 수 있다.

시행령 제21조(지역사회보장조사의 시기·방법 등)

② 지역사회보장조사의 내용에는 다음 각 호의 전부나 일부가 포함되어야 한다.
  1. 성별, 연령, 가족사항 등 지역주민 또는 가구의 일반 특성에 관한 사항
  2. 소득, 재산, 취업 등 지역주민 또는 가구의 경제활동 및 상태에 관한 사항
  3. 주거, 교육, 건강, 돌봄 등 지역주민 또는 가구의 생활여건 및 사회보장급여 수급실태에 관한 사항
  4. 사회보장급여의 이용 및 제공에 관한 지역주민의 인식과 욕구에 관한 사항
  5. 아동, 여성, 노인, 장애인 등 사회보장급여가 필요한 사람의 사회보장급여 이용 경험, 인지도 및 만족도에 관한 사항
  6. 그 밖에 보건복지부장관이 지역주민의 사회보장 증진을 위하여 필요하다고 인정하는 사항

③ 지역사회보장조사는 표본조사의 방법으로 실시하되, 통계자료조사, 문헌조사 등의 방법을 병행하여 실시할 수 있다.

④ 보장기관의 장은 지역사회보장조사를 사회보장에 관한 전문성과 인력 및 장비를 갖춘 기관·법인·단체·시설에 의뢰할 수 있다.

(3) 계획작성 단계: 지역사회보장 계획안 마련

- 계획(안)의 작성은 계획수립 TF팀을 중심으로 진행하며, 이 단계의 중요 사항은 다음과 같음.
  - 지역사회보장계획의 목표와 추진전략 결정
  - 추진전략, 우선순위, 복지자원(예산), 복지욕구와의 적절한 비교분석을 통해서 집중해야 할 중점추진사업 선정

- 세부사업의 선정과 세부사업의 중기 및 연차별 계획수립
- 행정 · 재정계획 수립

「사회보장급여의 이용·제공 및 수급권자 발굴에 관한 법률」

제36조(지역사회보장계획의 내용)

① 시·군·구 지역사회보장계획은 다음 각 호의 사항을 포함하여야 한다.
  1. 지역사회보장 수요의 측정, 목표 및 추진전략
  2. 지역사회보장의 목표를 점검할 수 있는 지표(이하 "지역사회보장지표"라 한다)의 설정 및 목표
  3. 지역사회보장의 분야별 추진전략, 중점 추진사업 및 연계협력 방안
  4. 지역사회보장 전달체계의 조직과 운영
  5. 사회보장급여의 사각지대 발굴 및 지원 방안
  6. 지역사회보장에 필요한 재원의 규모와 조달 방안
  7. 지역사회보장에 관련한 통계 수집 및 관리 방안
  8. 그 밖에 대통령령으로 정하는 사항
② 특별시·광역시·도·특별자치도 지역사회보장계획은 다음 각 호의 사항을 포함하여야 한다.
  1. 시·군·구의 사회보장이 균형적이고 효과적으로 추진될 수 있도록 지원하기 위한 목표 및 전략
  2. 지역사회보장지표의 설정 및 목표
  3. 시·군·구에서 사회보장급여가 효과적으로 이용 및 제공될 수 있는 기반 구축 방안
  4. 시·군·구 사회보장급여 담당 인력의 양성 및 전문성 제고 방안
  5. 지역사회보장에 관한 통계자료의 수집 및 관리 방안
  6. 그 밖에 지역사회보장 추진에 필요한 사항
③ 특별자치시 지역사회보장계획은 다음 각 호의 사항을 포함하여야 한다.
  1. 제1항 각 호의 사항
  2. 사회보장급여가 효과적으로 이용 및 제공될 수 있는 기반 구축 방안
  3. 사회보장급여 담당 인력의 양성 및 전문성 제고 방안
  4. 그 밖에 지역사회보장 추진에 필요한 사항

(4) 의견수렴 단계: 의견수렴(공고 등)

- 지역사회보장계획의 지역성과 정당성을 확보하기 위해 지역주민의 의견을 수렴함
- 법률에서 정하고 있는 공고절차뿐만 아니라 공청회, 간담회, 공모 등 다양한 방식으로 의견을 수렴하여야 함
- 지역의 의견 수렴은 계획의 홍보와 지역주민의 관심을 불러일으키는 계기가 되며, 주민의 의견수렴을 통해 계획의 실행단계에서 지역주민의 참여를 활성화시키는 데 기여할 수 있도록 함

「사회보장급여의 이용·제공 및 수급권자 발굴에 관한 법률」

제35조(지역사회보장에 관한 계획의 수립)

② 시장·군수·구청장은 해당 시·군·구의 지역사회보장계획을 지역주민 등 이해관계인의 의견을 들은 후 수립하고, … 제출하여야 한다.

시행령 제20조(지역사회보장계획의 수립 절차 및 제출시기)

② 특별자치시장 및 시장·군수·구청장은 지역사회보장계획안의 주요 내용을 20일 이상 공고하여 지역주민 등 이해관계인의 의견을 들은 후 … 지역사회보장계획을 수립하여야 한다.

(5) 계획확정 단계: 심의·확정

- 사회보장위원회(시도), 지역사회보장협의체(시군구)에서 지역사회보장계획을 심의하고 계획안을 확정하는 과정을 거침

「사회보장급여의 이용·제공 및 수급권자 발굴에 관한 법률」

제35조(지역사회보장에 관한 계획의 수립)

② 시장·군수·구청장은 해당 시·군·구의 지역사회보장계획을… 지역사회보장협의체의 심의와 해당 시·군·구 의회의 보고를 거쳐 시·도지사에게 제출하여야 한다.
⑤ 시·도지사는… 지역사회보장계획을… 시·도사회보장위원회의 심의와 해당 시·도 의회의 보고를 거쳐 보건복지부장관에게 제출하여야 한다.

(6) 제출 단계: 보고

- 심의를 거쳐 확정된 지역사회보장계획을 지방의회에 보고함으로써 향후 계획의 내용과 예산 편성의 연계성을 제고함
- 최종 확정된 시 · 군 · 구 지역사회보장계획은 시 · 군 · 구청장에게 보고 후, 시 · 도지사에게 제출함
- 또한 최종 확정된 시 · 도 지역사회보장계획은 시 · 도지사에게 보고 후 보건복지부 장관에게 제출함

「사회보장급여의 이용·제공 및 수급권자 발굴에 관한 법률」

제35조(지역사회보장에 관한 계획의 수립)

② 시장·군수·구청장은 해당 시·군·구의 지역사회보장계획을… 지역사회보장협의체의 심의와 해당 시·군·구 의회의 보고를 거쳐 시·도지사에게 제출하여야 한다.
* 보고의 경우 「제주특별자치도 설치 및 국제자유도시 조성을 위한 특별법」에 따른 행정시장은 제외
⑤ 시·도지사는… 지역사회보장계획을… 시·도사회보장위원회의 심의와 해당 시·도 의회의 보고를 거쳐 보건복지부장관에게 제출하여야 한다.

(7) 최종 단계: 권고조정사항 반영

- 보건복지부장관 또는 시 · 도지사가 제시한 권고 · 조정 사항이 있는 경우, 이를 논의하여 지역사회보장계획에 반영하고 계획안을 수정하여 이를 확정함

「사회보장급여의 이용·제공 및 수급권자 발굴에 관한 법률」

제35조(지역사회보장에 관한 계획의 수립)

⑧ 보건복지부장관 또는 시·도지사는 지역사회보장계획의 내용이 대통령령으로 정하는 사유에 해당하는 경우에는 시·도지사 또는 시장·군수·구청장에게 그 조정을 권고할 수 있다.

시행령 제22조(지역사회보장계획의 조정 권고)

1. 법 제35조 제1항 전단에 따른 지역사회보장계획(이하 "지역사회보장계획"이라 한다)의 내용이 법령을 위반할 우려가 있는 경우
2. 지역사회보장계획의 내용이 「사회보장기본법」 제16조 제3항에 따라 확정된 사회보장에 관한 기본계획 또는 국가 또는 시·도의 사회보장시책에 부합되지 아니하는 경우
3. 지역사회보장계획의 내용이 지방자치단체의 행정구역과 주민생활권역 간의 차이를 반영하지 아니하는 경우
4. 지역사회보장계획의 내용이 둘 이상의 지방자치단체에 걸쳐 있는데도 해당 지방자치단체 간 협의를 거치지 아니한 경우
5. 지방자치단체 간 지역사회보장계획의 내용에 현저한 불균형이 있는 경우
6. 그 밖에 지역사회보장계획의 조정을 위하여 필요하다고 보건복지부장관이 인정하는 경우

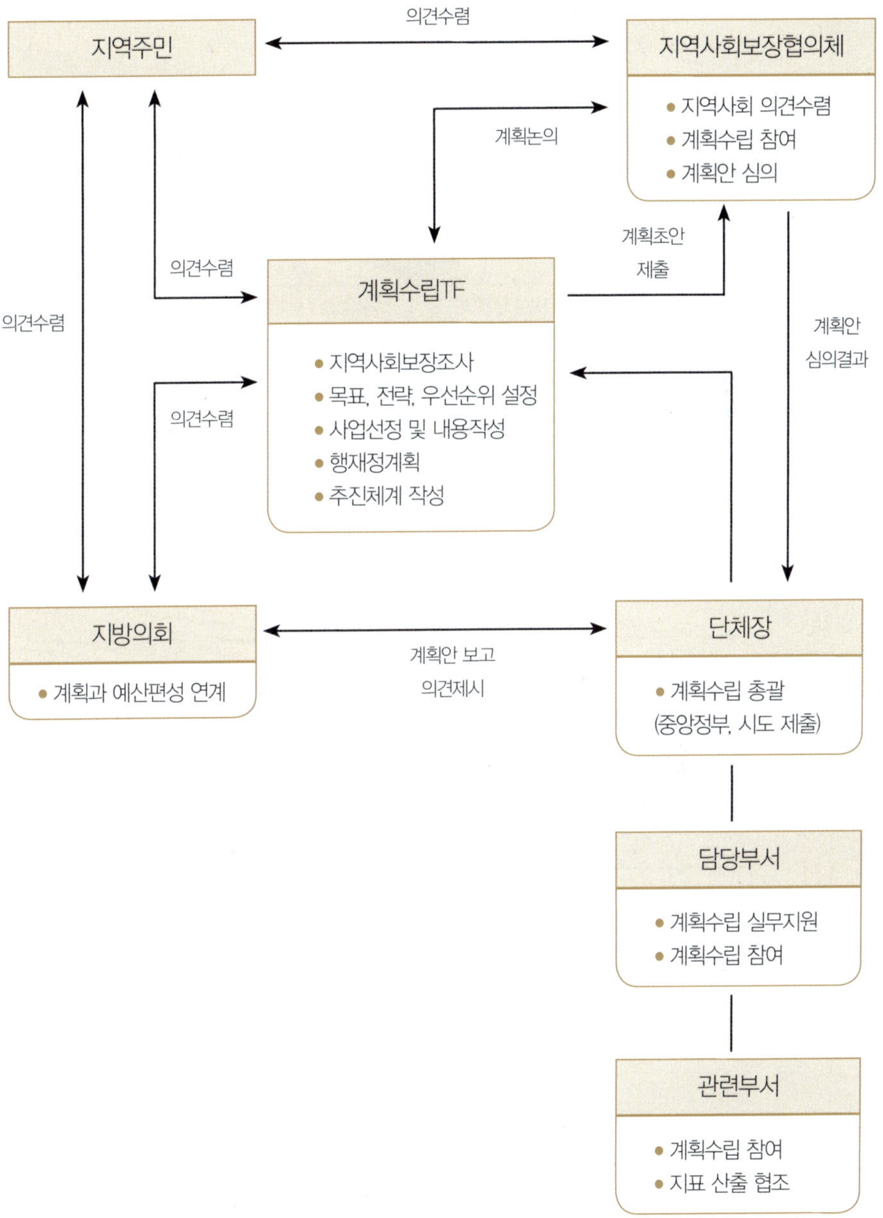

그림 9-1 지역사회보장계획 수립과 참여 주체별 역할

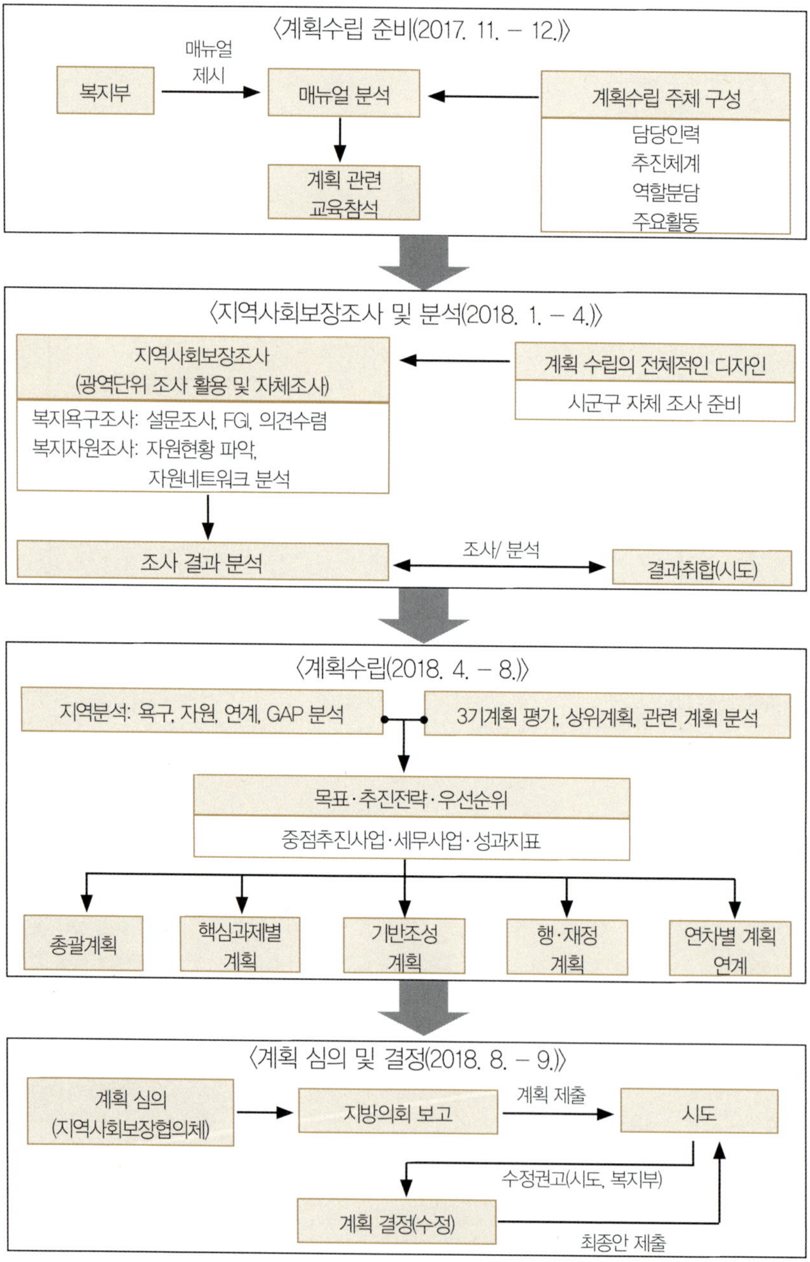

그림 9-2 시·군·구 지역사회보장계획 수립 절차

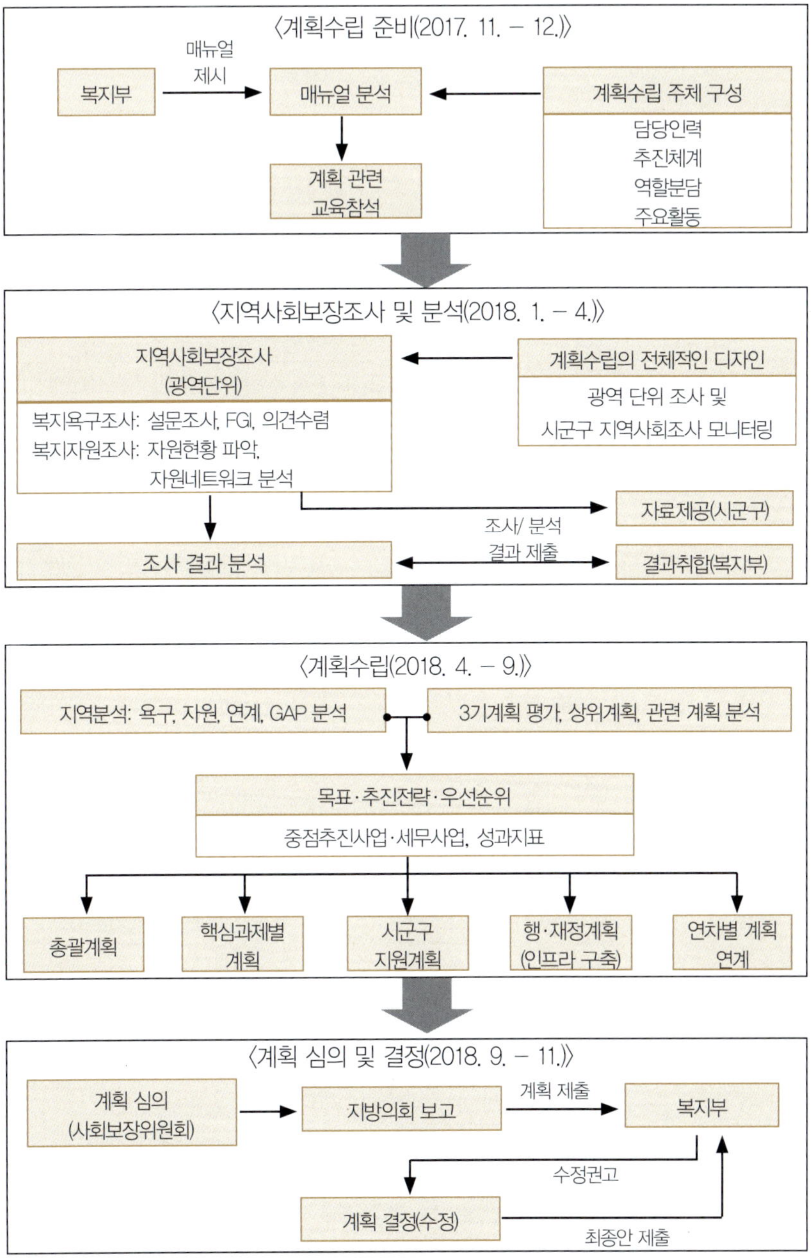

그림 9-3 시·도 지역사회보장계획 수립 절차

표 9-2 지자체의 지역사회보장계획 수립 일정(예시): 시·군·구

시기		주체	주요 활동	활동 내용
년	월			
2017	10	시·군·구	계획 수립 주체 구성 등 사전 준비	• 시·군·구 계획 수립 주체 구성: 담당인력, 추진체계 및 역할분담, 주요 활동 등 서술
	11	복지부	표준 매뉴얼 제시	• 매뉴얼(안) 공청회 • 표준 매뉴얼 제시
			계획수립 관련 교육	• 지역사회보장계획 담당자 교육 (공무원, 협의체)
	11~12	시·군·구	계획 수립 및 기초 조사 준비	• 계획 수립의 전체적인 기획(디자인) • 지역사회보장조사 준비
2018	1~4	시·군·구	지역사회보장조사 실시 제3기 계획 진단	• 지역사회보장조사 실시 • 제3기 계획 평가, 상위 계획 및 관련 계획 분석
	3~4	시·군·구	지역분석 및 사업 우선순위 설정	• 주민욕구와 지역자원의 연계성, GAP 분석 • 지역사회보장계획의 목표, 추진전략 작성 • 우선순위 설정과 중점추진사업 선정
	4~8	시·군·구	계획 수립	• 총괄 계획 및 추진전략 기획 • 세부사업의 목표와 성과지표 결정 • 중점추진사업 및 세부사업의 내용 작성 • 행정·재정계획 수립 • 중기계획과 연차별 계획과의 연계 방안
	8~9	시·군·구	지역사회 의견수렴 및 계획 심의	• 지역의견·여론 수렴, 공청회 • 협의체 심의, 지방의회 보고 • 지역사회보장계획 결정 및 제출
		시·도	시·군·구 계획 조정권고	• 시·군·구 계획 분석 및 조정권고
		시·군·구	권고조정사항 반영	• 시·군·구 계획 분석 및 조정권고(시·도) • 권고조정사항 반영 계획 수정(시·군·구) • 최종 계획 제출
2019	1~6	시·도 시·군·구 복지부	제4기 계획 평가	• 계획의 자체 평가(모니터링) (시·군·구) • 시·군·구 계획 평가(시·도) • 시·도, 시·군·구 계획 평가(복지부)

* 상기 일정은 표준적인 절차에 대한 안내이며, 법정 제출 기한을 준수하되, 지자체별 여건에 따라 계획수립의 절차를 재량적으로 운영하도록 함

표 9-3 지자체의 지역사회보장계획 수립 일정(예시): 시·도

시기		주체	주요 활동	활동 내용
년	월			
2017	10	시·도	계획 수립 주체 구성 등 사전 준비	• 시·도 계획 수립 주체 구성: 담당인력, 추진체계 및 역할분담, 주요 활동 등 서술
	11	복지부	표준 매뉴얼 제시	• 매뉴얼(안) 공청회 • 표준 매뉴얼 제시
			계획 수립 관련 교육	• 지역사회보장계획 담당자 교육 (공무원, 사회보장위원회)
	11~12	시·도	계획 수립 및 기초 조사 준비	• 계획 수립의 전체적인 기획(디자인) • 지역사회보장조사 준비
2018	1~4	시·도	지역사회보장조사 실시 제3기 계획 진단	• 지역사회보장조사 실시 • 제3기 계획 평가, 상위 계획 및 관련 계획 분석
	3~4	시·도	지역분석 및 사업 우선순위 설정	• 주민욕구와 지역자원의 연계성, GAP 분석 • 지역사회보장계획의 목표, 추진전략 작성 • 우선순위 설정과 중점추진사업 선정
	4~9	시·도	계획 수립	• 총괄 계획 및 추진전략 기획 • 세부사업의 목표와 성과지표 결정 • 중점추진사업 및 세부사업의 내용 작성 • 행정·재정계획 수립 • 중기계획과 연차별 계획과의 연계 방안 • 시·군·구 지원방안
	9~11	시·도	지역사회 의견수렴 및 계획 심의	• 지역의견·여론 수렴, 공청회 • 사회보장위원회 심의, 지방의회 보고 • 지역사회보장계획 결정 및 제출
		복지부	시·도 계획 조정권고	• 시·도 계획 분석 및 조정권고
		시·도	권고조정사항 반영	• 시·도 계획 분석 및 조정권고(복지부) • 권고조정사항 반영 계획 수정(시·도) • 최종 계획 제출
2019	1~6	시·도 복지부	제4기 계획 평가	• 계획의 자체 평가(모니터링) (시·도) • 시·도 계획 평가(복지부)

* 상기 일정은 표준적인 절차에 대한 안내이며, 법정 제출 기한을 준수하되, 지자체별 여건에 따라 계획수립의 절차를 재량적으로 운영하도록 함

생각해 볼 문제

1. 지역사회보장계획에서 지역주민의 의견이 어떻게 수렴되는지 알아본다.

2. 지역사회보장계획의 실시 목적을 이해한다.

3. 지역사회보장계획의 전체 진행과정을 이해한다.

CHAPTER 10

지역사회보장협의체

에서 생활고로 비관하여 자살한 '송파 세 모녀 사건'이 기폭제가 되어 지역사회보장협의체를 구성하게 되었다. 2015년 7월부터 지역사회 단위의 사회보장을 강화하기 위해 민관이 협력하여 사회복지서비스를 보다 효율적으로 전달하고자 시·군·구 지역사회보장협의체뿐만 아니라 읍·면·동 단위의 지역사회보장협의체도 설립·운영하고 있다.

지역사회보장협의체는 지역의 사회보장을 증진하고 사회보장과 관련된 서비스를 제공하는 관계 기관·법인·단체·시설과 연계·협력을 위해 시·군·구 단위에 설치하는 민관협력기구로 시·군·구의 지역사회보장계획 수립·시행 및 평가, 지역사회보장조사 및 지역사회보장지표, 사회보장급여 제공 및 사회보장추진, 읍·면·동 단위 지역사회보장협의체의 구성 및 운영에 관한 사항을 심의하는 기구이다.

먼저 지역사회보장협의체의 추진배경을 살펴보면, 첫째, 지방분권화와 사회복지전달체계의 근원적 변화 때문이다. 예를 들어, 2005년부터 시작된 지방분권화의 가속화와 더불어 국고보조사업을 지방으로 이양하고 2014년부터 분권교부세를 통해 재정을 지원하며 '맞춤형 복지서비스'를 통해 국민의 복지체감도를 높이기 위해 민관협력의 중요성이 강조되고 있다. 그런데 기존의 「사회복지사업법」은 사회복지사업 및 서비스 이용과 운영에 대한 내용을 주로 담고 있어 중앙정부와 지방자체단체 간 연계를 통한 서비스 전달에 한계가 있으며, 기존의 「사회보장기본법」은 사회보장의 이념과 제도적 방향만 포함하고 있다는 것이다. 또한 2012년 개정된 「사회보장기본법」에서 지향하는 생애주기별 맞춤형 사회보장제도를 실현하기에는 기존의 「사회복지사업법」이 가지는 한계가 있었다. 따라서 이러한 한계를 극복하기 위해 「사회보장급여의 이용·제공 및 수급권자 발굴에 관한 법률」(이하 약칭 「사회보장급여법」)을 제정하였다. 각 중앙부처와 유기적인 연계를 통해 지역 단위 사회복지사업의 효율적 운영과 맞춤형 복지서비스 제공을 위하여 지역사회보장협의체의 역할과 기능이 활대될 필요가 있었다.

둘째, 지역사회보장 환경특성을 반영한 연계 및 조직의 필요성이 대두되었다. 우리나라는 그동안 민간차원의 급여제공인프라가 발전되어 왔다. 그런데 공공과 민간이 각기 다른 운영방식과 조직체계를 가지고 있기 때문에 이를 보완하는 민관협력이 필요하다. 따라서 기존의 사회복지전달체계가 가진 한계를 극복하고 주민들의 다양한 욕구를 반영하여 민관협력을 통한 서비스 제공이 필요하게 되었다.

셋째, 지역사회의 공동체 기능 회복과 사회적 자본 증대의 필요성이 대두되었다. 과거의 우리나라처럼 지역공동체를 통한 주민의 욕구 해결은 복지 체감도를 높일 뿐만 아니라 효율성도 높일 수 있다. 따라서 지역의 문제를 발굴하고 대안을 찾고 배분하는 부분까지 주민들이 참여한다면 클라이언트의 욕구에 충족하는 서비스를 제공할 수 있게 될 것이다. 「사회보장급여법」의 시행으로 지역사회보장협의체는 지역사회의 민관협력의 중심이 되어 급여를 필요로 하는 대상자를 발굴하고 지역사회 내 자원을 발굴, 연계하여 지역사회 내 공동체와 사회적 자본을 활용할 수 있게 되었다.

넷째, 정보통신기술의 발전에 따른 새로운 사회 조직화의 가능성이 생겼다. 우리나라는 빠른 속도로 정보통신기술이 발전하게 되었고, 이를 통해 사회복지 영역에서도 저비용 · 고효율의 네트워크형 조직 구조를 운영하는 것이 가능하게 되었다. 지역사회보장협의체가 네트워크형 조직 구조를 통한 지역사회 내 사회복지 문제를 해소하는 것이 근본적인 목적인 것처럼 정보통신기술의 발전에 힘입어 우리는 새로운 형태로 사회를 조직화할 수 있게 되었다.

이러한 추진배경을 바탕으로 지역사회보장협의체의 운영 목적은 다음과 같다.

첫째, 민관협력의 구심점으로서 지역사회보호체계를 구축 · 운영하는 데 목적이 있다. 지역사회보장계획 수립 · 집행 · 평가 등 지역사회보장 증진을 위한 과정에 민간의 참여 · 협력기반을 마련함으로써 찾아가는 보건 · 복지서비스 제공에 기여할 수 있다. 특히, 사회보장급여가 필요한 지원대상자에게 필요한 급여 및 서비스를 제공하는 기관 · 법인 · 단체 · 시설의 대표 또는 실무자와 읍 · 면 · 동 지역주민의 참여를 통하여 찾아가는 보건 · 복지서비스를 통합적으로 제공하는 지역사회보호체계를 구축 · 운영하고자 한다.

둘째, 수요자 중심의 통합적 사회보장급여 제공의 기반을 마련하는 것을 목적으로 한다. 기존의 보건의료와 사회복지 위주의 서비스 제공에서 벗어나 고용·주거·교육·문화·환경 관련 서비스 제공자 간 네트워크를 구성하여 수요자의 다양하고 복합적인 욕구에 대응할 수 있는 원스탑(one-stop)서비스를 제공하고자 한다. 예를 들어, 지역 내 서비스 제공 기관, 법인, 시설, 단체 간 연계를 통해 지역사회보장협의체가 시·군·구나 읍·면·동에 효율적으로 지원할 수 있다는 것이다.

셋째, 지역사회 내 사회보장급여 제공기관·법인·단체·시설 간 연계·협력으로 지역사회복지자원의 효율적 활용체계를 조성하고자 한다. 지역사회의 잠재된 다양한 복지자원을 발굴·확충하고, 서비스 제공기관 간 연계·협력을 통해 지역사회복지자원 및 지원대상자에 대한 정보 등을 공유함으로써 서비스 제공의 중복·편중·누락을 방지할 수 있다. 또한 현행 사회보장정보시스템을 통해 추진되는 타 부처·공공기관 복지대상자 지원의뢰체계를 민간복지기관까지 단계적으로 확대하며 복지대상자의 서비스 제공 누락과 불필요한 중복지원을 방지하고 한정된 복지자원을 효과적으로 활용할 수 있도록 지자체와 복지기관 간 정보공유시스템을 구축, 운영하고자 한다.

넷째, 민·관 협력을 통해 사각지대 발굴 및 지원 강화를 위해 읍·면·동 단위에 주민 네트워크를 조직하고자 한다. 「사회보장급여법」 시행으로 새롭게 읍·면·동 단위 지역사회보장협의체가 조직·운영되면서 주민 스스로 관할 지역의 사회보장대상자 발굴업무, 사회보장 자원 발굴 및 연계업무 등의 기능을 수행하는 주민 네트워크를 구축할 수 있게 되었다. 즉, 읍·면·동 지역사회보장협의체를 중심으로 하는 읍·면·동 단위 지역사회 네크워크를 통해 지역 내 취약계층 발굴을 위한 역할을 수행하면서 생계곤란 가구의 동향을 파악하고 필요한 지원을 연계하고자 한다.

2) 지역사회보장협의체의 법적 근거

지역사회보장협의체의 법적 근거는「사회보장급여의 이용 · 제공 및 수급권자 발굴에 관한 법률」제41조(시 · 군 · 구 지역사회보장협의체)와 시행규칙 제 7조(읍 · 면 · 동 지역사회보장협의체)에 명시되어 있으며 본 법률이 제정된 의의는 3가지 정도로 설명된다.

첫째, 대상자를 선정, 결정, 사후관리를 하는 데 있어 일반적 절차를 규정하여 수급권자를 발굴하고 보호하기 위한 제도적 장치를 보완할 수 있다. 둘째, 사회보장정보시스템이 원활히 운영되는데 뒷받침 근거로 활용될 수 있다. 셋째, 중앙부처와 유기적인 관계를 통해 지역 단위의 종합적 사회보장서비스 제공이 가능하며 이후 지역 간 균형발전을 위한 밑거름이 될 수 있다.

본 법의 내용은 크게 4가지로 정리되는데, 사회보장급여 이용 및 제공 절차 보완, 수요자 중심의 맞춤형 급여제공 기반 마련, 사회보장정보시스템을 통한 서비스 이용 및 제공 편의 제고, 지역사회 종합적 사회보장기반 구축이다. 특히 지역사회보장협의체는 지역사회 종합적 사회보장기반 구축과 관련하여 기존의「사회복지사업법」에 기반한 지역사회복지 운영 지원체계를 지역사회보장에 맞게 재정비하여 반영한 것이다. 그 내용은 다음과 같다.

「사회보장급여의 이용·제공 및 수급권자 발굴에 관한 법률」

제41조(지역사회보장협의체)

① 시장·군수·구청장은 지역의 사회보장을 증진하고, 사회보장과 관련된 서비스를 제공하는 관계 기관·법인·단체·시설과 연계·협력을 강화하기 위하여 해당 시·군·구에 지역사회보장협의체를 둔다.

② 지역사회보장협의체는 다음 각 호의 업무를 심의·자문한다.

1. 시·군·구의 지역사회보장계획 수립·시행 및 평가에 관한 사항
2. 시·군·구의 지역사회보장조사 및 지역사회보장지표에 관한 사항

「사회보장급여의 이용·제공 및 수급권자 발굴에 관한 법률」

제41조(지역사회보장협의체)

3. 시·군·구의 사회보장급여 제공에 관한 사항
4. 시·군·구의 사회보장 추진에 관한 사항
5. 읍·면·동 단위 지역사회보장협의체의 구성 및 운영에 관한 사항
6. 그 밖에 위원장이 필요하다고 인정하는 사항

③ 지역사회보장협의체의 위원은 다음 각 호의 사람 중 시장·군수·구청장이 임명 또는 위촉한다. 다만, 제40조제4항에 해당되는 사람은 위원이 될 수 없다.

1. 사회보장에 관한 학식과 경험이 풍부한 사람
2. 지역의 사회보장 활동을 수행하거나 서비스를 제공하는 기관·법인·단체·시설의 대표자
3. 「비영리민간단체지원법」 제2조의 비영리민간단체에서 추천한 사람
4. 제7항에 따른 읍·면·동 단위 지역사회보장협의체의 위원장(공동위원장이 있는 경우에는 민간위원 중에서 선출된 공동위원장을 말한다)
5. 사회보장에 관한 업무를 담당하는 공무원

④ 지역사회보장협의체의 업무를 효율적으로 수행하기 위하여 지역사회보장협의체에 실무협의체를 둔다.

⑤ 보장기관의 장은 지역사회보장협의체의 효율적 운영을 위하여 필요한 인력 및 운영비 등 재정을 지원할 수 있다.

⑥ 제1항부터 제5항까지에 규정된 사항 외에 지역사회보장협의체, 실무협의체의 조직·운영에 필요한 사항은 보건복지부령으로 정하는 바에 따라 해당 시·군·구의 조례(「제주특별자치도 설치 및 국제자유도시 조성을 위한 특별법」 제10조 제2항에 따른 행정시의 경우에는 특별자치도의 조례를 말한다. 이하 같다)로 정한다.

⑦ 특별자치시장 및 시장·군수·구청장은 읍·면·동 단위로 읍·면·동의 사회보장 관련 업무의 원활한 수행을 위하여 해당 읍·면·동에 읍·면·동 단위 지역사회보장협의체를 둔다.

⑧ 제7항에 따른 읍·면·동 단위 지역사회보장협의체의 조직·운영에 필요한 사항은 보건복지부령으로 정하는 바에 따라 해당 특별자치시 및 시·군·구의 조례로 정한다.

「사회보장급여의 이용·제공 및 수급권자 발굴에 관한 법률 시행규칙」

제7조(지역사회보장협의체)
제7조(읍·면·동 단위 지역사회보장협의체의 구성 및 운영)

① 법 제41조 제7항에 따른 읍·면·동 단위 지역사회보장협의체(이하 "읍·면·동 단위 지역사회보장협의체"라 한다)는 다음 각 호의 업무를 지원한다.

1. 관할 지역의 저소득 주민·아동·노인·장애인·한부모가족·다문화가족 등 사회보장사업에 의한 도움을 필요로 하는 사람 발굴 업무
2. 사회보장 자원 발굴 및 연계 업무
3. 지역사회보호체계 구축 및 운영 업무
4. 그 밖에 관할 지역 주민의 사회보장 증진을 위하여 필요한 업무

② 읍·면·동 단위 지역사회보장협의체는 읍장·면장·동장과 다음 각 호의 어느 하나에 해당하는 사람 중에서 읍장·면장·동장의 추천을 받아 특별자치시장 및 시장·군수·구청장이 위촉하는 사람으로 성별을 고려하여 구성한다.

1. 지역의 사회보장 활동을 수행하거나 서비스를 제공하는 기관·법인·단체·시설 또는 공익단체의 실무자
2. 사회보장에 관한 업무를 담당하는 공무원
3. 「비영리민간단체 지원법」 제2조에 따른 비영리민간단체에서 추천한 사람
4. 삭제
5. 「지방자치법」 제4조의2 제4항에 따른 행정리의 이장 및 같은 조 제5항에 따른 행정동의 하부조직으로 두는 통의 통장
6. 주민자치위원, 자원봉사단체 구성원
7. 그 밖에 관할 지역의 사회보장 증진에 열의가 있는 사람

③ 읍·면·동 단위 지역사회보장협의체 위원은 읍·면·동별로 각 10명 이상으로 한다.

④ 읍·면·동 단위 지역사회보장협의체의 위원장은 위원 중에서 호선하되, 읍장·면장·동장과 민간위원 중에서 각 1명을 공동위원장으로 선출할 수 있다.

⑤ 읍·면·동 단위 지역사회보장협의체의 위원의 임기는 2년으로 하며 연임할 수 있다. 다만, 공무원인 위원의 임기는 그 재직기간으로 한다.

⑥ 읍·면·동 단위 지역사회보장협의체의 회의에 관하여는 제5조 제4항부터 제6항까지의 규정을 준용한다.

2 지역사회보장협의체의 구성 · 운영원칙

1) 지역사회보장협의체 운영의 일반원칙

지역사회보장협의체의 운영의 일반원칙은 크게 6가지 정도로 설명된다.

첫째, 지역성이다. 지역사회보장협의체는 지역주민의 생활권역을 중심으로 조직되고 운영된다. 주민의 욕구, 복지자원 등을 고려해 지역별, 현장밀착형 서비스 제공체계를 마련해야 한다. 또한 일반적으로 지역에서 이루어지는 보편적인 업무와 지역의 특성을 반영한 지역고유사업도 함께 추진한다.

둘째, 참여성이다. 지역사회보장협의체가 원활히 운영되기 위해서는 지역주민의 자발적 참여가 바탕이 되어야 한다. 즉, 지역사회의 다양한 복지 분야의 기관, 법인, 단체, 시설과 주민이 함께 참여하는 것이다. 따라서, 지역사회보장협의체의 원활한 기능 수행을 위해서는 공공과 민간의 적극적이고 자발적인 참여가 필요하다.

셋째, 협력성이다. 지역사회보장협의체는 네트워크형 조직 구조를 통해 지역사회의 복지와 관련된 문제를 해결하는 민관협력기구로, 기본적으로 공동체, 협의적 의사결정을 바탕으로 합리적으로 운영되고 있다.

넷째, 통합성이다. 지역사회 내 욕구와 자원을 발굴하고 연계와 협력을 통해 클라이언트가 원하는 복잡한 욕구에 부응하는 서비스를 통합적으로 제공하는 것이다.

다섯째, 연대성이다. 자체적으로 해결하기 어려운 문제에 대해 지역주민들이 연대를 형성하고 인근 지역과 연계 및 협력을 통해 자원을 공유함으로써 문제를 해결하는 것을 의미한다.

마지막으로, 예방성을 들 수 있다. 지역주민의 여러 가지 사회복지 문제에 대해 사후대응적 접근보다는 조기에 발견하고 예방할 수 있도록 하는 노력을 말한다.

2) 민관협력을 위한 구성 · 운영의 원칙

지역사회보장 증진을 위해 민관협력의 거버넌스를 실현하고자 할 때 지역사회보장협의체가 구성 · 운영되는 과정에서 지켜야 하는 원칙은 다음과 같다.

첫째, 지역사회보장협의체의 구성이 개방적이고 중립적이어야 한다.

둘째, 민간분야, 지방자치단체, 학계, 주민의 참여를 망라하여 구성해야 한다.

셋째, 협의체 구성의 대표성을 확보하여야 한다.

넷째, 협의체 구성에서 균형을 유지하여야 한다. 특히, 특정 조직이나 인물에 편중된 구성이 되지 않도록 구성하여야 한다.

다섯째, 실무자의 참여를 포함하는 다층적인 구성이 되어야 하며 운영과정에서도 실무자의 참여와 활동이 강화될 수 있도록 해야 한다.

여섯째, 협의체 운영이 지역특성을 반영한 탄력적인 것이어야 한다. 관련 조례의 내용이나 구성, 논의 의제 등에서 지역특성이 반영되어야 한다.

일곱째, 지방자치단체의 참여를 보장하되 궁극적으로 민간 주도와 공공 지원의 구조를 지향하여야 한다. 지역사회 거버넌스의 여건에 따라 방식을 달리할 수 있으나 민간주도 · 공공지원이라는 지향점은 동일하다는 점을 잊어서는 안 된다.

마지막으로 의사소통 채널을 다양화하여야 한다. 수평적 의사소통 채널뿐 아니라 연석회의 등 다양한 의사소통의 장을 마련하여야 할 것이다.

3. 지역사회보장협의체의 구성체계와 기능

1) 지역사회보장협의체의 구성체계

사회보장급여법이 시행됨에 따라 기존의 「사회복지사업법」에 따른 지역사회보장 운영체계가 변화하였다. 먼저 광역자치단체장 기준으로 시 · 도 사회복지위원회에서 시 · 도 사회보장위원회로 바뀌었으며, 기존에 비해 지역사회 보장지표, 사회보장급여 제공 등의 관한 사항을 심의하고 자문하는 등 기능이 확대되었다. 또한 기존의 사회복지에서 사회보장 분야로 영역을 확장하면서 기존에 30명 이하였던 위원수를 40명으로 확대하였다. 임기는 기존과 동일하게 2년으로 하였지만 여건을 고려하여 연임이 가능하도록 바뀌었으며, 위원장은 1회에 한해 연임이 가능하도록 하였다.

시 · 군 · 구 단위에서는 기존의 지역사회복지협의체가 지역사회보장협의체로 명칭이 바뀌었으며, 과거의 기능보다 확대하여 시 · 도 단위의 사회보장위원회의 핵심 업무를 시 · 군 · 구 단위에서 수행할 수 있게 되었다. 지역사회보장협의체 또한 사회보장위원회처럼 위원수를 확대하였으며 전문위원회를 구성하여 운영하는 것을 가능하도록 하였다. 그리고 과거에는 없던 읍 · 면 · 동 단위의 지역사회보장협의체가 생겨났으며, 지역사회 내 사회보장 대상자 발굴, 사회보장 자원 발굴 및 연계, 지역사회보호체계 구축 · 운영, 지역주민의 사회보장 증진에 관한 사항 등의 기능을 수행한다.

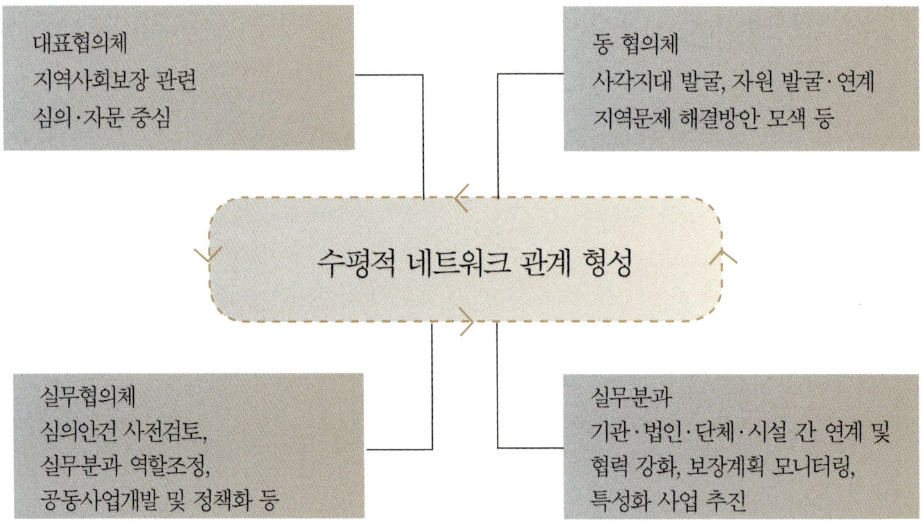

그림 10-1 지역사회보장협의체 구성체계

자료: 보건복지부(2021).

표 10-1 「사회보장급여법」 시행에 따른 지역사회보장 운영체계 개편 내용

구분	「사회복지사업법」(~ '15. 6. 30.)	사회보장급여법('15. 7. 1. ~)
법적 근거	「사회복지사업법」 제7조의 2	「사회보장급여의 이용·제공 및 수급권자 발굴에 관한 법률」 제40조, 제41조, 시행규칙 제7조
범주	보건의료 및 사회복지서비스 중심	보건의료 및 사회복지서비스, 고용·주거·교육·문화·환경 등으로 영역 확대
연계 체계	(시·도) 사회복지위원회 (시·군·구) 지역사회복지협의체 (읍·면·동) 복지위원	(시·도) 사회보장위원회 (시·군·구) 지역사회보장협의체 (읍·면·동) 읍·면·동 단위 지역사회보장협의체
협의체 구성	10명 이상 30명 이하 – 보건의료, 사회복지 전문가, 서비스 제공기관 대표, 공익단체 추천자 등	위원 수 확대(10명 이상 40명 이하) – 사회보장 분야 전문가, 사회보장서비스 제공기관 등의 대표자, 비영리민간단체 추천자 등
협의체 운영	– 협의체 업무의 효율적 수행을 위해 실무협의체 구성 및 운영	– 실무협의체 구성 및 운영 – 보장기관의 인력 및 운영비 등 재정지원
협의체 기능	– 관할지역의 사회복지사업에 대한 중요사항과 지역사회복지계획 심의 및 건의 – 사회복지 및 보건의료서비스 연계 협력 강화	– 심의·자문/연계·협력 기능 – 지역사회보장계획의 수립·시행·평가 – 지역사회보장조사 및 지역사회보장지표 – 시·군·구 사회보장급여 제공 – 시·군·구의 사회보장 추진 – 읍·면·동 단위 지역사회보장협의체 구성·운영 등
광역 단위		
명칭 변경	시·도 사회복지위원회	시·도 사회보장위원회
기능 확대	– 사회복지사업에 관한 중요사항과 지역사회복지계획 심의/건의	– 시·도의 지역사회보장계획 수립·시행·평가 – 지역사회보장조사 및 지역사회보장지표 – 사회보장급여 제공 및 사회보장 추진 등에 관한 사항을 심의·자문
위원수 확대	– 위원장 1명을 포함한 15명 이상 30명 이하의 위원	– 위원장 1명을 포함한 15명 이상 40명 이하의 위원(시행규칙 제4조)
위원 임기	– 2년	– 임기는 2년으로 하되, 위원장은 1회에 한하여 연임 제한 – 위원 임기의 연임여부는 지자체 조례로 규정
위원회 운영 보완	– 해당 시·도 조례로 위임 규정	– 회의소집, 의사(결)정족수 보완 – 위원회 운영에 관한 구체적인 사항은 해당 시·도 조례로 위임 규정

구분	「사회복지사업법」(~ '15. 6. 30.)	사회보장급여법('15. 7. 1. ~)
시·군·구 단위		
명칭 변경	지역사회복지협의체	지역사회보장협의체
근거	「사회복지사업법」 제7조의 2	「사회보장급여법」 제41조
목적 및 기능	– 지역사회복지사업에 관한 중요사항/지역사회복지계획을 심의, 건의 – 사회복지/보건의료서비스 연계·협력 강화	– 지역의 사회보장 증진 및 사회보장과 관련된 서비스를 제공하는 관련 기관·법인·단체·시설과 연계 협력 강화 – 지역사회보장계획의 수립·시행·평가, 지역사회보장조사 및 지역사회보장지표, 시·군·구 사회보장급여 제공 및 사회보장 추진 등에 관한 사항 심의·자문
위원 자격요건	● 시장·군수·구청장이 임명 또는 위촉 – 사회복지/보건의료 전문가 – 사회복지사업 기관/단체 대표자 – 보건의료사업 기관/단체 대표자 – 공익단체 추천자 – 사회복지/보건의료업무 담당공무원 – 공익단체(비영리 포함) 추천자 – 사회복지공동모금회 추천자	● 시장·군수·구청장이 임명 또는 위촉 – 사회보장분야 전문가 – 지역의 사회보장 활동을 수행하거나 서비스를 제공하는 기관·시설의 대표자 – 비영리민간단체의 추천자 – 읍·면·동 단위 지역사회복지협의체 위원장 – 사회보장에 관한 업무를 담당하는 공무원
위원회 구성	– 위원장을 포함한 15명 이상 30명 이하 위원	– 위원장을 포함한 10명 이상 40명 이하의 위원(시행규칙 제5조)
위원장 선출방법	– 위원 중에서 호선(임명직/위촉직 공동위원장 선출)	– 위원 중에서 호선(공무원인 위원/ 위촉직 공동위원장 선출)
위원임기	– 2년	– 2년, 위원장은 1회 연임가능
협의체 운영	● 협의체 업무를 효율적으로 수행하기 위한 실무협의체 구성/운영 – 위원장 1명 포함 10명 이상 30명 이하의 위원으로 구성 – 위원장은 위원 중에서 호선, 위원은 협의체 위원장이 임명/위촉 – 임기는 2년(공무원은 재직기간)	● 협의체 업무를 효율적으로 수행하기 위한 실무협의체 구성/운영 – 위원장 포함, 10명 이상 40명 이하 위원 구성 – 위원장은 위원 중에서 호선, 위원은 협의체 위원장이 임명/위촉 ● 보장기관 장의 인력 및 운영비 등 재정 지원 가능

구분	「사회복지사업법」(~ '15. 6. 30.)	사회보장급여법('15. 7. 1. ~)
협의체 운영		● 읍·면·동 단위 지역사회보장협의체 구성/운영 –(기능) 관할 지역의 사회보장대상자 발굴, 지역사회 보장 자원 발굴 및 연계, 지역사회보호체계 구축·운영 등 –(위원회 구성) 읍·면·동장과 읍·면·동장의 추천을 받아 시·군·구청장이 임명 또는 위촉(읍·면·동별 10명 이상). 읍·면·동장과 민간 위원(호선)으로 공동위원장 체제 운영 –(위원임기) 2년, 연임가능
읍·면·동 단위		
신설		읍·면·동 지역사회보장협의체
근거		「사회보장급여법 시행규칙」 제7조
목적 및 기능		– 위기가구 상시 발굴 – 사각지대 발굴 및 맞춤형 지원을 위한 지역사회 인적 안전망 구축 – 민·관협력을 바탕으로 한 지역사회 자원 발굴 및 연계(후원, 자원봉사, 사회공헌 등)
위원 자격요건		● 시장·군수·구청장이 위촉 – 사회보장 제공 기관·법인·단체·시설 또는 공익단체의 실무자 – 사회보장에 관한 업무를 담당하는 공무원 – 비영리민간단체에서 추천한 사람 – 「지방자치법」 제 4조의2 제4항에 따른 행정리의 이장 및 같은 조 제5항에 따른 행정동의 하부조직으로 두는 통의 통장 – 주민자치위원, 자원봉사단체 구성원 – 지역의 사회보장 증진에 열의가 있는 사람
위원회 구성		– 협의체 위원의 수는 공동위원장 2명을 포함하여 10명 이상이 되도록 구성
위원장 선출 방법		– 협의체 위원장은 읍·면·동장(공공위원장)과 민간위원 중에서 호선한 민간 위원장이 공동으로 구성하고, 부위원장은 민간위원 중에서 호선
위원 임기		– 민간위원의 임기는 2년으로 연임가능(공무원 위원은 해당 직에 재직하는 기간으로 함
협의체 운영		– 복지사각지대 발굴, 자원 연계가 이루어질 수 있도록 소단위 분과 및 운영위원 등 운영 가능

자료: 보건복지부(2021).

지역사회보장협의체의 세부 구성체계에 대해 살펴보면, 시·군·구 단위의 지역사회보장협의체(대표협의체, 실무협의체, 실무분과)와 읍·면·동 단위의 지역사회보장협의체로 설명할 수 있다. 이러한 협의체는 수평적 네트워크 관계 형성이 바람직하다. 먼저 시·군·구 지역사회보장협의체의 3구성요소에 대해 살펴보고, 읍·면·동 지역사회보장협의체에 대해 살펴보도록 하겠다.

(1) 대표협의체의 구성체계

대표협의체는 대표성, 포괄성, 민주성을 바탕으로 운영된다. 따라서 대표협의체의 위원 구성은 시·군·구 지역사회의 사회보장 이해관계자를 대표할 수 있도록 구성해야 한다. 대표협의체의 위원은 공공과 민간을 포함한 해당 시·군·구의 지역사회보장 이해관계자를 대표할 수 있도록 구성하여야 하며(대표성), 해당 시·군·구의 보건, 복지, 고용, 주거 등의 지역사회보장 영역 및 연계 분야의 이해관계자를 포괄할 수 있도록 구성하여야 한다(포괄성). 끝으로 위원을 구성할 때 민주적 절차와 방법을 따라야 한다(민주성).

대표협의체는 위원장을 포함하여 10명 이상 40명 이하의 위원으로 성별을 고려하여 임명하거나 위촉하여 구성한다. 또한 위원장은 위원 중에서 호선하되, 공무원인 위원과 위촉위원(민간) 각 1명을 공동위원장으로 선출하는 것이 가능하다. 지역사회보장협의체 운영에 관한 사항은 해당 시·군·구의 조례로 정하도록 하고 있으나, 대표협의체의 정기회의는 분기별로 하되, 부득이한 경우 최소 연 3회 이상 개최하여야 한다.

(2) 실무협의체의 구성체계

실무협의체는 위원 구성 시 해당 시·군·구의 지역사회보장 구성 주체를 모두 포함하도록 포괄성의 원칙을 지켜야 하며, 시·군·구의 지역사회보장 영역 업무에 종사하고 있는 실무자(현장 전문가)를 중심으로 구성해야 한다(전문성).

위원을 구성할 때, 위원장 1명을 포함해 10명 이상 40명 이하로 구성하여야 하며,

실무협의체 위원은 대표협의체 위원장이 임명 혹은 위촉한다. 임기는 2년이며 위원장은 1회에 한해 연임이 가능하다. 실무협의체 운영에 관한 사항은 해당 시 · 군 · 구의 조례에 따르되 정기회의는 연 6회 이상 개최할 것을 권고하고 있다.

(3) 실무분과의 구성체계

실무분과는 지역의 사회보장 관련 기관, 법인, 단체, 시설 간 연계 · 협력을 강화하고 실무협의체의 운영을 활성화하기 위해 운영된다. 운영에 관한 세부적 사항은 시 · 군 · 구의 조례를 통해 정함으로써 각 지역의 사회보장여건과 새롭게 발생하는 문제 등에 대응하여 탄력적으로 운영할 필요가 있다.

실무분과는 지역의 특성과 여건을 고려해 대상별, 지역별, 기능별 다양한 형태로 구성하는 것이 가능하다. 대상별 분과는 여성, 장애인, 아동, 노인 등 지역사회 내 사회보장욕구를 가진 대상을 위해 구성된 것이며, 지역별 분과는 농어촌 등과 같이 사회보장 분야별 자원이 부족할 경우 읍 · 면 · 동, 소생활권 단위 중심으로 분과를 구성하여 운영하는 것이다. 끝으로 기능별 분과는 지역에서 필요로 하는 다양한 형태의 기능에 따라 분류하는 것으로 고용, 주거, 관광 등의 분과를 구성하는 것이 가능하며 통합된 서비스 제공을 위해 통합 서비스 분과를 설치 · 운영하도록 하고 있다.

(4) 읍 · 면 · 동 지역사회보장협의체의 구성 · 운영

읍 · 면 · 동 단위의 지역사회보장협의체는 「사회보장급여법」의 개정으로 신설되었으며, 지역사회의 문제를 해결하기 위해 읍 · 면 · 동 단위에서 주민 네트워크 조직을 활성화하는 역할을 수행한다. 특히, 복지사각지대를 해소하기 위해 읍 · 면 · 동 단위의 취약계층 발굴망을 구축하여 복지대상자를 발굴하고 지원을 확대하기 위해 지역사회 내 민간 중심의 복지자원을 발굴하며 자원 간 연계 · 협력을 통해 복지자원을 효율적으로 활용하고자 한다. 또한 취약가구의 동향을 파악하며 지역의 사회문제를 해결하기 위하여 민주적 의사소통 구조를 확립하고자 한다.

읍 · 면 · 동 지역사회보장협의체는 읍 · 면 · 동장이 추천하고, 시 · 군 · 구청장이 위촉하여 구성된다. 위원장을 포함하여 10명 이상이 되도록 구성하며 지역의 여건에 따라 위원수는 탄력적으로 운영하는 것이 가능하다. 지역 내 사회보장활동을 수행하거나 서비스를 제공하는 기관 · 법인 · 시설 또는 공익단체의 실무자와 사회보장담당 공무원, 비영리민간단체에서 추천한 사람, 지역사회에 대해 잘 알고 사회보장 증진에 열의가 있는 사람으로 구성하되, 다양한 배경을 가진 주민이 참여할 수 있도록 해야 한다. 임기는 2년으로 하되 연임이 가능하며, 장기간 소수의 주민이 독점하지 않도록 운영해야 한다.

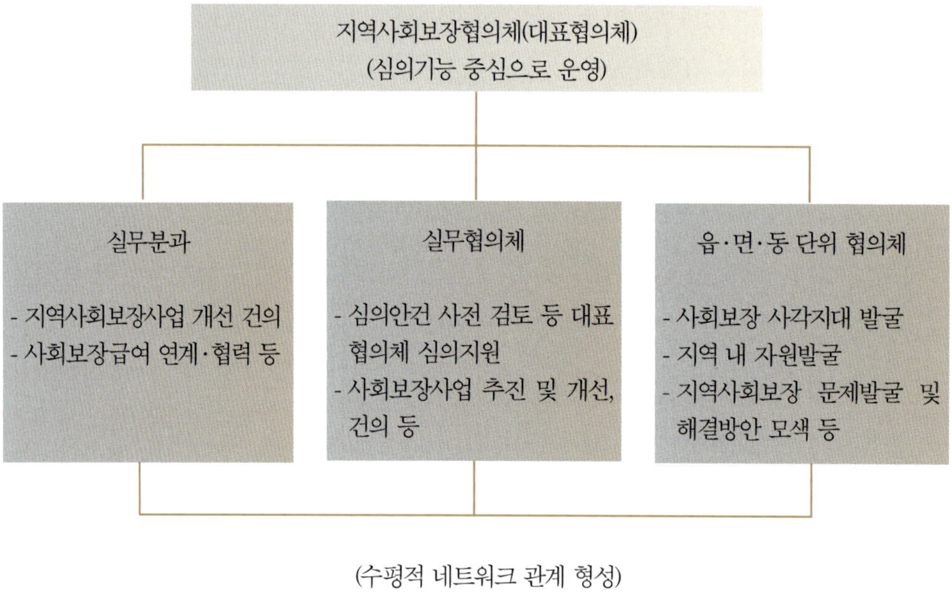

그림 10-2 대표협의체, 실무협의체(분과포함), 읍·면·동 협의체 간 관계

자료: 보건복지부(2021).

2) 지역사회보장협의체의 주요 역할

지역사회보장협의체의 구성 주체별 주요 역할에 대해 살펴보면, 대표협의체는 지역의 사회보장을 증진하고 사회보장과 관련된 서비스를 제공하는 관계 기관 · 법인 · 단체 · 시설들과 연계 · 협력을 강화하기 위하여 구성되었으며, 주로 심의 및 자문의 역할을 수행하고 있다. 대표적으로 지역사회보장계획의 수립 · 시행 · 평가와 관련된 내용과 시 · 군 · 구의 사회보장활동을 추진하며 읍 · 면 · 동 단위의 지역사회보장협의체를 운영하는 역할을 수행하고 있다.

다음으로 실무협의체는 협의체가 제 기능을 할 수 있도록 돕고자 설치하였으며, 대표협의체 심의안건에 대해 사전검토 하거나 실무분과 간 역할조정과 협력을 도모할 수 있는 기폭제의 역할을 수행하고 있다.

실무분과는 각 영역의 실무자를 중심으로 지역의 사회보장 관계 기관 · 법인 · 단체 · 시설과 연계 · 협력을 강화하고자 구성되었으며, 서비스 제공, 연계, 사례회의 등을 수행하는 역할을 한다.

끝으로 읍 · 면 · 동 단위의 지역사회보장협의체는 각 지역의 대상자를 선정하고 자원을 발굴하며 서비스를 연계하여 전달하는 역할을 수행하고 있다.

표 10-2 지역사회보장협의체의 주요 역할

주체별	역 할
대표협의체	• (목적) 지역의 사회보장을 증진하고 사회보장과 관련된 서비스를 제공하는 관계 기관·법인·단체·시설과 연계·협력을 강화 • 심의·자문역할 수행 – 지역사회보장계획의 수립·시행·평가 – 지역사회보장조사 및 지역사회보장지표 – 시·군·구 사회보장급여 제공 – 시·군·구의 사회보장 추진 – 읍·면·동 단위 지역사회보장협의체 구성·운영 등 • 전문위원회 운영

주체별	역 할
실무협의체	● (목적) 협의체 업무를 효율적으로 수행하기 위해 설치 – 공동사업개발 및 건의 – 지역사회서비스 제공 및 연계 협력에 관한 협의 – 대표협의체 심의(건의)안건 사전 검토 – 실무분과 간 역할조정 및 협력도모
실무분과	● (목적) 지역의 사회보장 관계 기관·법인·단체·시설과 연계·협력 강화 – 사회보장 분야별/대상자별 사례회의 – 서비스 제공 및 연계 – 서비스 제공을 위하여 필요한 사항
읍·면·동 지역사회보장협의체	● (목적) 복지사각지대 해소를 위한 취약계층 발굴 및 자원 간 연계·협력 – 관할지역 내 사회보장대상자 및 자원 발굴 – 사회보장대상자에 대한 서비스 연계·지원 – 지역사회보호체계 구축·운영 – 지역 내 복지 문제해결을 위한 자체 특화사업 수행

자료: 보건복지부(2021).

3) 지역사회보장협의체의 주요 기능

지역사회보장협의체의 주요 기능을 살펴보면 크게 3가지 정도로 설명할 수 있다.

첫째, 협치(governance) 기능이다. 즉, 지역사회보장계획을 수립하고 시행 · 평가하는 과정에서 지역사회보장의 주요한 사항에 대해 민간과 공공이 협력하여 심의 · 자문하여야 한다. 협치는 주로 대표협의체의 역할이기는 하지만, 실무협의체나 실무분과 등과 연계하여 사업 수행을 한다.

둘째, 연계(network)의 기능이다. 지역사회보장협의체가 네트워크형 조직 구조를 바탕으로 구성된 기구인 만큼, 계획을 수립하고 실행을 하는 데 있어 사회보장과 관련된 서비스를 제공하는 기관 · 법인 · 단체 · 시설이 함께 연계하고 협력하는 것이 중요하다.

셋째, 통합(integrate)의 기능이다. 협의체 내 각 분과 간 통합 및 조정역할을 수행하고 지역주민의 욕구를 반영한 통합적 서비스 제공체계를 지원하는 것으로, 기존의 보건복지뿐만 아니라, 고용 · 주거 · 교육 · 문화 · 환경 등 다양한 영역과 연계하여 수요자의 욕구를 잘 충족할 수 있는 통합서비스를 제공하여야 한다.

이러한 세 가지 주요 기능을 통해 수요자 중심의 통합 서비스를 제공하고자 한다.

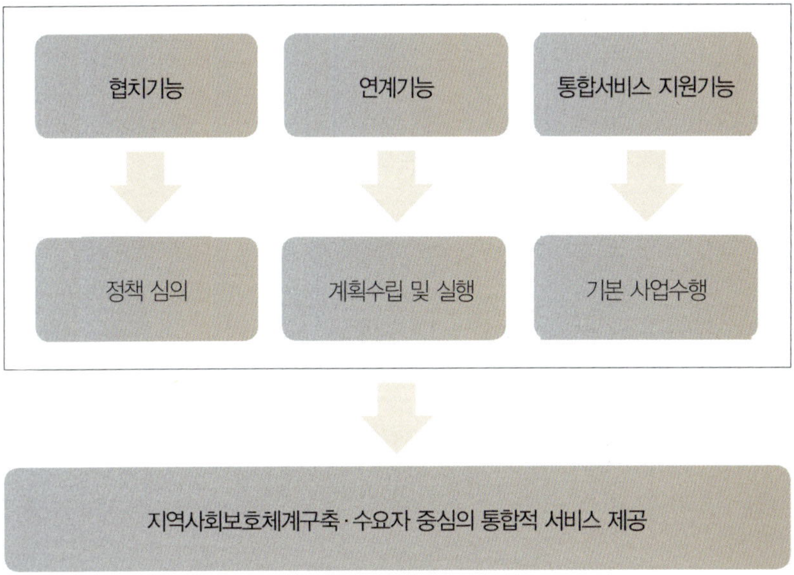

그림 10-3 지역사회보장협의체의 주요 기능

자료: 보건복지부(2021).

생각해 볼 문제

1. 지역사회보장협의체의 등장배경은 무엇인지 설명하시오.

2. 지역사회보장협의체의 구조와 주요 기능을 설명하시오.

3. 향후 지역사회보장협의체가 나아갈 방향에 대해 설명하시오.

CHAPTER 11

지역사회복지추진체계

학 습 목 표

지역사회복지서비스의 추진체계로서 사회복지협의회, 사회복지관, 공동모금회, 자원봉사센터의 발달배경과 기능, 그리고 제공하는 프로그램 등에 대하여 이해한다.
1. 사회복지협의회의 기능과 주요 사업, 그리고 운영사업 등에 대해 학습한다.
2. 사회복지관의 운영방안과 사업에 대해 알아보고 현황에 대해 학습한다.
3. 사회복지공동모금회의 발달과정과 필요성, 주요 사업 및 현황에 대해 학습한다.
4. 자원봉사센터의 발달과정과 목적 및 역할에 대해 학습한다.

1. 사회복지협의회

1) 사회복지협의회 개념

사회복지협의회란 지역사회가 요구하는 각종 사회복지의 욕구를 효과적으로 달성하기 위하여 지역사회 안에서 활동하고 있는 각종 사회복지시설, 사회복지 관련 민간단체나 개인의 연합체를 하나로 연계하여 상호협력 및 조정하는 단체라고 할 수 있다(Dunham, 1958). 사회복지협의회의 기원은 역사적으로 1869년 영국에서 활동하던 자선조직협회(Chanrity Oraganization Sociaety: C.O.S)에서 찾을 수 있다. 지역사회 내에서 활동하고 있는 각종 자선단체 또는 비영리민간단체들이 연계하여 협회를 만들어 정보를 교환하고 모금활동이나 배분활동을 할 경우 서로 규칙을 만들어 공정하게 배분하자는 의미에서 조직되었다.[1] 이렇게 사회복지협의회(Council on Social Welfare)가 조직되었다. 사회복지협의회는 정부기관이 아닌 협회나 단체를 총괄적으로 협의·조정하는 협회로서, 지역사회복지에 관심 있는 민간단체나 개인의 연합체처럼 직접적인 서비스를 제공하는 것이 아닌 직접적인 서비스 기관과

1) 사회복지협의회(2011). 시군구 지역사회복지협의회 설치 필요성 조사연구.

간접적인 서비스를 제공하는 「사회복지사업법」 제33조 규정에 의하여 설치된 사회복지법인이다. 사회복지협의회는 사회복지에 관한 조사 · 연구와 각종 사회복지사업을 조성하고, 각종 사회복지사업과 활동을 조직적으로 협의 · 조정한다. 또한 사회복지에 대한 국민의 참여를 촉진시킴으로써 우리나라의 사회복지증진과 발전에 기여한다.

2) 사회복지협의회 연혁

- 1952년: 사단법인 한국사회사업연합회 설립
- 1959년: 국제사회복지협의회(ICSW) 회원가입
- 1961년: 사단법인 한국사회복지사업연합회로 개칭
- 1970년: 사회복지법인 한국사회복지협의회로 개칭
- 1983년: 「사회복지사업법」 개정으로 법정법단체화
- 1984년: 시 · 도 사회복지협의회 조직
- 1998년: 시 · 도 사회복지협의회 독립법인 설립
- 2002년: 한국 사회복지회관 준공
- 2003년: 「사회복지사업법」 개정으로 시 · 군 · 구 사회복지협의회 법인화
- 2007년: 사회공헌정보센터 개소
- 2009년: 보건복지부 산하 공공기관으로 지정
- 2012년: 한국사회복지협의회 창립 60주년 기념행사 및 CI 'SSN' 선포
- 2016년: 00세계사회복지대회 개최(우리나라 최초/ 83개국 2700여 명 참가)
- 2017년: 03 가족친화우수기관 인증(여성가족부)
- 2017년: 11 사회공헌정보센터 설립 10주년 기념 '글로벌 사회공헌포럼' 개최
- 2017년: 12 푸드뱅크 식품 · 생활용품 등 기부총량 연 2000억 원 돌파
- 2018년: 05 '따뜻하고 활기찬 지역복지공동체 구축'을 위한 지역혁신 프로젝트 전개

- 2018년: 09 사회공헌센터(CSR Center) 명칭 변경
- 2018년: 12 사회공헌 전문매거진 및 백서 발간

3) 사회복지협의회 기능 및 업무추진도

사회복지협의회는 민간사회복지기관으로서의 특성을 살려, 사회복지시설, 기관, 단체 등 상호 간의 이슈 및 여론, 사회복지 동향 및 흐름에 대한 사회복지계의 입장을 대변하고 여론을 일원화하여 협의조정 창구로서의 역할을 수행한다. 또한 사회복지 조성을 위한 각종 민간자원 활용 및 연계 등 사회서비스사업을 효과적으로 수행한다.

(1) 설치 근거법령

「사회복지사업법」 제33조 제1항에 의하면 사회복지에 관한 다음 각 호의 업무를 수행하기 위하여 전국 단위의 한국사회복지협의회(이하 '중앙협의회'라 한다)와 시 · 도 단위의 시 · 도 사회복지협의회(이하 '시 · 도협의회'라 한다)를 두며, 필요한 경우에는 시 · 군 · 구 단위의 시 · 군 · 구 사회복지협의회(이하 '시 · 군 · 구협의회'라 한다)를 둘 수 있다.

① 사회복지에 관한 조사 · 연구 및 정책 건의
② 사회복지 관련 기관 · 단체 간의 연계 · 협력 · 조정
③ 사회복지 소외계층 발굴 및 민간사회복지자원과의 연계 · 협력
④ 대통령령으로 정하는 사회복지사업의 조성 등

(2) 업무추진도

그림 11-1 사회복지협의회 업무추진도

4) 사회복지협의회 주요 사업

(1) 주요 사업

「사회복지사업법 시행령」 제12조에 의하면 사회복지협의회의 사업은 다음과 같다.

- 사회복지에 관한 교육훈련
- 사회복지에 관한 자료수집 및 간행물 발간
- 사회복지에 관한 계몽 및 홍보
- 자원봉사활동의 진흥
- 사회복지사업에 관한 기부문화의 조성
- 사회복지사업에 종사하는 사람의 교육훈련과 복지증진

- 사회복지에 관한 학술 도입과 국제사회복지단체와의 교류
- 보건복지부장관이 위탁하는 사회복지에 관한 업무[2)]
- 시 · 도지사 및 중앙협의회가 위탁하는 사회복지에 관한 업무[3)]
- 시 · 도지사, 시장 · 군수 · 구청장, 중앙협의회 및 시 · 도협의회가 위탁하는 사회복지에 관한 업무[4)]
- 그 밖에 중앙협의회, 시 · 도협의회, 시 · 군 · 구협의회의 목적 달성에 필요하여 각각의 정관에서 정하는 사항

(2) 중앙사회복지협의회 주요 사업

① 국제협력

한국사회복지협의회는 1959년 Social Welfare(International Council on Social Welfare: ICSW)에 회원으로 가입하였으며, 국제 사회복지기관들과의 교류와 국제사회복지대회의 한국 개최, 한국형 복지모델 전수, 국제회의 참가, 국제 사회복지 관련 단체들과 협력 증진 등의 활동을 활발하게 전개하고 있다. 한국사회복지협의회는 지난 50년간 축적되어 온 한국의 복지시설 운영 노하우를 개발도상국에 전수하고자 개방도상국의 사회복지종사자 역량강화 및 서비스 개선을 위한 한국형 복지모델 전수 사업을 적극적으로 추진하였다. 또한 한국은 한 · 일 · 대만 민간사회복지기관 대표회의를 통한 한국 · 일본 · 대만 세 국가 간의 주요 현안과제에 대해 발전방향을 모색하며 활발한 국제교류를 진행하고 있으며, ICSW 회원 간의 교류와 사회복지 현안 문제점에 대한 대책과 새로운 프로그램 개방을 위하여 매년 격년으로 개최되는 세계사회복지대회가 없는 해에는 지역별로 ICSW 지역대회를 개최하고 있다.

---

2) 법 제33조 제1항에 따른 중앙협의회(이하 "중앙협의회"라 한다)만 해당한다. 2004년부터 보건복지부의 위탁사업으로 사회복지시설평가사업을 수행하고 있다.

3) 법 제33조 제1항에 따른 시 · 도협의회(이하 "시 · 도협의회"라 한다)만 해당한다.

4) 법 제33조 제1항에 따른 시 · 군 · 구협의회(이하 "시 · 군 · 구협의회"라 한다)만 해당한다.

- ICSW 지역편성(9개 지역)
  - Central & West Africa(중앙 · 서아프리카)
  - East & Southern Africa(동 · 남아프리카)
  - North Africa & the Middle East(북아프리카, 중동)
  - South & Central Asia(남 · 중앙아시아)
  - South East Asia & the Pacific(남동아시아, 태평양)
  - North East Asia(동북아시아-한국 포함)
  - Europe(유럽)
  - North America(북아메리카)
  - Latin America & Caribbean(라틴아메리카, 카리브해)

② 교육훈련

가. 사업근거

「사회복지사업법」 제10조(지도훈련) 제1항에 의거하여 보건복지부장관은 이 법 기타 사회복지 관련 법률의 시행에 관한 사무에 종사하는 공무원과 사회복지사업에 종사하는 자의 자질향상을 위하여 인권교육 등 필요한 지도와 훈련을 할 수 있다.

사회복지사업법 시행령 제12조(한국사회복지협의회 등의 업무)에 의하면 사회복지에 관한 교육훈련 및 사회복지사업에 종사하는 사람의 교육훈련과 복지증진을 한다.

나. 교육훈련 과정

직무능력향상교육은 한국사회복지협의회가 '사회복지인재 양성'을 목적으로 사회복지 현장이 요구하는 교육과정을 개발하여 종사자가 실제 업무에 바로 활용할 수 있도록 지원하는 교육이다.

- 직무공통과정: 일선 종사자를 위한 공통영역 교육(평가영역, 지역사회조직, 사례관리, 자원개발관리, 홍보마케팅, 프로그램기획과 평가 등)
- 직무특수과정: 특수직무 종사자를 위한 특수영역 교육(사회복지상담, 서비스, 조직인사관리, 회계세무관리, 기능보강유지관리, 법인 · 시설설치운영 등)

- 직무역량과정: 직무능력수준별 직무역량 교육(최고관리자, 상급관리자, 중간관리자, 초급관리자, 경력실무자 등)
- 직무개발과정: 직무능력수준별 직무개발 교육(한국산업인력공단 사회복지 분야 국가직무능력표준(National Competency Standards: NCS)을 활용하여 개설된 교육으로 능력단위요소별 사회복지행정, 사회복지개발, 프로그램운영에 대한 직무개발 교육 등)

③ 시설평가

가. 도입배경

「사회복지사업법」 제43조 및 동법 시행령 제27조에 의거하여 1998년 「사회복지사업법」의 개정을 통해 모든 사회복지시설은 3년마다 최소 1회 이상 평가를 받도록 법제화되었다.

나. 평가목적

첫째, 사회복지시설의 투명성과 서비스의 질 향상을 통한 사회복지시설 이용자와 국민의 복지수준 향상에 기여한다. 둘째, 사회복지시설 평가결과를 반영한 예산집행의 효율성 및 합리성 유도한다. 셋째, 사회복지시설 운영의 선진화 지원을 한다. 넷째, 사회복지시설의 평가지표 추가개발 및 세부 유형별 평가지표의 보완을 통하여 평가의 타당도와 신뢰도를 향상시킨다.

다. 주요 일정

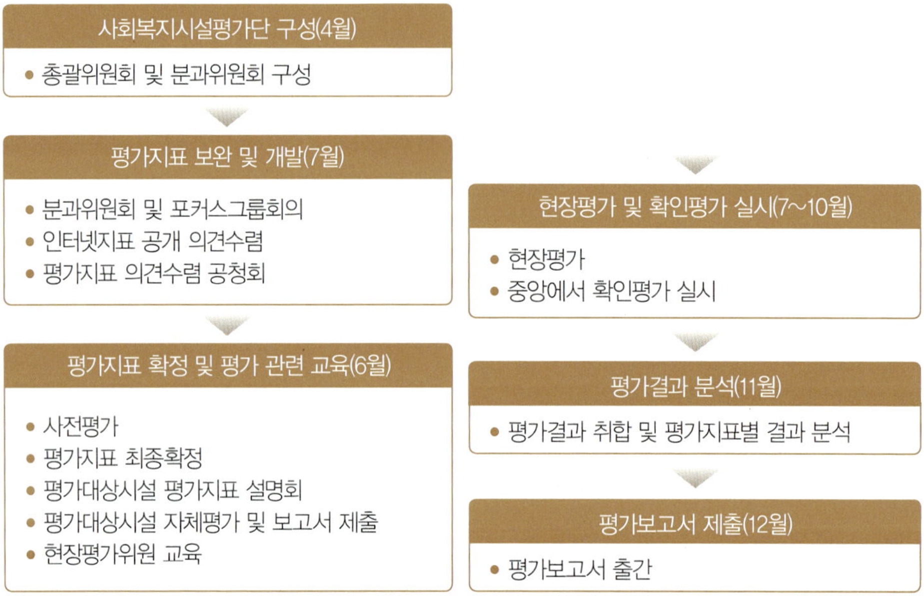

그림 11-2 사회복지협의회 시설평가 일정

④ 자원봉사인증

가. 사회복지자원봉사관리시스템 VMS(www.vms.or.kr)

2001년 오픈 이후 자원봉사자가 이용하는 우리나라 최고의 자원봉사실적관리시스템으로, 2015년 12월 기준 전국 12,701개소 VMS관리센터에서 활동한 봉사활동 실적정보를 한 눈에 확인할 수 있다.

표 11-1 VMS 사업내용

VMS에서 제공하는 콘텐츠	
사회복지자원봉사 통계정보	1004지역사회봉사단 소개 및 참여방법 안내
이달의 우수봉사자(단체) 선발 및 소개	VMS관리센터 및 봉사일감 조회
사회복지봉사활동 실적인증서 발급 및 발급내용 조회	자원봉사활동 신청하기
	자원봉사와 관련된 각종 자료

나. 사업근거

- 「사회복지사업법」 제9조 및 동법시행령 제25조
- 사회복지자원봉사 관리규정(보건복지부)
- 「자원봉사활동 기본법」 제3조 및 제4조

다. 사업목적

- 사회복지자원봉사활동 실적의 인증관리 및 인정과 보상체계 마련
- 사회복지자원봉사활동의 효율적인 운영관리 및 상호협력체계 구축
- 사회복지자원봉사활동의 정책통계 제공 및 활성화 기반 조성
- 사회복지 인적 자원의 효과적 활용을 통한 생산적 복지증진 기여

⑤ 푸드뱅크

기부식품제공사업인 푸드뱅크 · 마켓은 식품제조기업 및 개인 등으로부터 여유식품 및 생활용품을 기부받아 지역사회 내 결식아동, 독거어르신, 재가장애인, 무료급식소, 지역아동센터 등 빈곤계층에게 전달함으로써 우리 사회 결식의 완화 또는 해소에 기여하는 나눔의 제도이다.

가. 기부식품제공사업 체계

- 보건복지부: 제도 개선, 정책개발, 전국푸드뱅크(한국사회복지협의회) 지원
- 자치단체: 관할 지역의 광역 · 기초 푸드뱅크, 푸드마켓 지원
- 전국푸드뱅크(한국사회복지협의회 위탁 운영)
  - 전국단위의 홍보, 대형 식품기부처 발굴, 중앙물류센터 운영, 기부식품 이용자의 보험가입 및 관리, 푸드뱅크 종사자 교육
- 광역 · 기초푸드뱅크
  - 전국푸드뱅크의 중앙물류센터에서 배분받은 기부식품을 소외계층에 전달
  - 지역 식품기업 등 기부처 발굴, 지역 기부식품네트워크 구축

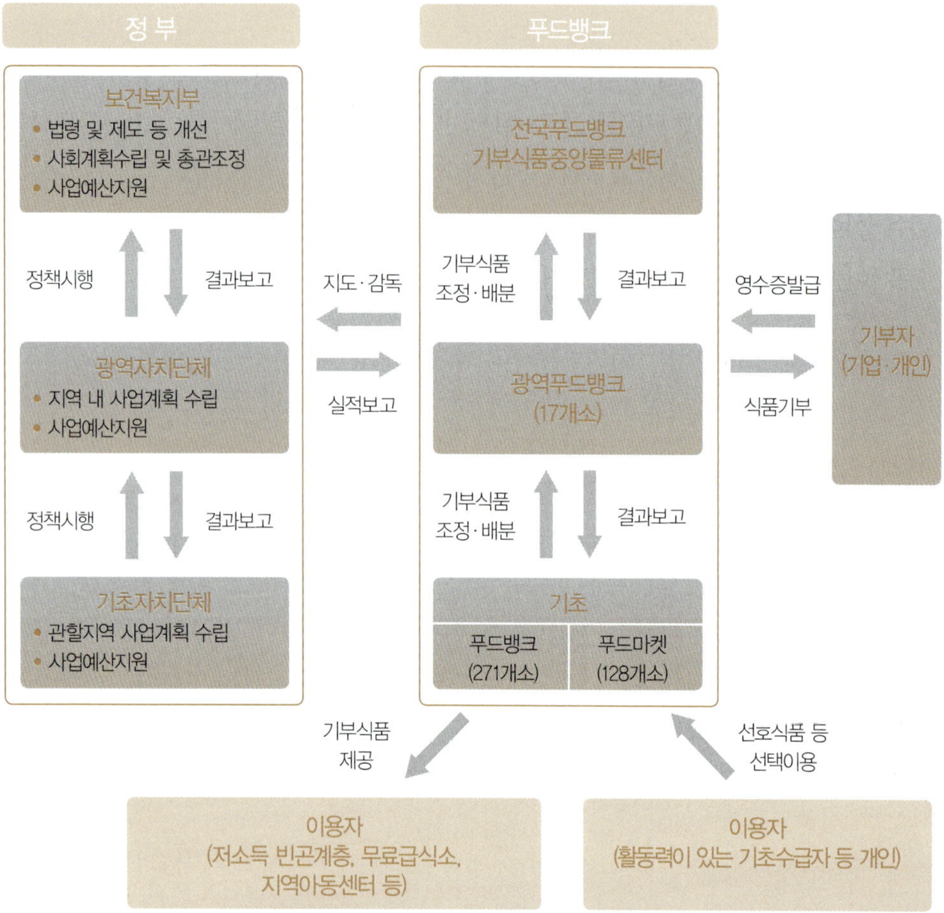

그림 11-3 푸드뱅크 기부식품제공사업 체계

⑥ 복지넷

복지넷은 사회복지 및 자원봉사 관련 각종 복지정보를 종합적으로 또는 체계적으로 정보화하고 이를 대국민에게 신속하게 무료로 서비스하는 사회복지포털 서비스이다.

표 11-2 복지넷 주요 서비스

서비스명	서비스 내용
사회복지법령정보	관련 법령들의 원문 및 입법예고 현황 등 안내
복지캠퍼스	사회복지 관련 대학현황 및 입시정보
취업정보	구인, 구직, 직업정보 등 제공
시설단체	전국 5,100여 시설단체의 기초 정보 안내
복지용어	사회복지용어사전에서 발췌한 4,000여 용어 설명
사회복지프로그램	사회복지에 활용 가능한 프로그램 소개
사회복지 동향	정부의 복지시책 등 복지계의 정보안내
배우는 자원봉사	자원봉사의 개념부터 학습할 수 있는 서비스
자원봉사프로그램	자원봉사활성화를 위한 각종 프로그램 소개
자원봉사교육강사	각 분야별 교육 가능한 전국의 전문강사진 소개
기타	웹메일, 커뮤니티, 엔터테인먼트, 링크서비스(2,500여 site) 등

⑦ 좋은이웃들

좋은이웃들 사업은 소외된 이웃들의 지킴이로, 우리 주변에 도움이 필요한 소외된 이웃을 찾고, 지원하기 위해 지역주민들을 중심으로 구성된 봉사단이다. 2015년 현재 전국 100개의 지역에서 좋은이웃들 사업이 운영되고 있으며, 민·관협력을 통한 복지소외계층 상시발굴 시스템을 구축하고 있다. 지역사회 민간자원을 체계적으로 활용하여 소외된 우리 이웃에 대한 지역사회의 관심과 복지 체감도를 높이고 있다.

가. 발굴 대상자

- 일정한 주거지가 없는 비정형 거주자
- 비수급자로 복지서비스가 꼭 필요한 사람
- 빈곤, 학대, 유기 및 방임으로 인한 피학대자
- 교육과 생활이 어려운 조손가정, 한부모가족, 다문화가족
- 중증질환으로 의료비 부담이 큰 저소득가정

- 자녀와의 실질적 단절로 도움을 받지 못하는 독거노인
- 그 밖에 기존 공적 지원체계로 발굴 · 지원이 어려운 복지대상자

나. 좋은이웃들 사업 운영체계도

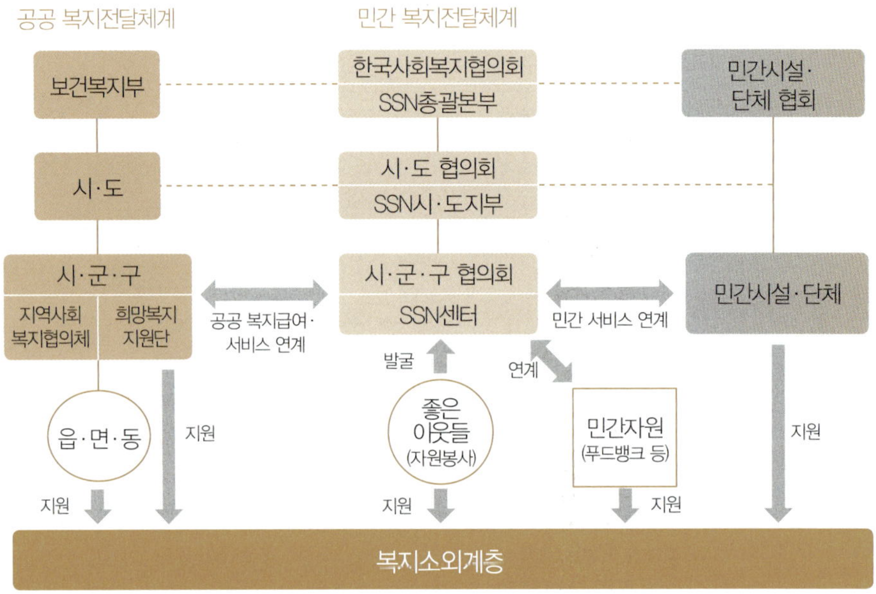

그림 11-4 좋은이웃들 사업체계

⑧ 디딤씨앗통장

가족해체와 소득불평등으로 빈곤아동이 증가하고 있으며, 이로 인하여 학업이나 꿈을 포기하는 아동이 증가하고 있다. 빈곤가정의 아동은 교육의 기회가 줄어들어 가난 대물림 가능성이 크다. 또한 외환위기, 세계 금융위기로 인한 소득불평등 및 상대 빈곤율의 증가 또한 활동이 취약한 아동에게 더 큰 어려움을 안겨 주고 있다. 따라서 이들이 사회로 나아갈 때 겪을 수 있는 경제적 어려움을 덜어 주고 보다 나은 자립 여건을 마련해 주기 위해서는 나눔이 꼭 필요하다.

가. 대상아동

대상아동은 시설보호아동, 가정위탁보호아동, 소년소녀가정아동, 공생활가정(그룹홈)아동, 장애인시설보호아동, 가정복귀아동, 국민기초생활수급자가정 아동(1999~2003년 출생)이다.

나. 지원기간

0세부터 만 18세 미만까지 지원한다. 국가(지자체)의 정부매칭지원금은 만 18세 미만까지이나 본인의 적립계좌는 만 24세까지 지속적으로 저축이 가능하다.

다. 사용용도

사용용도는 대학(대학원)학자금, 기술자격 및 취업훈련비, 창업지원금, 주거비, 의료비, 결혼자금 등이다.

- 오직 아동의 자립을 위한 목적으로만 사용된다.
- 학자금 마련: 2(3)년제 대학, 4년제 대학, 대학원, 입학금, 등록금, 대학 기숙사비
- 창업 지원: 사무실 보증금, 장비구입비, 시설 설치비
- 결혼자금: 본인 희망 시 결혼 및 결혼생활 비용 지원
- 자격증 및 취업훈련: 국가자격증, 국제자격증, 국가고시, 학원등록금(운전면허증 등)
- 의료비 지원: 진료비, 의료비, 재활치료비, 기타 의료비
- 주거비 마련: 임대아파트 보증금, 주택 구입자금, 전세금 등

라. 비전 및 목표

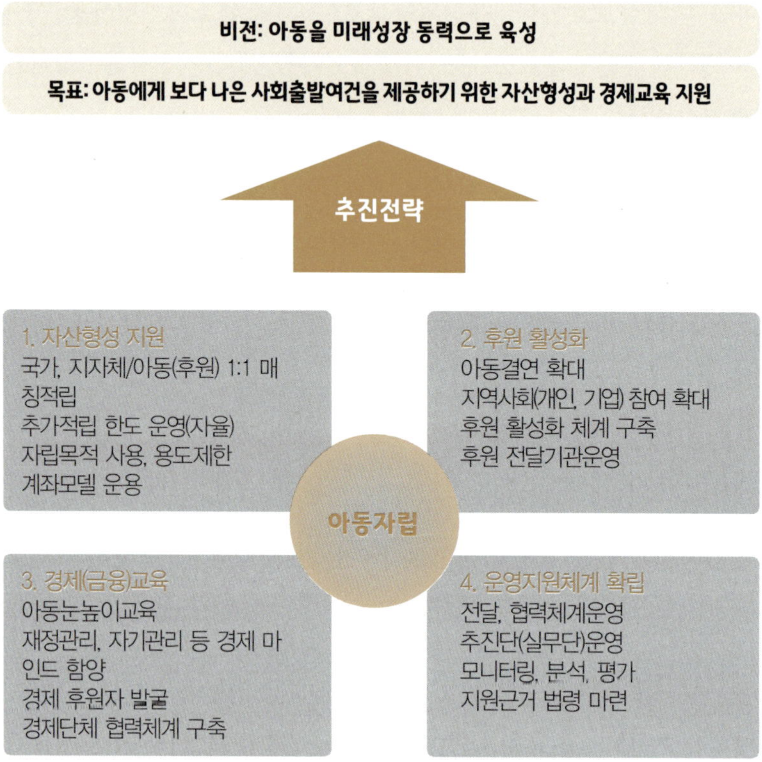

그림 11-5 디딤씨앗통장의 비전 및 목표

⑨ 그 외 사업

가. 휴먼네트워크

휴먼네트워크는 개인적 역량과 네트워크를 가진 사람과 이를 필요로 하는 사람을 1:1(멘토-멘티)로 연결하여 정서적 지지 등을 통해 비전 형성을 돕고, 역량을 강화하는 선진화된 사회공헌 프로그램이다.

나. 새생명지원사업

새생명지원사업은 1991년부터 MBC 문화방송 '어린이에게 새 생명을…' 방송을 통해 조성된 국민성금을 기반으로 경제적 어려움에 처한 만 18세 이하 소아암 · 백혈병 환아에 대한 진료비지원사업이다. 2013년부터는 지원대상의 연령을 확대하여 근로능력이 없는 대학생(만 24세)에 대하여 지원을 받을 수 있도록 하는 등 국가의 의료비지원정책 사각지대에 놓인 환아들을 지원한다.

다. 사회공헌정보센터

사회공헌정보센터는 기업의 사회공헌활동 활성화 및 사회공헌 총량 확대를 위한 다양한 정보제공, 사업연계, 조사 · 연구 등의 사업을 수행한다.

라. 사랑나눔실천운동

사랑나눔실천운동은 사회적 도움이 절실한 소외계층의 아동 · 청소년, 장애인, 노인, 사회복귀 성인에게 생계비, 자립, 재활, 치료비 등 후원대상자 및 프로그램을 선택하여 후원에 참여하는 민 · 관협력의 범국민적 '나눔문화 참여운동'이다.

마. 지방협의회 육성

지방협의회 육성은 지역사회복지협의회 조직 확대를 통한 민간사회복지전달체계를 구축하고 사회복지협의회 활성화를 통한 정체성 확립과 지역사회의 복지증진을 도모한다. 또한 중앙, 시 · 도, 시 · 군 · 구사회복지협의회 임 · 직원의 역량을 강화한다.

바. 사회복지증진

사회복지증진은 「사회복지사업법」 제15조 제2항(사회복지의 날)에 의거하여 국민의 사회복지에 대한 이해를 증진하고 사회복지사업종사자의 활동을 장려하기 위하여 매년 「국민기초생활보장법」 공포일(9월 7일)을 '사회복지의 날'로 하고 한 주간(9.7~9.13)을 사회복지 주간으로 제정한다.

사. 홍보출판

홍보출판은 2005년 「복지타임즈」를 오픈하면서 사회복지에 관한 정보를 신속하고 다양하게 제공하고, 뉴스와 다양한 기획 · 분석을 통해 사회복지인들과 일반 국민들에게 사회복지 정보를 제공하는 사회복지 인터넷신문이다.

5) 사회복지협의회 개선방안

(1) 사회복지협의회의 역할 정립

사회복지협의회는 민간기관들 간의 유기적 관계를 통해서 민간사회복지를 발전시켜야 한다. 정부와 민간복지기관들 간의 매개적 기능을 수행하기 위해 형성된 비자발적인 조직으로, 민간시설 간의 네트워크 기능을 수행하며 민간의 대표(대변)조직으로서 공공과 민간의 가교 역할을 수행하여야 한다. 또한 지역 내 필요한 연합사업, 민간시설이 단독으로 수행할 수 없는 공동사업의 역할에 집중할 수 있어야 한다.

그러나 사회복지협의회는 직접적인 서비스보다는 간접적인 서비스를 위주로 협회나 단체를 총괄적으로 협의 · 조정하고 지원하기 때문에 뚜렷한 성과나 효과가 단기간 내에 나타나기가 쉽지 않다. 그렇기 때문에 사회복지협의회에 대한 브랜드나 정체성을 발견하는 데 큰 어려움과 혼란을 겪고 있다.[5] 따라서 사회복지협의회는 지역사회에서 공공과 민간의 가교 역할을 수행하는 기관으로 사회복지시설이나 기관들의 인식과 관심을 전환할 수 있는 사회복지협의회의 궁극적인 역할을 확립하여야 할 것이다.

(2) 사회복지협의회의 재정적 자립

사회복지협의회는 사업을 수행하는 데 있어서 재정적인 어려움이 있다. 사회복지협의회의 주된 재원은 회비, 공동모금회 지원금, 보조금, 위탁비, 기부금 등으로 구성되어 있으며, 새로운 사업을 하기 위해서는 어렵게 신규사업비를 받아야 한다. 또한 적극적인 지원을 받기가 힘들기 때문에 예산을 수반한 새로운 사업을 시행하

---

5) 정지웅 · 이현아 · 백소영(2015).

기가 쉽지 않다. 따라서 사회복지협의회의 안정적인 운영을 위해 재정적인 지원과 독립이 요구된다.

2. 사회복지관

1) 사회복지관의 정의 및 목표

사회복지관은 지역사회를 기반으로 일정한 시설과 전문 인력을 갖추고 지역주민의 참여와 협력을 통해 지역사회의 복지 문제를 예방하고 해결하기 위하여 종합적인 복지서비스를 제공하는 시설을 말한다.[6] 사회복지관은 지역사회의 특성과 지역주민의 다양한 복지욕구를 고려하고 문제를 발견하여 주민에게 필요한 서비스를 제공하고, 지역사회 차원에서 주민의 복지증진과 삶의 질 향상을 위해 복지서비스를 제공하는 지역복지증진을 위한 기관이다. 이러한 사회복지관은 사회복지서비스 욕구를 가지고 있는 모든 지역주민을 대상으로 보호서비스, 재가복지서비스, 자립능력 배양을 위한 교육훈련 등 그들이 필요로 하는 복지서비스를 제공하고, 가족기능 강화 및 주민 상호 간 연대감 조성을 통한 각종 지역사회 문제를 예방 · 치료하는 종합적인 복지서비스 전달기구로서, 지역사회 주민의 복지증진을 위한 중심적 역할을 수행하여야 한다.

2) 사회복지관의 연혁

- 1906년: 원산 인보관운동에서 사회복지관사업 태동
- 1921년: 서울에 최초로 태화여자관 설립
- 1926년: 원산에 보혜여자관 설립

6) 「사회복지사업법」 제2조 제5호.

- 1930년: 서울에 인보관 설치
- 1975년: 국제사회복지관연합회 회원국 가입
- 1976년: 한국사회복지관연합회 설립(22개 사회복지관)
- 1983년: 「사회복지사업법」 개정으로 사회복지관 운영 국고보조
- 1986년: 사회복지관 운영 · 국고보조사업지침 수립
- 1989년: 「주택건설촉진법」 등에 의해 저소득층 영구임대아파트 건립 시 일정 규모의 사회복지관 건립을 의무화
- 1989년: 사회복지관 설치 · 운영규정 제정
- 1989년: 사회복지법인 한국사회복지관협회 설립
- 2004년: 사회복지사업법 시행규칙 사회복지관의 설치기준 신설

  * 사회복지관 설치 · 운영규정 폐지
- 2012년: 「사회복지사업법」 개정(2012. 8. 5 시행)

  * 사회복지관의 설치 등 규정 신설
- 2016년: 읍 · 면 · 동 복지허브화에 대한 입장보고서 발표
- 2018년: 사회복지관의 날 기념 「사회복지관 프로그램 박람회」 개최
- 2020년: 코로나19 관련 지원사업 실시(11개/ 총 5,312,072천 원)

3) 사회복지관 운영의 기본 원칙

사회복지관의 운영원칙은 사회복지관 설치 · 운영규칙 제4조에 따르면 사회복지관이 행하는 인도주의와 서비스를 필요로 하는 자의 존엄유지를 전제로 하고 있다. 기본 원칙은 모두 8가지로, 지역성의 원칙, 전문성의 원칙, 책임성의 원칙, 자율성의 원칙, 통합성의 원칙, 자원활용의 원칙, 중립성의 원칙, 투명성의 원칙이 있다.

(1) 지역성의 원칙

사회복지관은 지역사회의 특성과 지역주민의 문제나 욕구를 신속하게 파악하고 반

영하여 지역사회의 문제를 해결하고 이에 따른 서비스를 제공하여야 하며, 지역주민의 적극적 참여를 유도하여 주민의 능동적 역할과 책임의식을 조장하여야 한다.

(2) 전문성의 원칙

사회복지관은 다양한 지역사회 문제에 대처하기 위해 일반적 프로그램과 특정한 문제를 해결할 수 있는 전문적 프로그램이 병행될 수 있도록 전문 인력에 의거하여 사업을 수행하고 이들 인력에 대한 지속적인 재교육 등을 통해 전문성을 증진하도록 하여야 한다.

(3) 책임성의 원칙

사회복지관은 서비스 이용자의 욕구를 충족하고 지역사회 문제를 해결함에 있어서 효과성을 극대화하기 위하여 최선의 노력을 기울여야 한다.

(4) 자율성의 원칙

사회복지관은 다양한 복지서비스를 효율적으로 제공하기 위하여 사회복지관의 능력과 전문성이 최대한 발휘될 수 있도록 자율적으로 운영하여야 한다.

(5) 통합성의 원칙

사회복지관은 사업을 수행함에 있어 지역 내 공공 및 민간복지기관 간에 연계성과 통합성을 강화시켜 지역사회복지체계를 효율적이고 효과적으로 운영되도록 하여야 한다.

(6) 자원활용의 원칙

사회복지관은 주민욕구의 다양성에 따라 다양한 기능인력과 재원을 필요로 하므로 지역사회 내의 복지자원을 최대한 동원 · 활용하여야 한다.

(7) 중립성의 원칙

사회복지관은 정치활동, 영리활동, 특정 종교활동 등으로 이용되지 않도록 중립성이 유지되어야 한다.

(8) 투명성의 원칙

사회복지관은 자원을 효율적으로 이용하고 운영과정의 투명성을 유지하여야 한다.

4) 사회복지관 사업

사회복지사업은 지역사회의 특성과 지역주민의 복지욕구를 고려하여 서비스의 제공 등 지역복지증진을 위한 사업을 실시한다.

(1) 사업의 대상

사회복지관 사업의 대상은 모든 지역주민을 대상으로 사회복지서비스를 실시하되, 다음 각 호의 지역주민에게 우선적으로 제공하여야 한다.

- 「국민기초생활보장법」에 따른 수급자 및 차상위계층
- 장애인, 노인, 한부모가족 및 다문화가족
- 직업 및 취업알선이 필요한 사람
- 보호와 교육이 필요한 유아 · 아동 및 청소년
- 그 밖에 사회복지관의 사회복지서비스를 우선 제공할 필요가 있다고 인정되는 사람

(2) 사업의 전환

사회복지관의 제반 사업은 저소득 취약계층과 지역주민에 대한 실질적인 사회복지서비스가 이루어질 수 있도록 각 사업을 유기적으로 연계하여 실시하여야 한다.

사업을 단계별로 나눠볼 때 크게 3단계로 구분하여 볼 수 있다. 1단계는 2004년 이전까지 볼 수 있으며 사업 분야를 대상별로 분류하였다. 2단계는 2004년 이후부터 2012년으로 사업 분야를 지역사회에서 사회복지관의 역할에 따라 분류되었다. 그러다 2013년부터 사회복지관의 기능에 따라 사업이 분류되었다.

표 11-3 사회복지관의 사업 전환(사회복지사업법 시행규칙 별표3)[7]

구분	단계		
	1단계(2004년 이전)	2단계(2004~2012년)	3단계(2013년~현재)
사업 분야 영역	대상별 분류	사회복지관 역할에 따른 분류	사회복지관 기능에 따른 분류
사업 분야	• 가정복지 – 가정문제 종합상담 – 직업·부업 기능훈련 – 취업안내 – 보건·의료서비스 – 선의봉사실 운영 – 생활안정자금 지원 – 주민 교양교육 및 취미교실 운영 – 국민기초생활보장 수급권자 상담 및 사후관리	• 가족복지사업 – 가족관계증진 – 가족기능 보완 – 가정문제 해결·치료 – 부양가족지원 • 지역사회보호사업 – 급식서비스 – 보건의료서비스 – 경제적 지원 – 일상생활 지원 – 정서서비스 – 일시보호서비스 – 재가복지봉사서비스	• 사례관리기능 – 사례발굴 – 사례개입 – 서비스연계 • 서비스 제공기능 – 가족기능강화 – 지역사회보호 – 교육문화 – 자활지원 등 기타 • 지역조직화기능 – 복지네트워크 구축 – 주민조직화 – 자원개발 및 관리

7) 제23조의2 ① 사회복지관에는 사무분야와 별표 3에 따른 사업 분야별로 이를 수행할 수 있는 직원을 각각 두거나 겸직할 수 있도록 하되, 직원의 수는 사회복지관의 규모 및 수행하는 사업을 고려하여 정하여야 한다.

<table>
<tr><th rowspan="2">구 분</th><th colspan="3">단 계</th></tr>
<tr><th>1단계(2004년 이전)</th><th>2단계(2004~2012년)</th><th>3단계(2013년~현재)</th></tr>
<tr><td>사업 분야</td><td>• 아동복지사업
– 아동상담 및 사회교육
– 어린이 공부방
– 어린이 기능교실
– 부모상담 및 교육
– 유아 보육
• 청소년복지사업
– 청소년상담 및 사회교육
– 청소년 독서실
– 근로청소년 사회교육
– 청소년 기능교실
• 노인복지사업
– 노인 사회교육 및 여가지도
– 어려운 노인 결연
– 노인 부업실
– 노인 가정봉사원 파견
– 노인 식사 및 목욕서비스
• 장애인복지사업
– 장애인서비스 알선 및 이송
– 자립작업장 설치·운영
– 재가장애인 서비스
• 지역복지사업
– 주민사회교육
– 자원봉사자 양성
– 후원자 개발
– 지역사회조직
– 주민 편의시설 제공
– 생활 편의 제공</td><td>• 지역사회조직사업
– 주민조직화 및 교육
– 복지네트워크 구축
– 자원봉사자 양성 및 후원자 개발·조직
• 교육·문화 사업
– 아동·청소년 기능교육
– 성인 기능교실
– 노인 여가문화
– 문화복지
• 자활사업
– 직업기능 훈련
– 취업알선
– 직업능력 개발
– 자활공동체 육성</td><td></td></tr>
</table>

(3) 사회복지관의 사업 내용

현재 사회복지관의 시행 중인 사업은 〈표 11-4〉와 같이 사회복지사업법 시행규칙 제23조의2에 근거하여 2013년부터 사회복지관 기능에 따른 사업을 분야별로 운영하고 있다. 사회복지관의 관장은 지역사회의 특성과 지역주민의 복지욕구를 고려한 사업을 선택하여 복지사업을 수행하여야 한다. 지역주민의 복지욕구에 내한 조사, 관계 행정기관 및 단체의 의견을 수렴하여 매년도의 사회복지관의 복지사업계획을 수립해야 한다.

표 11-4 사회복지관의 사업 내용

기능	사업 분야	사업 및 내용
사례관리 기능	사례발굴	지역 내 보호가 필요한 대상자 및 위기 개입대상자를 발굴하여 개입계획 수립
	사례개입	지역 내 보호가 필요한 대상자 및 위기 개입대상자의 문제와 욕구에 대한 맞춤형 서비스가 제공될 수 있도록 사례개입
	서비스연계	사례개입에 필요한 지역 내 민간 및 공공의 가용자원과 서비스에 대한 정보 제공 및 연계, 의뢰
서비스 제공기능	가족기능 강화	1. 가족관계증진사업: 가족원 간의 의사소통을 원활히 하고 각자의 역할을 수행함으로써 이상적인 가족관계를 유지함과 동시에 가족의 능력을 개발·강화하는 사업 2. 가족기능보완사업: 사회구조 변화로 부족한 가족기능, 특히 부모의 역할을 보완하기 위하여 주로 아동·청소년을 대상으로 실시되는 사업 3. 가정문제해결·치료사업: 문제가 발생한 가족에 대한 진단·치료·사회복귀 지원 사업 4. 부양가족지원사업: 보호대상 가족을 돌보는 가족원의 부양부담을 줄여 주고 관련 정보를 공유하는 등 부양가족 대상 지원사업 5. 다문화가정, 북한이탈주민 등 지역 내 이용자 특성을 반영한 사업
	지역사회 보호	1. 급식서비스: 지역사회에 거주하는 요보호 노인이나 결식아동 등을 위한 식사제공 서비스 2. 보건의료서비스: 노인, 장애인, 저소득층 등 재가복지사업대상자들을 위한 보건·의료 관련 서비스 3. 경제적 지원: 경제적으로 어려운 지역사회 주민들을 대상으로 생활에 필요한 현금 및 물품 등을 지원하는 사업 4. 일상생활 지원: 독립적인 생활능력이 떨어지는 요보호 대상자들이 시설이 아닌 지역사회에 거주하기 위해서 필요한 기초적인 일상생활 지원서비스 5. 정서서비스: 지역사회에 거주하는 독거노인이나 소년소녀가장 등 부양가족이 없는 요보호 대상자들을 위한 비물질적인 지원 서비스 6. 일시보호서비스: 독립적인 생활이 불가능한 노인이나 장애인 또는 일시적인 보호가 필요한 실직자·노숙자 등을 위한 보호서비스 7. 재가복지봉사서비스: 가정에서 보호를 요하는 장애인, 노인, 소년·소녀 가정, 한부모가족 등 가족기능이 취약한 저소득 소외계층과 국가 유공자, 지역사회 내에서 재가복지봉사서비스를 원하는 사람에게 다양한 서비스 제공

기능	사업 분야	사업 및 내용
서비스 제공기능	교육문화	1. 아동·청소년 사회교육: 주거환경이 열악하여 가정에서 학습하기 곤란하거나 경제적 이유 등으로 학원 등 다른 기관의 활용이 어려운 아동·청소년에게 필요한 경우 학습 내용 등에 대하여 지도하거나 각종 기능 교육 2. 성인기능교실: 기능습득을 목적으로 하는 성인사회교육사업 3. 노인 여가·문화: 노인은 대상으로 제공되는 각종 사회교육 및 취미 교실운영사업 4. 문화복지사업: 일반 주민을 위한 여가·오락프로그램, 문화 소외집단을 위한 문화프로그램, 그 밖에 각종 지역문화행사사업
	자활지원 등 기타	1. 직업기능훈련: 저소득층의 자립능력배양과 가계소득에 기여할 수 있는 기능훈련을 실시하여 창업 또는 취업을 지원하는 사업 2. 취업알선: 직업훈련 이수자 기타 취업희망자들을 대상으로 취업에 관한 정보제공 및 알선사업 3. 직업능력 계발: 근로의욕 및 동기가 낮은 주민의 취업욕구 증대와 재취업을 위한 심리·사회적인 지원프로그램 실시사업 4. 그 밖의 특화사업지역 내 보호가 필요한 대상자 및 위기 개입대상자의 문제와 욕구에 대한 맞춤형 서비스가 제공될 수 있도록 사례개입
지역조직화기능	복지 네트워크 구축	지역 내 복지기관·시설들과 네트워크를 구축함으로써 복지서비스 공급의 효율성을 제고하고, 사회복지관이 지역복지의 중심으로서의 역할을 강화하는 사업 – 지역사회연계사업, 지역욕구조사, 실습지도
	주민조직화	주민이 지역사회 문제에 스스로 참여하고 공동체 의식을 갖도록 주민 조직의 육성을 지원하고, 이러한 주민협력강화에 필요한 주민의식을 높이기 위한 교육을 실시하는 사업 – 주민복지증진사업, 주민조직화 사업, 주민교육
	자원개발 및 관리	지역주민의 다양한 욕구 충족 및 문제해결을 위해 필요한 인력, 재원 등을 발굴하여 연계 및 지원하는 사업 – 자원봉사자 개발·관리, 후원자 개발·관리

자료: 한국사회복지관협회.

5) 사회복지관 현황

(1) 규모별 사회복지관 현황

우리나라 사회복지관의 현황은 〈표 11-5〉와 같다. 사회복지관은 건물의 규모에 따라 '가형(건평 2,000㎡ 이상)', '나형(건평 1,000~2,000㎡)', '다형(건평 1,000㎡ 미만)'으로 구분되어 있으며, 2022년 초 전국의 사회복지관은 472개소가 설치·운영되고 있다.

표 11-5 규모별 사회복지관 현황(2021. 1. 기준)

구 분	개소수
가 형(건평 2,000㎡ 이상)	222
나 형(건평 1,000~2,000㎡)	202
다 형(건평 1,000㎡ 미만)	48
총 계	472

자료: 한국사회복지관협회.

(2) 연도별 사회복지관 현황

연도별 사회복지관 현황은 〈표 11-6〉과 같다. 1989년 저소득층 영구임대아파트 건립 시 일정규모의 사회복지관 건립이 의무화되면서 사회복지관의 증가에 결정적인 역할을 하였다. 1989년 39개소였던 사회복지관이 2004년 383개소로 사회복지관 설치·운영규정이 폐지될 때까지 약 344개소가 증가하였다.

표 11-6 연도별 사회복지관 현황

년도	1989	1990	1991	1992	1993	1994	1995	1996	1997	1998
계	39	58	89	152	188	224	261	284	293	308
년도	1999	2000	2001	2002	2003	2004	2005	2006	2007	2008
계	324	338	351	356	363	383	394	397	407	410
년도	2009	2010	2011	2012	2013	2014	2015	2016	2017	2018
계	416	420	428	437	438	442	453	459	464	465
년도	2019	2020								
계	467	475								

자료: 한국사회복지관협회.

(3) 지역별 사회복지관 현황

사회복지관의 지역별 현황은 〈표 11-7〉과 같이 서울이 98개소(임대지역 31개소, 일반 지역 67개소)로 가장 많으며, 경기 84개소(임대지역 28개소, 일반 지역 56개소), 부산 53개소(임대지역 18개소, 일반 지역 35개소)순으로, 사회복지관이 설치 · 운영되고 있다.

표 11-7 지역별 사회복지관 현황

시·도	계	임대지역	일반 지역	시·도	계	임대지역	일반 지역
서울	98	31	67	강원	18	5	13
부산	53	18	35	충북	13	5	8
대구	27	13	14	충남·세종	23	6	17
인천	20	6	14	전북	17	9	8
광주	20	12	8	전남	15	7	8
대전	21	8	13	경북	15	11	4
울산	8	2	6	경남	31	7	23
경기	84	28	56	제주	10	2	8
				총 계	472	168	304

자료: 한국사회복지관협회.

6) 사회복지관의 설치 · 운영

(1) 시설설치의 우선순위

사회복지관은 시 · 도지사 및 시장 · 군수 · 구청장이 설치하고자 할 때에는 저소득층 밀집지역, 공단주변 지역, 역 주변, 농어촌 등 취약지역에 우선 설치한다. 또한 보호대상자 및 인구수, 기타 지역의 특성과 지역주민의 복지욕구 등을 고려하여 사회복지관이 일부 지역에 편중되지 않도록 한다.

(2) 사회복지관의 설치·운영 주체

사회복지관은 지방자치단체, 사회복지법인 및 기타 비영리법인이 설치 · 운영할 수 있으며, 국가 또는 지방자치단체가 사회복지관을 설치한 후 운영능력이 있는 사회복지법인 또는 비영리법인에 위탁하여 운영할 수 있다. 또는 지방자치단체는 공공단체의 시설물을 위탁받아 사회복지관을 설치 · 운영하거나 사회복지법인 등에 위탁하여 운영할 수 있다.

(3) 사회복지관의 운영

① 사업계획의 수립

사회복지관의 사업계획 수립 시에는 지역주민의 복지욕구에 대한 조사, 주민간담회 및 공청회 등을 통하여 지역주민은 물론 시민단체, 관계행정기관 등 지역사회 구성원들의 의견을 충분히 수렴하여 반영하도록 한다.

② 행정기관 연계

시 · 도지사 및 시장 · 군수 · 구청장은 사회복지관이 지역사회복지협의체에 참여하여 시 · 군 · 구청, 사회복지사무소 및 읍 · 면 · 동사무소 등 일선 행정기관과 연계하는 등 업무수행에 있어서 민 · 관의 파트너십 형성을 통한 관리 및 운영의 실효성이 높아질 수 있도록 적극 장려하여야 한다.

③ 자원봉사자의 교육 및 활용

사회복지관의 장은 주민참여를 통해 사회복지관 사업의 효율을 높이고 사업의 전문 분야별로 전문지식과 기술을 가진 자원봉사자를 발굴하여 교육 후 활용하도록 한다. 또한 자원봉사자에 대해서는 사회복지관 사업에 대해 예비지식을 사전에 충분히 숙지할 수 있도록 하여야 하고 책임을 가질 수 있도록 하고, 항상 계획적이고 조직적으로 활용할 수 있는 방안을 모색하도록 한다.

④ 비용의 수납

사회복지관의 사업수행은 주민의 의타심을 방지하고 사업의 효과를 높이기 위하여 사업에 소요되는 최소한의 실비를 이용자로부터 수납할 수 있다. 또한 프로그램의 중 실비이용료 수납 프로그램에 대하여는 국민기초생활보장 수급권자 및 혜택을 못 받는 저소득층 등 무료 이용자를 20% 내외로 한다. 그리고 수납된 실비이용료는 사회복지관의 세입예산에 편입하여 국민기초생활보장 수급권자 및 혜택을 못 받는 저소득층을 위한 사업에 우선적으로 사용하여야 한다.

7) 사회복지관의 개선방안

(1) 사회복지관의 전문성 향상

사회복지관은 모든 지역주민들을 대상으로 다양한 영역에서 서비스를 제공하는 종합복지센터로서의 역할을 수행하고 있다. 그러나 지역사회 내에는 각각의 기능과 역할을 수행하고 있는 전문적인 시설이나 기관들이 다양하게 설치 · 운영되고 있다. 이러한 기관들은 그동안 사회복지관이 수행해 왔던 기능과 서비스를 대신하게 되었으며 노인복지관, 장애인복지관, 아동복지관, 청소년수련관, 지역자활센터, 다문화센터 등은 더욱 전문적인 서비스를 제공한다. 사회복지관은 지역에서 이러한 전문기관에 비해 경쟁력이 높지 못하다.[8] 따라서 사회복지관의 전문성을 향상하기 위해 그 지역의 특성에 맞게 독특한 사업의 운영과 프로그램을 개발하여야 하며, 사업대상을 저소득층 중심에서 점차 일반 계층으로 확대하여 지역주민 누구나 이용할 수 있어야 한다. 또한 지역주민의 욕구에 맞는 서비스를 제공하는 것이 중요하다.

(2) 사회복지관의 재정

사회복지관은 공공재원에 의해 운영되고 있다. 사회복지관의 재정은 정부 및 지

8) 윤춘모(2007).

자체에 의존하고 있기 때문에 재정의 안정성을 확보할 수 있다는 점에서는 긍정적이기는 하나 사회복지관이 지역사회에서 활동하는 데 있어 자율성의 확보를 어렵게 한다. 사회복지관은 재정주체인 관으로부터 재원을 지원받고 관의 행정적인 요구를 충족시켜야 하는 의무관계하에서 사업을 수행하게 됨으로써 사업의 효과를 높이려는 노력이 저해되기도 한다.[9] 사회복지관의 여러 가지 서비스를 전문화하고 특성화하기 위해서는 재정이 확보되어야 한다. 그러나 통제할 수 없는 외부한경의 자원에 의존을 하고 있기 때문에 사회복지관은 외부 환경에 영향을 받을 수 밖에 없다. 사회복지관은 운영법인의 자부담(정부보조금 대비 20%)이 현실적으로는 불가능하며, 회계처리상의 여러 가지 문제점들이 발생되고 있다.[10] 따라서 재정은 조직의 목적을 달성하기 위한 활동의 기반이 되어야 하므로 사회복지관의 목적을 달성하기 위해서는 재정의 확보 및 안정이 필요하다.

3. 사회복지공동모금회

1) 공동모금회의 개념

공동모금은 사회가 발전하는 과정에서 필요에 의해 시작되었으며, 현재는 오늘날과 같은 공동모금회의 형태로 자리 잡게 되었다. 공동모금의 최초로 기록된 모금 캠페인은 1873년 영국의 리버플에서 이루어졌지만, 모금형태의 기금 캠페인으로 자리 잡게 된 것은 미국이었다(장진웅, 2008).

공동모금회는 지역사회조직기관 가운데 가장 우수하며 가장 광범위한 시민의 참여로 도움을 받는 공동모금의 명칭으로, 미국의 경우 초창기에는 'community chest'에서 'united fund'로, 오늘날에는 'united way'로 사용되며, 일본은 'community chest'를

9) 김윤재 · 금유현(2013).

10) 전해황 · 이성윤 · 송낙길 · 정주석 · 염일열 · 김정호(2015).

그대로 사용한다. 역사적으로 보면 영 · 미에서 공동모금운동은 어디까지나 어느 특정 지역 내에서 활동하는 사회복지기관과 그 지역주민들 간의 자발적인 협동적 조직으로 정의된다(Dunham, 1970: 464).

사회사업사전에 의하면 "'공동모금조성'을 위한 하나의 기구로서 지역공동모금은 제1차 세계대전 동안 구제를 위한 기금의 필요성에 의해 창설되었으며, '모두를 위한 한 번의 기부'는 특히 사업가들에게 매력이 있었고 후에는 노동 단체들에게도 매력이 있었다(NASW, 1987: 746-747)."고 기술되어 있다. 즉, 공동모금회는 하나의 조직으로, 시대의 필요성에 의해 창설되었음을 시사한다.

우리나라 「사회복지공동모금회법」은 사회복지공동모금을 사회복지사업, 기타 사회복지 활동의 지원에 필요한 재원을 조성하기 위해 이 법에 의하여 기부금품을 모집하는 것을 말한다(법 제2조).

이상을 종합하면 공동모금회는 지역사회의 다양한 문제들을 해결하기 위해 지역주민과 시민들의 자발적인 기금조성으로, '모두를 위한 한 번의 기부'의 원리를 바탕으로 지역사회의 기금조성, 기획 및 배분 조직으로서의 역할을 도모한다. 즉, 지역사회의 공동모금회는 지역사회 구성원의 참여를 바탕으로 지역의 자원을 동원 및 활용하여 사회복지 관련 기관 등을 원조하는 협동조직이라고 할 수 있다.

2) 한국 공동모금의 발달

(1) 1960년대까지의 발전과정

- 1961년 6월에 전국 재해대책위원회가 설립되어, 재해에 대처하기 위해 공동모금을 실시하였다.
- 1968년 10월에 사단법인 전국 재해대책협의회로 명칭이 변경되었으며, 극장모금, 가두모금, 공무원, 학교, 직장모금, 신문모금 같은 모금방법을 주로 사용하였다.

(2) 1970년대 이후 발전과정

- 1970년 1월에 「사회복지사업법」 제24조 '사회복지공동모금회'가 규정되었으며, 1971년 11월에 사회복지법인으로 설립허가를 받았다.
- 1972년 11월 1일부터 12월 31일까지 제1회 공동모금회를 설치하여 공동모금을 시도했으나 회장이 정차가로서 공동모금회를 맡고, 지도자들의 지도력 부족 및 조직미흡, 경제적 이유 등으로 활동을 전혀 하지 못하였다.
- 1973년 3월 100만 인 모금 걷기 운동(100만 인 걷기모금으로 명칭이 바뀜)을 양친회 한국지부와 라이온스 309A 지구가 동아일보 후원으로 성남 탁아소 및 사회복지관 운영비를 조달하기 위해 처음으로 기관과 단체들로 구성된 최초의 모금운동이다.

(3) 1980년대 이후 발전과정

- 1980년 12월 31일에 「사회복지기금법」이 재정되어 관 주도형 모금사업이 나타났고, 겨우 법으로 명맥을 유지해 온 「공동모금법」이 삭제되었다.
- 1981년부터 불우이웃운동이 전개되었으며, 1992년까지 약 360억 원의 기금이 조성되었다.

(4) 1990년대 이후 발전과정

- 1992년 12월 정부주도의 불우이웃돕기운동을 민간으로 이양한다는 방침 아래 한국사회복지협의회와 전국경제인연합회 등 5개 경제 단체를 비롯하여 적십자사, 신문, 방송협의회 등 20개 주요 경제 · 사회단체들이 한시적 모금연합체인 '이웃돕기운동 추진협회'를 결성하여 연말 이웃돕기운동을 언론사의 도움을 받아 전개하였다.
- 1997년 3월 「사회복지공동모금법」이 지방자치와 민주화의 시대정신에 따라 새로이 제정되었다.

- 1998년 시 · 도별 16개 지방공도모금회가 조직되었다. 그러나 이 「사회복지공동모금법」은 시행되기 전 2년 만에 1999년 3월 「사회복지공동모금회법」으로 개정되었다.
- 이후 지역공동모금회(16개 시 · 도)가 중앙공동모금회의 지회로 전환되어 모금활동이 현재까지 이어지고 있다.

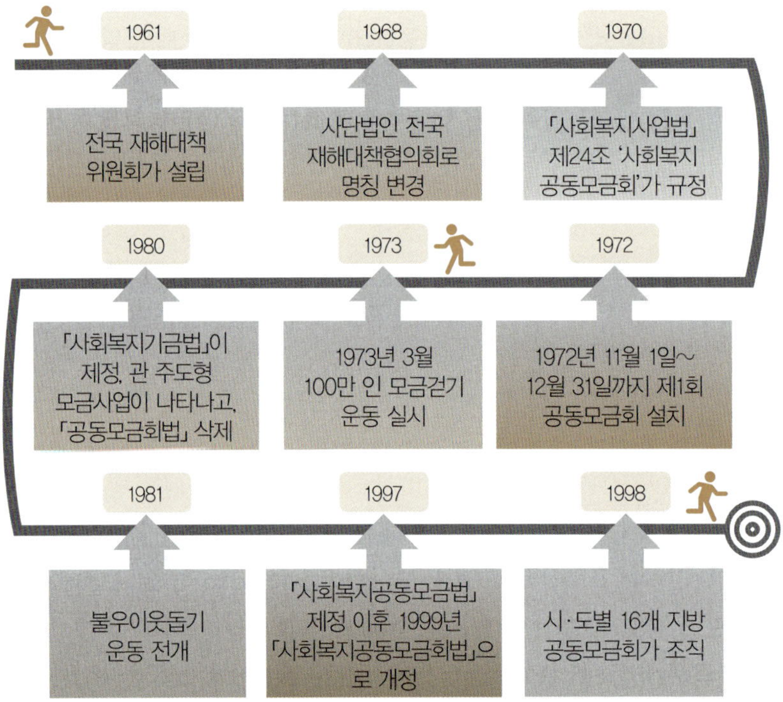

그림 11-6 연도별 공동모금의 발달 과정

자료: 표갑수(2012). pp. 246-248 재구성.

3) 공동모금회의 필요성

첫째, 공동모금은 기존의 산발적인 자선모금활동에서 벗어나 민간의 참여와 역할을 확대함으로써, 법이 보장하는 제도적인 틀 안에서 민간 자원을 동원할 수 있는 방안으로 인정받고 있다. 모금을 하는 자의 입장에서도 최소한의 에너지와 노력으로 모금을 할 수 있으며, 기부자의 입장에서도 중복적인 모금을 피하고, 체계적인 시스템을 통해 기부한 돈이 효과적으로 쓰일 수 있게 함으로써 공동모금이 환영 받고 있다(김범수 · 신원우, 2008).

둘째, 공동모금제도를 통하여 지역사회의 문제를 주민 스스로 해결할 수 있는 발판을 제공하게 되며, 이를 통해 지역사회에 '나눔 문화'를 확산하여 지역사회의 공동체 의식을 증진시켜 함께 나누는 삶으로 전환할 수 있다. 또한 이러한 '나눔 문화'의 확산은 기업, 공공기관, 자원단체, 그리고 주민 등 모든 구성원의 참여를 이끌어 냄으로써 지역사회의 통합이라는 지방자치제도의 목적을 달성하는 데 기여할 수 있게 될 것이다(김운광, 2007).

셋째, 사회복지사업에 대한 일반 국민의 인식을 개선한다는 점이다. 공동모금회는 매년 다양한 캠페인을 통하여 전 국민을 대상으로 다양한 모금의 홍보와 참여를 이끌어 냄으로써 국민들에게 사회복지에 대한 올바른 이해를 증진시키고 주변 이웃에 대한 따뜻한 관심과 사랑을 가질 수 있도록 노력한다(김범수 · 신원우, 2008).

넷째, 사회복지 발전을 위한 정부와 민간의 동반자 관계를 형성한다는 점이다. 정부의 일반적인 복지정책의 수립과 집행, 나아가서는 민간 사회복지사업에 대한 통제 및 개입을 벗어나 일정 정도의 자율성을 지니고 민간 부분 스스로의 방향성과 재원을 통하여 궁극적으로는 사회복지의 지평을 확대하며 정부 부문과 민간 부문이 상호 보완적인 역할을 수행할 수 있다(조홍식 · 이태수, 1999: 4).

이와 같이 공동모금의 가장 중요한 필요성은 사회복지사업의 부족한 자원을 모금활동을 통해 기금으로 조성하고, 사회의 나눔 인식과 자원봉사활동으로 활성화된다는 점이다. 또한 무엇보다 공동모금의 중요한 역할 중 하나는 모금된 기금이 중복되지 않고 결여되기 쉬운 이웃에게 적절히 사용될 수 있게 한다는 점에서 공동모금이 꼭 필요하다고 볼 수 있다.

4) 주요 사업 및 현황

(1) 공동모금회의 주요 사업

① 위기가정지원사업

복지사각지대에 놓인 이웃을 보다 신속하고 정확하게 지원하기 위해 전국 415개 복지관에 위기가정지원센터를 설치하고 이곳을 통해 급박한 도움을 필요로 하는 가정들에 간단한 확인을 거쳐 신속한 지원을 받도록 하는 사업이다.

표 11-8 위기가정지원 사업

구분	내용
위기가정	실제 위기를 겪고 있지만 공공복지제도의 지원 기준에 부합하지 않거나 여러 가지 이유로 복지서비스를 받지 못하는 가정 – 공과금 체납, 재해, 퇴거 위기로 주거가 불안한 가정 – 실직, 질병, 재해 등으로 인한 소득 중단 또는 급격한 감소로 생계가 곤란한 가정 – 의료비 체납 또는 경제적 어려움으로 치료를 받지 못하는 가정 – 제도적 지원을 받지 못하여 가족 해체 또는 생존의 위협에 노출된 가정 – 기타 사례판정 결과 긴급지원이 필요하다고 인정한 가정
신청대상	– 소득기준: 기준 중위소득 80% 이하 가구
지원내용 및 한도	– 위기가정지원금: 생계비·주거비(100만 원), 의료비(300만 원), 재해·재난 피해비(500만 원) – 사례관리비: 집중지원 대상 신청기관에 한해 지원금의 10% 이내 지원(최대 30만 원)

② 생명의 손길 지원사업

중증질환이나 재난적 상황에 의한 질병으로 막대한 진료비로 인해 생계곤란의 위협에 놓여 있지만 소득 · 재산 · 부양자 등 지원기준에 부합하지 못해 정부 지원을 받지 못하는 분들을 지원하는 사업이다.

표 11-9 생명의 손길지원 사업

구분	내 용
사업 기간	2013~2016년 예산 소진 시까지
지원 대상	– 가구 소득이 최저생계비의 200% 이하인 저소득 가구(의료급여 수급자·차상위 계층 당연 선정)를 지원 대상으로 함 * 의료급여 수급자, 차상위 계층: 비급여를 포함한 확정본인부담액이 '100만 원 초과' 발생 * 최저생계비 200% 이하: 비급여를 포함한 확정본인부담액이 '200만 원 초과' 이상 발생 – 최저생계비 200% 초과 300% 이하인 가구로서 발생한 의료비가 연소득 대비 30%이상 발생 시 심의를 통해 지원여부 결정 ※ 재산과표기준 2억 7천만 원 초과, 5년 미만의 배기량 3,000cc 이상 자동차 보유자 제외
대상 질환	– 중증질환: 암, 심장, 뇌혈관, 중증화상 – 희귀난치성 질환: 신부전증, 혈우병 등
지원 내용	– 지원 상한금액: 2천만 원 – 지원일수: 180일 – 지원횟수: 지원기준 충족 시 2천만 원 한도 내 횟수 제한 없이 지원 ※ 확정본인부담 의료비 발생구간별로 차등 적용
지원 방법	– 본인이 아닌 병원으로 지급(사전현물급여 방식) – 다만, 입원 중 신청하였으나 퇴원 후 심사가 완료된 경우 등에 한해 환자 개인 통장으로 지급(사후현금급여 방식)
지원 절차	– 국민건강보험공단 대상자 선정, 모금회 지회를 통해 배분
신청방법	– 환자(보호자 또는 대리인)가 국민건강보험공단 지사에 신청 신청기간: 퇴원 후 60일 이내만 가능 – 구비서류: 신청서, 진단서, 가족관계증명서, 개인정보 이용·제공 동의서 포함 통합서식, 진료비 계산서·영수증 등

③ 복지현안 우선지원 사업

사회복지 현장의 긴급한 문제 및 복지이슈에 신속하게 대응하기 위해 지원절차를 간소화하고 보다 빠르게 복지 사업을 지원하는 사업이다.

표 11-10 복지현안 우선지원 사업 종류

구분	긴급이슈 지원사업	프로그램 개발 지원사업
사업 목적	– 긴급한 사회문제 및 사회복지 이슈해결을 위한 민간 복지영역 지원 – 사회복지 현장의 복지수요에 대한 신속한 대응체계 구축 – 배분절차 간소화와 적시적인 지원으로 배분사업의 효과성 제고	
사업 내용	– 기관 또는 지역사회의 긴급하고 시급을 요하는 기능보강 및 단순프로그램 사업	– 사회(지역)문제 해결 및 복지이슈 대응을 위한 전문적·선도적 프로그램사업
지원 한도	– 연간 500만 원 초과 5천만 원 이하 (연 1회 배분 가능)	– 연간 500만 원 초과 1억 원 이하 (연 1회 배분 가능)
사업기간	1년 이내(2015년 12월 31일까지)	

가. 목적과 사업

사회복지공동모금회는 사회복지공동모금회의 공동모금을 통하여 국민이 사회복지를 이해하고 참여하도록 함과 아울러 국민의 자발적인 성금으로 조성된 재원(財源)을 효율적이고 공정하게 관리·운용함으로써 사회복지증진에 이바지함을 목적으로 한다(법 제1조, 2012.10.22 개정).

이러한 공동모금회는 다음과 같은 사업을 수행한다(법 제5조, 2012.10.22 개정).

① 사회복지공동모금사업
② 공동모금재원의 배분
③ 공동모금재원의 운용 및 관리
④ 사회복지공동모금에 관한 조사·연구·홍보 및 교육·훈련
⑤ 제14조에 따른 사회복지공동모금지회의 운영
⑥ 사회복지공동모금과 관련된 국제교류 및 협력증진사업
⑦ 다른 기부금품 모집자와의 협력사업
⑧ 그 밖에 모금회의 목적 달성에 필요한 사업

나. 조직체계[11)]

사회복지공동모금는 회장(1명), 부회장(3명), 이사(회장 및 사무총장을 포함하여 현재 20명), 감사(2명)로 구성되어 있으며, 임원의 임기는 3년으로 하며, 한 차례만 연임할 수 있다. 만약 부득이한 사유로 후임임원이 선임(選任)되지 못하여 모금회의 업무수행에 지장이 있는 경우에는 후임임원이 선임될 때까지 임기가 만료된 임원이 그 업무를 수행한다.

이사회의 임원은 경제계 · 언론계 · 법조계 · 의료계에 종사하는 사람, 노동계 · 종교계 · 시민단체에 종사하는 사람, 사회복지 관련 학계에 종사하는 사람(사회복지전문가), 그 밖에 학식과 덕망이 있는 사람 중에서 선임한다(법 제9조). 사무조직은 사무총장(1명)과 필요한 직원 및 기구를 두며 분과실행위원회로는 기획조정실, 모금사업부, 배분사업부, 대외협력본부, 관리본부, 나눔연구소로 구성되어 있다.

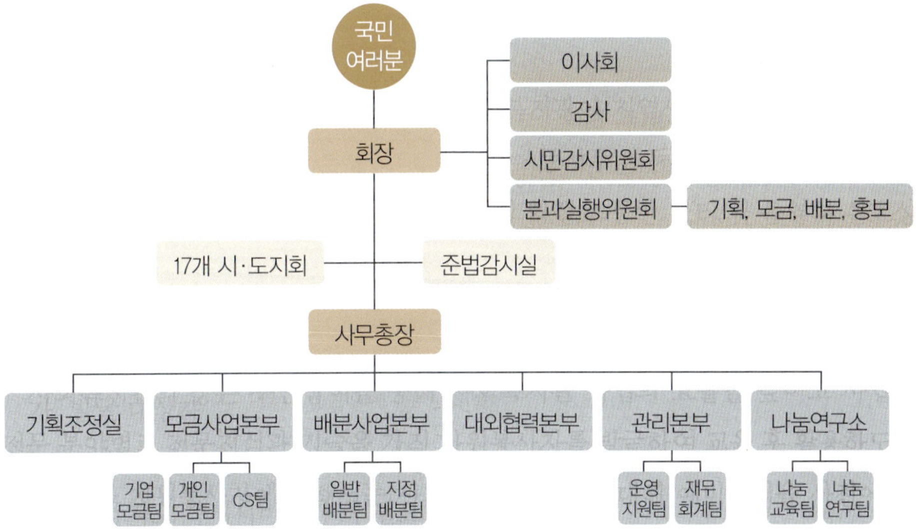

그림 11-7 공동모금회 조직도

11) 사회복지공동모금회 홈페이지 참조.

(2) 공동모금회의 현황

① 모금방법

공동모금회의 모금방법으로는 일반 기부, 착한 일터, 착한 가게, 아너 소사이어티, 계획기부, 기업기부, 연말 캠페인 등의 다양한 모금활동을 진행하고 있다.

가. 일반 기부

일시 혹은 수시로 이루어지는 개인기부이다. 일반 기부의 방법으로는 저금통 기부, ARS · 문자기부, 정기기부 등의 방법이 있다. 일반 기부는 개인의 공동모금에 대한 인식 홍보 및 지역사회 주민의 자발적인 참여를 이끌어 낸다는 점에서 장점이 있지만, 기부에 대한 홍보 및 인식 개선을 위해 투입되는 노력과 시간에 비해 성과가 크지 않다는 한계가 있다. 하지만 장기적으로 국민의 기부의 참여 및 인식 개선은 꼭 필요한 영역이기도 하다.

나. 착한 일터

착한 일터의 기부방법은 매달 급여에서 약정한 기부금이 자동으로 이체되는 정기적인 기부 참여방법이다. 참여방법은 상담을 통해 직원과의 의사 공유가 이루어진 후에 기부약정서 작성 및 전달이 진행되며, 이후 기부금 집행 후 쓰임새를 기부자에게 보고하는 방식을 가지고 있다. 현재 착한 일터에 참여하는 기업들은 삼성, 농협증권, GS 칼텍스 등 다양한 기업들에서 참여를 하고 있다.

다. 착한 가게

착한 가게는 중 · 소규모의 자영업에 종사하며 매출액의 일정액을 통해 나눔을 실천하는 모든 가게를 의미한다. 매장을 경영하는 자영업자 또는 중소기업, 프랜차이즈, 학원, 병원 등의 다양한 가게의 참여를 이끌어 내고 있다.

라. 아너 소사이어티

개인기부의 활성화 및 성숙한 기부문화를 만들어 사회 공동체의 안정적인 발전을 도모하는 데 도움이 된다. 특히 사회지도층의 고액 기부는 사회의 모범이 되어 개인들의 기부를 이끌어 내는 견인차 역할을 할 수 있다. 따라서 이러한 시대적 요청에 따라 사회복지공동모금는 2007년 12월부터 사회적으로 존경받는 지도층을 대상으로 하는 개인 고액기부자 클럽인 '아너 소사이어티'를 설립하였다. 2008년 6명의 회원으로 시작하여 현재 2021년에는 2,923명의 기부자 회원을 만들었으며, 2008년부터 2021년 사이의 총 누적 금액은 2021년 10월 31일 기준으로, 2,923억 원의 모금기금이 조성되었다.

마. 계획기부

계획기부는 희망자산나눔, 유산기부, 연금나눔 등으로 구분된다.

- 희망자산나눔: 부동산, 증권, 보험 등 비현금성 자산에 특화된 나눔 방식으로, 자산 형태별로 전문가의 도움을 받아 나눔을 실천할 수 있다.
- 유산기부: 계획기부의 일종으로 유언자가 자신의 재산 전부 또는 일부를 공익 목적을 위해 비영리기관, 복지단체, 재단 등 유언자와 관계없는 제3자에게 유증으로 기부하는 것을 의미한다.
- 연금나눔: 노후를 위해 준비한 연금의 일정 부분으로 나보다 더 어려운 이웃을 도와 더불어 함께 사는 사회를 만드는 새로운 공익 캠페인이다.

② 배분방법

공동모금회의 배분방법은 사회복지시설이나 기관을 대상으로 모금액을 배분하는 것으로, 배분사업의 종류는 신청사업, 기획사업, 긴급지원사업, 지정기탁사업 등으로 구분할 수 있다(〈표 11-11〉 참조). 배분 대상으로는 사회복지사업 기타 사회복지활동을 행하는 법인 · 기관 · 단체 및 시설(개인 신고시설 포함)과 사회복지서비스를 필요로 하는 개인을 대상으로 한다. 배분제외 대상으로는 동일한 사업으로 국가 · 지방자치단체 또는 다른 기관으로부터 지원을 받거나 받기로 확정된 사업, 법령상 금지된 행위에 사용되는 비용, 정치 · 종교적 목적에 이용될 수 있는 경우, 수익을 주된 목적으로 하는 사업, 「공직선거법」에 위반되는 경우 등은 배분사업의 신청 대상에서 제외된다(사회복지공동모금회, 2015a).

표 11-11 배분사업의 종류

구 분	사업 내용	배분규모	신청 시기	배분신청서 제출처
신청사업	사회복지 증진을 위하여 자유주제 공모형태로 복지사업을 신청받아 배분하는 사업	2,000만 원 이하 (프로그램사업 및 기능보강사업)	2015년 7월	지회
기획사업	모금회가 그 주제를 정하여 배분하는 사업 또는 배분 대상자로부터 제안받은 내용 중에서 선정하여 배분하는 시범적이고 전문적인 사업	별도지정	별도 공고	중앙회/지회
긴급지원사업	재난구호 및 긴급구호, 저소득층응급지원 등 긴급히 지원해야 할 필요가 있는 경우에 배분하는 사업	별도지정	별도 공고	중앙회/지회
지정기탁사업	사회복지 증진을 위하여 기부자가 기부금품의 배분지역·배분대상자 또는 사용용도를 지정한 경우 그 지정취지에 따라 배분하는 사업	별도지정	수시	중앙회/지회

※ '신청사업 중 기능보강사업'과 '신청사업 및 기획사업 중 연속사업'의 경우, 지역별로 분리 시행 및 별도 공지할 수 있음.

※ 기획사업과 긴급지원사업의 경우 세부사업 시행 공지는 사업의 성격과 내용에 따라 생략할 수 있음.

※ 긴급지원사업의 경우, 개인 대상 배분사업이라도 사회복지사업 기타 사회복지활동을 행하는 법인·기관·단체·시설 및 공공기관을 통해 신청할 수 있음.

③ 모금 현황

가. 연도별 모금실적

사회복지공동모금의 최근 6년간의 모금액을 살펴보면, 2015년 5,227억 원, 2016년 5,742억 원, 2017년 5,995억 원, 2018년 5,964억 원, 2019년 6,540억 원, 2020년 8,461억 원으로 지속적으로 증가하여 모금의 규모가 크게 늘어났다(〈표 11-12〉 참조). 2015년부터 2020년까지 누적 모금액은 3조7백92억 원으로, 3조가 넘는 모금실적을 거두었으며, 2020년 공동모금액의 분류를 보면 중앙회 3,056억 원과 지회 5,404억 원으로 총 약 8,461억 원을 모금하였다.

표 11-12 2015~2020년 연도별 모금 실적 (단위: 억 원)

구분	2015년	2016년	2017년	2018년	2019년	2020년
합계	5,227	5,742	5,995	5,964	6,540	8,461
중앙회	2,159	2,196	2,321	2,312	2,478	3,056
지회	2,784	3,546	4,062	5,404	4,062	5,404

※ 천만 원 이하 절사.

자료: 사회복지공동모금회(2020b).

나. 연도별 희망캠페인(매년 12월 1일 ~ 다음해 1월 31일) 모금 실적

매년 12월 1일 ~ 다음 해 1월 31일까지 시행되는 희망캠페인의 모금실적을 살펴보면 2015년에는 3,346억 원, 2016년 3,500억 원, 2017년 3,914억 원, 2018년 4,050억 원, 2019년 4,180억 원, 2020년 3,797억 원으로, 2020년에는 코로나19로 인해 모금액이 다소 감소한 현상을 볼 수 있다. 그러나 2017년부터는 지회의 모금액이 중앙회보다 높은 추세를 보여 중앙회의 역할보다 지회의 발전이 두드러지는 모습을 볼 수 있다.

표 11-13 2015~2020년 연도별 희망 캠페인 모금 실적 (단위: 억 원)

구분	2015년	2016년	2017년	2018년	2019년	2020년
합계	3,346	3,500	3,914	4,050	4,180	3,797
중앙회	1,790	1,813	1,864	1,952	2,048	1,891
지회	1,556	1,687	2,050	2,098	2,132	1,906

※ 천만 원 이하 절사.

자료: 사회복지공동모금회(2020b).

다. 2020년 주요 모금현황

기부자의 유형별로 보면 2020년에 전체 8,461억 원 중에 기업이 5,809억 원으로 68%로 높은 비율을 차지하였으며, 개인이 2,651억 원으로 32%로 나타났다. 개인기부 금액이 2천억을 넘어서면서 개인기부의 비율이 상승하고 있지만, 전체 모금의 68%가 기업을 통해 이루어지는 만큼 기업기부의 상승세가 개인기부보다 두드러졌다.

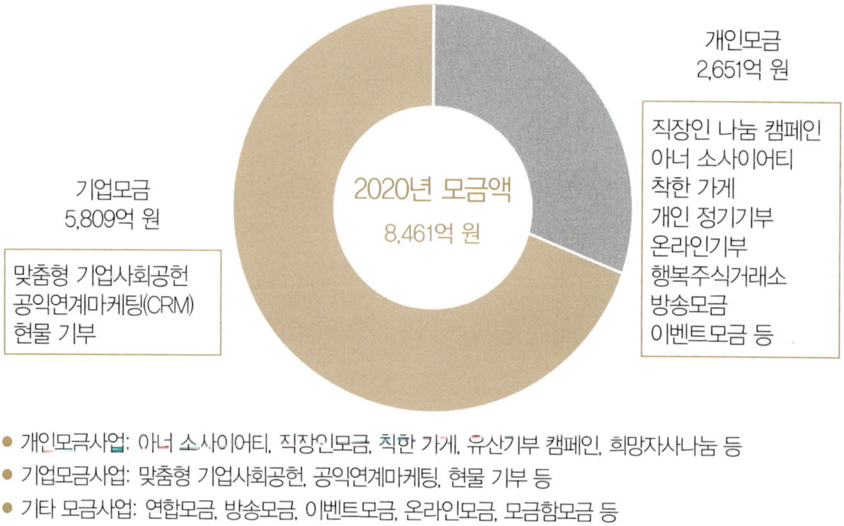

그림 11-8 2020년 주요 모금 현황

자료: 사회복지공동모금회(2020b).

④ 배분 현황

가. 연도별 배분 실적

2020년의 배분 사업의 총 규모는 7,261억 원으로, 2015년도 6,037억 원 대비 약1,224억 원이증가하였다. 중앙회에서 배분한 금액은 2020년 기준 1,913억 원이고 지회에서는 5,348억 원을 배분하였다.

표 11-14 2015~2020년 연도별 배분 금액 (단위: 억 원)

구분	2015년	2016년	2017년	2018년	2019년	2020년
합계	6,037	5,422	5,552	8,443	5,958	7,261
중앙회	2,468	1,595	1,569	4,628	1,874	1,913
지회	3,569	3,287	3,983	3,815	4,084	5,348

자료: 사회복지공동모금회(2020c).

나. 연도별 배분사업 실적

2020년 배분을 통한 지원 사업을 형태별로 보면 기부자의 지정기탁사업이 약 5,879억 원으로 가장 많았고, 사회복지의 사각지대를 발굴하여 지원하는 기획사업이 1,122억 원, 긴급지원이 167억 원, 신청사업인 93억 원 순이다(〈표 11-15〉 참조).

표 11-15 2015~2020년 사업종류에 따른 배분 금액 (단위: 억 원)

구분	2015년	2016년	2017년	2018년	2019년	2020년
합계	4,682	5,453	5,553	8,444	5,958	7,261
신청사업	88	98	99	97	96	93
기획사업	1,628	1,450	1,326	1,233	1,178	1,122
긴급지원	202	202	185	181	169	167
지정기탁	2,764	3,703	3,943	6,933	4,515	5,879

자료: 사회복지공동모금회(2020c).

다. 2020년 배분대상별 배분현황

[그림 11-9]에서와 같이 사업의 대상별 배분 금액을 보면 지역사회복지 안전망이 2,378억 원으로 가장 많은 배분 비율을 차지했으며, 그 다음으로 아동 · 청소년 분야가 1,442억 원, 노인 분야가 948억 원, 장애인 분야가 529억 원, 여성 및 다문화가 358억 원, 기타 해외 및 북한 관련 분야가 11억 원으로 나타났다. 사업별 배분 현황

을 보면, 기초생계가 3,141억 원으로, 전체의 약 50%에 가까운 비율을 차지하는 것으로 나타났다. 그 다음으로는 의료 건강 사업이 1,735억 원, 교육 · 취업 · 자활 사업이 764억 원, 문화적 불평등 해소가 760억 원, 취약 환경개선 사업이 218억 원, 지역사회보호망 구축 사업이 208억 원, 보호 · 양육 · 안전이 285억 원의 순으로 나타났다.

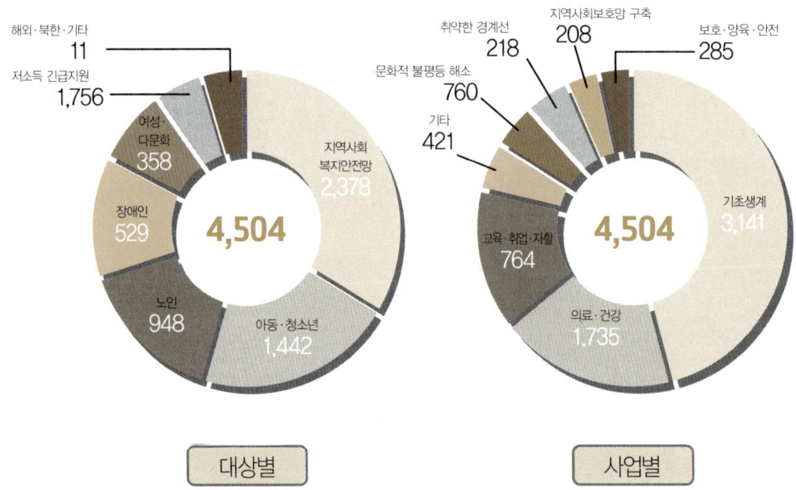

그림 11-9 2020년 대상 및 사업별 배분 현황

자료: 사회복지공동모금회(2020c).

5) 발전방향 또는 발전 과제

(1) 바람직한 나눔 문화 조성

세계의 각 나라마다 기부에 대한 문화가 다르고 비영리 부문의 성격과 구성이 다르지만, 나눔문화의 확산은 21세기 인류 사회의 공통적인 요구가 되고 있다. 21세기에 새로운 사회 위험들이 발생하는 시점에서 이를 대응하기 위한 공공과 민간의 파트너십은 필수가 되었으며, 적극적인 복지, 맞춤형 복지 등 다양한 복지개혁이 현재의 중요한 축이 되어 오고 있다. 이러한 시점에서 나눔 문화 확산은 21세기 복지국가 형성과 지속적인 발전을 위한 기본적인 국가의 전략이 되어야 한다. 그러나 현재 한국사회는 나눔 문화 수준이 낮고 낮은 문화 수준을 높이기 위해서 나눔 문화 확산을 위한 인프라 구축의 장기적이고 포괄적인 노력인 필요하다(이혜경, 2015).

(2) 협력모금 및 협력배분 기능의 강화

공동모금회는 정부 및 자선모금기관 등을 포괄하는 다양한 구성체들과의 의사소통 채널을 새롭게 구축하면서 연합모금 기능을 새롭게 제도화시킬 필요가 있다. 이 과정에서 각기 다른 이해관계를 가지고 있는 연합체 구성원들의 이해관계를 조율하고 통합하며 공동의 목표를 향해 이들 모두를 이끌 수 있는 역량을 강화시켜야 한다. 공동모금회는 민간 전달체계를 강화시키기 위한 방안으로, 대외적인 신뢰성과 전문성이 검증된 파트너 기관을 통해 배분사업을 진행하는 방안을 검토할 필요가 있다. 즉, 관련 협회나 연합회 등과의 파트너십을 통해 파트너 기관이 주도적으로 배분사업의 신청, 심사, 사업관리 등을 담당하도록 함으로써 배분의 효율성을 제고하면서 배분의 책임을 사회복지기관들과 연대하는 방식으로 접근해 나가는 것이 필요하다고 판단된다. 향후 이러한 형식의 협력배분을 강화시킬 수 있는 방안을 보다 적극적으로 모색해야 한다(강철희 · 최재성 · 한동우 · 구지윤 · 강은나 · 정병오 외, 2010: 343-344).

(3) 성과 지향적 배분 사업으로의 전환

공동모금회는 조성된 기금을 배분하여 사업을 진행 · 평가하는 측면에서 제도를 개선하고 자료를 활용할 수 있는 노력을 꾸준히 해 오고 있지만 그 평가에 있어 기금의 사용 출처 및 행정 부분이 많은 비중을 차지한다. 하지만 앞으로는 이러한 부분을 보완하고 성과 기반 운영 구조를 갖는 사업을 적용하여 모금회 배분 사업이 시행 관리 중시에서 성과 지향적 방식으로 전환하는 계기를 마련하여야 할 것이다. 성과 지향으로 전환되기 위해서는 우선적으로 배분의 대상이 되는 서비스 제공기관과 이를 관리하는 모금회 양자가 모두 성과 관리 및 측정을 위해 전문적 역량을 갖추어야 하고, 또한 성과가 창출되는 데 장기간이 소요된다는 것에 대해 사회적 합의가 이루어져야 한다. 더불어 효과적인 배분사업을 위해 외부 기관과의 협력도 시도해야 할 것이다(노혜진 · 라준영 · 김수진 · 진유하, 2015).

4. 자원봉사센터

1) 자원봉사센터의 개념

자원봉사의 개념은 국가와 사회, 그리고 학자들에 따라 다양하게 정의되고 있다. 미국의 사회사업 사전에는 자원봉사란 '하고 싶은 마음이 있을 때, 어떤 구체적인 이득을 생각하지 않고 사회적 책임이라는 태도로 선택하는 행동'이며, 이 행동은 시혜와 같은 무언가를 기대하거나 어쩔 수 없이 행하는 것은 아니라고 정의하고 있다(Dunn, 1995; Titmuss, 2002).

자원봉사활동에 대한 사전적 의미를 살펴보면, 자원봉사활동은 우리말 그대로 '남의 뜻을 받들어 스스로 원해서 행하는 활동'을 말한다. 서양의 자원봉사자(volunteer)의 어원은 라틴어인 voluntas(자유의지)에서 유래된 합성어로, 자원봉사자란 자유의지를 가지고 스스로 다른 사람이나 사회를 위해 헌신하는 사람을 일컫는다(이경훈, 2014).

이러한 자원봉사자의 자원봉사활동들을 좀 더 체계화시키기 위하여 만들어진 것이 자원봉사센터이다. 영국의 자원봉사센터는 자원봉사활동의 무보수성과 자발성을 강조하면서 자신이나 직접적인 가족이 아닌 다른 사람을 위해 직접적인 보상 없이, 그리고 국가나 기관에 의해 요구되는 것이 아닌, 자유로운 선택에 의해 수행되는 활동이라고 정의하고 있다(UK Cabinet Office, 2007).

우리나라의 경우에는 「자원봉사활동기본법」 제3조에 따르면, 자원봉사센터란 자원봉사활동 개발, 장려, 연계 협력 등의 사업을 수행하기 위하여 법령과 조례 등에 의하여 설치된 기관, 법인, 단체 등을 말한다.

이상의 개념을 종합해 보면, 자원봉사란 개인, 집단, 지역사회에 발생하는 여러 가지 사회 문제를 무보수성과 자발성을 가지고, 사회복지 기관 및 사회기관을 중심으로 지역사회의 문제를 해결하기 위해 일하는 활동가를 말한다. 또한 이러한 자원봉사활동을 활성화하고 자원봉사활동의 수요와 공급을 조정하기 위하여 다양한 종류의 자원봉사센터가 설치ㆍ운영되고 있는 것이다.

2) 자원봉사센터의 발전과정

(1) 자원봉사의 발전과정

① 1960년대까지의 자원봉사활동

우리나라의 사회봉사활동은 기독교적인 사상과 개화사상을 받아 YMCA, YWCA, 적십자 활동을 통해 시작되었으며, 일부 지식층과 학생을 중심으로 브나로드(Vnarod)운동을 전개하여 농촌계몽을 펼쳤다. 이후 1960년대에 들어오면서 대학생을 중심으로 농촌봉사활동이 전개되었다.

② 1970년대 이후 자원봉사활동

- 1978년 한국사회복지협의회에서 사회봉사센터를 부설로 설립(자원봉사 모집, 교육ㆍ훈련하여 자원봉사자가 필요한 기관에 배치하는 사업을 전개)하였다.
- 1979년 2학기부터 강남대학교 사회사업학과에서 처음으로 자원봉사론(자원복지론)이라는 과목을 개설하여 교과목에 배정하면서 점차 자원봉사론을 개설하여 교육하기 시작하였다.
- 1984~1992년 여성자원 활용센터는 여성자원 활동 인력은행을 개설ㆍ운영하여 1992년에 여성자원 활용센터 교육 담당 및 여성자원 활용센터를 설치하여 운영하였다.

- 1994년 한국자원봉사단체협의회가 설립되어 자원봉사활동에 관한 정보를 협의 · 조정하는 활동이 이루어졌다.
- 1994년 중앙일보에서 시작한 자원봉사캠페인을 통해 일반 국민들에게 자원봉사의 인식을 높이는 데 기여하였다.
- 1996년 7월 9일 행정자치부에서 지역종합자원봉사센터 설치 · 운영 지침의 시달로 자치구는 자원봉사 관련 조례안을 만들어 운영하게 되었다.
- 1996년 7월 한국대학사회봉사협회가 창립되어 각 대학별로 산발적으로 운영되어 오던 자원봉사 프로그램이 상호 연계하며 정보교환을 할 수 있도록 조직화되었다.
- 2003년 6월 서울 명동 은행회관에서 99개의 NGO 및 자원봉사단체들이 모여 한국자원봉사협의회(www.kcv.or.kr)를 창립하였다.

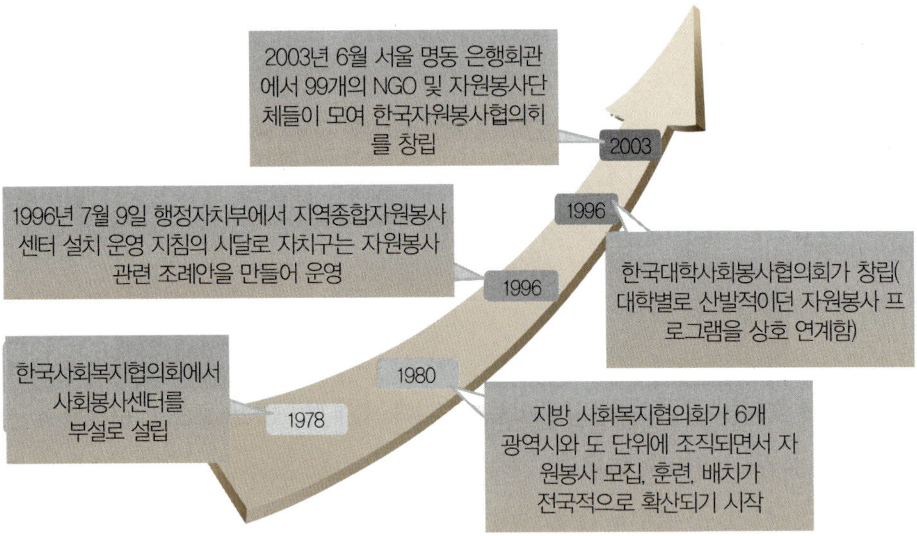

그림 11-10 연도별 자원봉사의 발전과정

출처: 김범수·신원우(2008). pp. 354-357 재구성.

(2) 한국자원봉사센터 설립근거

「자원봉사활동기본법」 및 동법 시행령에 의해 국가 및 지방자치단체가 자원봉사센터를 설립하도록 함에 따라 국가 차원의 한국자원봉사센터를 설치하여 지역자원봉사센터의 전문성 보완과 운영의 활성화 및 네트워크를 구축하고 전국적인 자원봉사활동의 허브 역할을 담당하도록 하였다.

(3) 한국자원봉사센터 설립 목적

한국 중앙자원봉사센터는 전국 600만 자원봉사자들의 자원봉사활동을 지원하고, 자원봉사센터의 전문성 보안과 센터 운영의 활성화 등을 뒷받침하여 전국 차원의 자원봉사 활성화 및 전국 248개의 자원봉사센터와 네트워크 구축 등의 허브의 역할을 수행하며, 민 · 관 파트너십으로 자원봉사 국가 브랜드화를 추진하는 역할을 하였다.

(4) 한국자원봉사센터 연혁

표 11-16 한국자원봉사센터 연혁

연도	내용
2010. 05	행정안전부 위탁체결(위탁법인: 사단법인 한국자원봉사센터 중앙회)
2010. 06	중앙자원봉사센터 출범식(초대 센터장 취임)
2010. 06	G20 성공개최기원 자원봉사정책세미나 개최
2010. 09	2009 자원봉사센터 현황자료집 발간
2010. 11	1365 자원봉사포털시스템 오픈 www.1365.go.kr
2010. 12	제5회 자원봉사자의 날 기념 한마음대회 및 박람회 주최
2011. 02	행정안전부 재위탁 체결 '한국중앙자원봉사센터' 명칭변경
2011. 07	제3회 재난 관리 국제포럼 공동주관
2011. 08	2010 자원봉사센터 현황자료집 발간
2011. 10	자원봉사자의 날 기념 특별방송 방영(MBC)
2011. 12	자원봉사센터 업무 매뉴얼 발간
2011. 12	2대 센터장 취임
2012. 01	자원봉사 관리자 아카데미 운영(13개 과정)

연도	내용
2012. 01	대한민국 자원봉사 대표블로그 운영
2012. 06	사무실 이전
2012. 07	자원봉사센터 관리자 처우 실태파악 및 개선방안 연구
2012. 08	2011 자원봉사센터 현황자료집 발간
2012. 10	제1회 학생봉사활동 이야기 공모전 개최
2012. 11	제1회 자원봉사 사진전 '나는 자원봉사자입니다' 개최
2012. 12	자원봉사센터 성과 체계개발 연구
2013. 01	3대 센터장 취임
2013. 03	베이비부머 드림 봉사단 자원봉사 운영
2013. 04	지역특성별 맞춤형 재능나눔 자원봉사 운영
2013. 04	제1기 나눔포털 대학생 기자단 운영
2013. 05	제2회 자원봉사 문화콘텐츠 공모전 개최
2013. 07	2013 자원봉사센터 현황자료집 발간
2013. 07	자원봉사 연계 협력 강화를 위한 사업표준화 연구
2013. 08	자원봉사센터 장기근소자 대만, 홍콩 국외 연수 실시
2013. 08	자원봉사센터 사업운영(전국 15개 센터)
2013. 10	자원봉사센터 법인 설립 미 운영 매뉴얼 발간
2013. 12	MBC 자원봉시지의 날 특집 '나누면 행복' 방송
2014. 01	4대 센터장 취임
2014. 03	베이비부머 안심봉사단 자원봉사 운영
2014. 03	지역특성별 맞춤형 재능 나눔 자원봉사 운영
2020. 01	재단법인으로 전환 운영

3) 자원봉사센터의 역할

자원봉사센터의 역할은 자원봉사기본법 시행령 제15조의 규정에 따라 자원봉사센터의 조직 및 운영을 하고 있다. 자원봉사센터는 광역형 자원봉사센터와 기초형 자원봉사센터로 나누어져 그 역할이 조금 다르다(「자원봉사활동기본법」 제15조).

(1) 특별시·광역시·도에 설치·운영 중인 광역 자원봉사센터

- 특별시 · 광역시 · 도 지역의 기관 · 단체들과의 상시협력체계 구축
- 자원봉사 관리자 및 지도자의 교육 훈련
- 자원봉사 프로그램의 개발 및 보급
- 자원봉사 조사 및 연구
- 자원봉사 정보자료실 운영
- 시 · 군 · 자치구 자원봉사센터 간의 정보 및 사업의 협력 · 조정 · 지원
- 그 밖에 특별시 · 광역시 · 도 지역의 자원봉사 진흥에 기여할 수 있는 사업

(2) 시·군·자치구 기초 자원봉사센터

- 시 · 군 · 자치구 지역의 기관 · 단체들과의 상시협력체계 구축
- 자원봉사자의 모집 및 교육 · 홍보
- 자원봉사 수요기관 및 단체에 자원봉사자 배치
- 자원봉사 프로그램의 개발 · 보급 및 시범운영
- 자원봉사 관련 정보의 수집 및 제공
- 그 밖에 시 · 군 · 자치구 지역의 자원봉사 진흥에 기여할 수 있는 사업

4) 자원봉사센터의 주요 기능 및 현황

(1) 자원봉사의 특성

자원봉사의 어원은 라틴어 Voluntas에서 유래된 것으로, 자발적인 것, 자주적 · 임의적 자유의지를 의미한다. 자원봉사활동은 사회문제의 예방 및 해결 또는 국가의 공익사업을 수행하고 있는 공사 조직에 자발적으로 참여하여 반대급부를 받지 않고 인간 존중의 정신과 민주주의 원칙에 입각하여 필요한 서비스를 제공하여, 이타심의 실현과 자기실현을 성취하고자 하는 활동을 말한다. 자원봉사의 특성으로는 자발성, 무보수성, 공익성, 지속성 4가지의 특성을 가지고 있다.

자발성	무보수성
자신의 의사로서 시간과 재능, 경험을 도움이 필요한 이웃과 지역사회 공동체 형성에 아무런 대가 없이 활동하는 것	경제적 보상과 관련되는 것으로, 자원봉사활동에 대해 금전적 대가를 받지 않는 것
공익성	**지속성**
이웃과 지역사회 내에 산재하고 있는 문제를 해결하여 삶의 질을 향상시키기 위하여 활동하는 것	자원봉사활동에 참여하게 되면 일정기간 동안 지속성과 정기적으로 봉사활동에 참여하는 것

그림 11-11 자원봉사의 특성

(2) 자원봉사자의 자세

- 자원봉사활동을 하는 목적을 분명히 알고 처음의 순수함을 돌아보는 자세를 갖는다.
- 매사에 긍정적인 생각을 가지고 타인에게 모범을 보일 수 있는 심품을 지닐 수 있도록 노력한다.
- 다른 사람들을 보살피고 맡은 바 직책을 충실히 이행한다.
- 자신의 말이나 행동이 어떠한 영향을 미치는지 항상 생각하고 신중한 자세로 임한다.
- 활동에 대한 책임감을 가지고 봉사활동을 시작한다.
- 활동은 성실히 하며, 활동 시간에 대한 약속을 꼭 지킨다.
- 자신의 개인적인 문제나 감정이 있더라도 이를 자신의 일과 분리할 수 있는 능력과 자질이 있어야 한다.
- 자원봉사자는 양심적이어야 한다.
- 자원봉사자는 끊임없이 공부하며 배우는 자세를 가져야 한다.

(3) 자원봉사센터 현황

① 자원봉사센터 설치 및 운영

자원봉사센터는 자원봉사활성화를 위한 구심적 역할을 수행하는 조직으로서 1996년부터 행정자치부 지침을 근거로 설치되기 시작하였고, 2002년 전국 248개 지방자치단체에 설치가 완료되었다. 그 후 2005년 8월 4일 「자원봉사활동기본법」이 재정 및 시행(2006년 2월 5일)되면서 법적으로 안정되었다(이양훈 · 김준환 · 김혜정 · 신창원 · 오호진 · 이동우, 2011).

자원봉사센터는 1996년부터 설치되기 시작하여 2014년 현재 전국에 총 245개소가 운영 중이다. 245개센터 중 순수직영이 운영하는 곳이 53개(21.6%), 혼합직영이 운영하는 곳이 81개(33.1%), 비영리 법인에서 위탁하여 운영하는 센터가 55개(22.5%), 별도 법인을 설립하여 운영하는 센터가 56개(22.8%)이다. 센터의 민영화는 45.3%로, 2010년에 비해 법인의 비율이 많이 높아지면서 민영화의 비율이 높아졌다. 또한 2010년 6월에는 지역자원봉사센터 지원 및 네트워크 구축 등 자원봉사센터의 중점 기능을 수행할 중앙자원봉사센터가 신설되어 현재까지 다양한 활동들을 전개해 나가고 있다.

표 11-17 연도별 자원봉사센터 운영 현황 (단위: 개소, 명)

연도별	운영 형태					상근인력			
	계	순수 직영	혼합 직영	위탁	법인	계	공무원	민간인	
								전임 당담	코디
2010	246	151 (61.4%)		68 (27.6%)	27 (11.0%)	1,291	171 (13.2%)	1,120 (86.8%)	
2011	246	72 (29.3%)	73 (29.7%)	63 (25.6%)	38 (15.4%)	1,321	150 (11.4%)	1,171 (88.6%)	
2012	246	67 (27.2%)	76 (30.9%)	55 (22.4%)	48 (19.5%)	1,351	129 (9.5%)	1,222 (90.5%)	

<table>
<tr><th rowspan="3">연도별</th><th colspan="5">운영 형태</th><th colspan="4">상근인력</th></tr>
<tr><th rowspan="2">계</th><th rowspan="2">순수 직영</th><th rowspan="2">혼합 직영</th><th rowspan="2">위탁</th><th rowspan="2">법인</th><th rowspan="2">계</th><th rowspan="2">공무원</th><th colspan="2">민간인</th></tr>
<tr><th>전임 당담</th><th>코디</th></tr>
<tr><td>2013</td><td>246</td><td>65 (26.4%)</td><td>77 (31.3%)</td><td>54 (22.0%)</td><td>50 (20.3%)</td><td>1,427</td><td>158 (11.1%)</td><td>774 (54.2%)</td><td>495 (34.7%)</td></tr>
<tr><td>2014</td><td>245</td><td>53 (21.6%)</td><td>81 (33.1%)</td><td>55 (22.5%)</td><td>56 (22.8%)</td><td>1,400</td><td>129 (9.2%)</td><td>780 (55.7%)</td><td>491 (35.1%)</td></tr>
</table>

자료: 행정안전부(2015).

② 자원봉사센터의 인력

2014년 현재 상근 인력은 총 1,400명으로, 이 중 공무원인 129명(9.2%), 민간인 중 전임담당이 780명(55,7%)이며, 코디가 491명(31,1%)으로 나타났다. 자원봉사센터당 평균 종사자는 6명 내외이다.

표 11-18 연도별 자원봉사센터의 상근인력 현황 (단위: 명)

<table>
<tr><th rowspan="2">연도별</th><th rowspan="2">공무원</th><th colspan="2">민간인</th><th rowspan="2">계</th></tr>
<tr><th>전임 당담</th><th>코디</th></tr>
<tr><td>2010</td><td>171(13.2%)</td><td colspan="2">1,120(86.8%)</td><td>1,291</td></tr>
<tr><td>2011</td><td>150(11.4%)</td><td colspan="2">1,171(88.6%)</td><td>1,321</td></tr>
<tr><td>2012</td><td>129(9.5%)</td><td colspan="2">1,222(90.5%)</td><td>1,351</td></tr>
<tr><td>2013</td><td>158(11.1%)</td><td>774(54.2%)</td><td>495(34.7%)</td><td>1,427</td></tr>
<tr><td>2014</td><td>129(9.2%)</td><td>780(55.7%)</td><td>491(35.1%)</td><td>1,400</td></tr>
</table>

자료: 행정안전부(2015).

③ 자원봉사자 현황분포

〈표 11-19〉는 연도별 자원봉사자 등록현황을 보여 주고 있는데, 매년 자원봉사자가 지속적으로 증가하였음을 알 수 있다. 2014년 현재 자원봉사자 등록 인원은

10,295,144명(센터당 평균 약 42,020명)으로, 2009년도 대비 9,761,709명이 증가하였다.

표 11-19 연도별 자원봉사자 등록현황 (단위: 명)

구분	2009	2010	2011	2012	2013	2014
등록 인원수	5,363,435	6,315,032	7,085,162	8,261,176	9,533,241	10,295,144

자료: 행정안전부(2015).

2014년도 자원봉사자 성별 · 연령별 현황을 보면 성별에 있어서는 남성, 여성으로 여성이 많았다. 연령별로는 14세 이상(25.2%)으로 가장 많았고, 20대(22.7%)와 40대(16.1%) 순으로 나타났다. 전 연령층에서 자원봉사 참여도가 매년 증가하는 추세를 보이고 있다는 점에서 자원봉사의 활성화가 잘 이루어지고 있다는 것을 보여 주고 있다.

표 11-20 연도별 자원봉사자 성별·연령별 현황 (단위: 명)

연도별	총계	성별		연령별						
		남	여	14세 미만	14세 이상	20대	30대	40대	50대	60대 이상
2009	5,363,435	2,290,367	3,073,068	1,392,766		884,771	717,047	1,075,208	763,458	530,185
2010	6,315,032	2,705,429	3,609,603	1,680,373		1,098,612	774,930	1,213,168	931,321	634,628
2011	7,085,162	3,034,133	4,051,029	306,016	1,701,718	1,245,759	832,933	1,319,685	984,805	694,246
2012	8,261,176	3,529,733	4,686,403	390,506	2,001,973	1,573,738	888,170	1,448,987	109,8015	814,787
2013	9,533,241	4,112,118	5,421,123	514,283	2,352,481	1,975,967	951,396	1,600,603	120,8473	930,038
2014	10,295,144	4,429,316	5,865,828	530,529	2,595,363	2,335,063	969,664	1,652,756	124,2859	968,904

자료: 행정안전부(2015).

〈표 11-21〉에서와 같이 자원봉사자의 직업별 현황을 보면 중고생(12.8%)이 가장 많고, 대학생(3.1%), 주부(2.4%)순으로 자원봉사활동에 많이 참여하고 있다.

표 11-21 2014년 자원봉사자 직업별 현황 (단위: 명, %)

구분	계	초·중고	대학생	사무직	자영업	전문직	공무원
인원	10,295,144 (100)	1,322,889	321,002	87,234	50,074	77,261	80,335
등록률		12.8	3.1	0.8	0.5	0.8	0.8
구분		농수산	주부	군인	서비스	무직	기타
인원		11,295	245,043	30,734	41,407	24,075	8,003,795
등록률		0.1	2.4	0.3	0.4	0.2	77.7

자료: 행정안전부(2015).

④ 자원봉사센터 교육실적 현황

자원봉사자 교육실적 현황을 보면, 자원봉사자에 대한 교육은 기초 · 보수 · 전문교육 3가지 유형으로 이루어지다가 2012년도부터는 리더 교육이 추가되어 실행되고 있다. 매년 교육 횟수와 참여인원이 증가하는 추세이다. 2014년 현재 22,082회를 실시하였고, 총 1,745,798명이 참여하였다. 과정별로는 기초 교육이 12,516회, 보수 및 전문교육이 1,298회, 리더 교육이 8,988회를 실시하였고, 자원봉사센터 등록인원의 약 17%인 1,745,798명이 참가하였다. 기존 봉사자(361,616명, 20.7%)보다는 신규 봉사자(1,384,182명, 79.2%)에게 더 많은 교육이 실시됨을 알 수 있다.

표 11-22 2014년 자원봉사자 직업별 현황 (단위: 명)

구분	교육과정별					참여인원		
	계	기초 교육	보수 교육	전문 교육	리더 교육	계	신규자	기존 봉사자
2009	16,048	8,191	2,286	5,571	-	947,539	657,951	289,588
2010	22,532	13,880	2,923	5,729	-	1,067,647	743,782	323,865
2011	18,107	9,110	2,754	6,243	-	1,121,262	845,864	275,398
2012	19,746	9,582	8,489		1,663	1,283,681	938,144	344,537
2013	22,053	11,282	9,176		1,595	1,472,476	1,089,895	382,581
2014	22,082	12,516	1,298		8,988	1,745,798	1,384,182	361,616

자료: 행정안전부(2015).

5) 발전방향 및 과제

(1) 전국 조사와 연구, 모범사례 수집과 보급, 프로그램 개발

전국 차원의 '자원봉사활동과 기부현황'에 관한 조사는 지속적인 사업으로 연계되어야 하며, '민간 자원봉사조직들의 현황'을 조사 및 분석하여 새로운 프로그램 개발 및 사업을 신설하도록 하여야 한다. 또한 우수 자원봉사활동 사례를 수집하여 자원봉사센터 홈피를 활용하여 보급함으로써 자원봉사 자료를 축척해 나가야 하며, 우리나라만의 자원봉사 사례를 바탕으로 프로그램에 적용할 수 있어야 할 것이다. 또한 이러한 통계 및 현황 조사를 통해 자원봉사센터의 평가체계를 개발하고, 이에 맞는 평가를 시행할 수 있도록 해야 할 것이다.

(2) 자원봉사 관리자와 지도자 교육 및 프로그램 개발

표준화된 자원봉사의 교육교재를 개발하여야 할 것이다. 또한 자원봉사 관리자 자격 과정이 개발되어 있지 않다. 따라서 자원봉사자를 관리하는 관리자 및 지도자를 양성할 교육기관의 인증제도를 마련하여 자원봉사 관리자의 교육 및 훈련에 대한 지원이 필요하다. 전국에 245개의 자원봉사센터가 있고, 2014년 현재 자원봉사 등록 인원은 총 10,295,144명이다. 그러나 이 중 자원봉사 교육을 받은 사람은 17%밖에 되지 않는다. 즉, 이는 자원봉사센터의 전문성이 많이 부족하다는 것을 의미한다. 물론 현행 보수체계로서는 센터의 직원들이 전문성을 확보하기는 어려운 점이 많겠지만, 자원봉사 관리를 위한 전문교육은 반드시 이수한 후 업무를 수행할 수 있도록 해야 할 것이다(표갑수, 2012).

(3) 지역자원봉사센터 운영 지원과 관리

현재 우리나라는 자원봉사활동의 관련부처가 여러 부처에 걸쳐 있는 관계로 통일화된 시스템 구축을 하지 못하였다. 따라서 지역자원봉사센터 운영과 관리를 위한 매뉴얼을 확정하여 매뉴얼을 통한 자원봉사센터의 운영이 필요하다. 또한 다수의 지역 센터들은 인력과 재정 부족 등으로 인한 운영의 취약성을 안고 있기 때문에 '취약센터'들에 대한 중앙의 운영 및 관리의 지원이 시행되어야 할 필요성이 있다.

(4) 센터 예산 확충

일부 지방자치단체에서는 센터 사업비만 지원하고 사업을 수행하도록 요구하는 경우도 있다. 사업을 수행하기 위한 인건비와 사무비에 대한 고려 없이 사업의 성과를 요구하는 것도 부적절하다. 이를 해결하기 위해서는 시 · 도 및 시 · 군 · 구 자원봉사센터별로 표준모형을 개발하고 이를 운영하기 위한 적정비용을 산출하여야 할 것이다. 그리고 각 지방자체단체의 재정상황에 따라 운영비를 지원하여야 하며 현실적으로 불균등성 심각하기 때문에 이를 해결하고 국가 차원의 자원봉사활동을 진흥하기 위해서는 국비지원이 필요하다(표갑수, 2012).

생각해 볼 문제

1. 사회복지협의회의 운영사업과 개선방안에 대해 생각해 본다.

2. 사회복지관의 현황과 개선방안에 대해 생각해 본다.

3. 사회복지공동모금회의 지원 사업에는 어떤 것이 있는지 알아본다.

4. 자원봉사센터의 주요 기능에 대해 알아본다.

CHAPTER 12

지역사회복지운동의 이해

학습목표

1. 지역사회복지운동의 의미와 역사에 대해 학습한다.
2. 지역사회복지운동의 유형과 사례를 학습한다.
3. 지역사회복지운동이 필요한 이유를 설명할 수 있다.

1. 지역사회복지운동의 의미

1) 지역사회복지운동의 개념 및 의의

(1) 지역사회복지운동의 개념

지역사회복지운동은 지역사회 문제를 해결하기 위해 지역사회의 변화 또는 역량을 강화함으로써 지역주민의 욕구를 충족하고 지역공동체 형성에 이바지함을 목표로 한다. 이를 통해 지역사회의 내적 정체성을 실현하여 지역사회의 변화를 추구하기 위해 전개되는 조직적인 운동을 의미한다.

지역사회복지운동은 사회복지운동과 사회운동의 광범위한 맥락에서 이해되어야 한다. 사회복지운동은 사회운동의 관심사 혹은 목표가 사회복지와 직 · 간접적으로 연관될 때를 일컫는 개념이다. 사회복지운동과 차별화되는 지역사회복지운동의 특성은 운동의 추진 단위가 지역사회로 특정되며, 지역주민을 포함한 사회복지 전문가, 지역사회 활동가, 사회복지 실무자, 지역사회의 클라이언트 모두 주체가 될 수 있다는 것이다.

또한 '사회운동'이라는 용어는 19세기 유럽에서 등장하였는데 때에 따라 종교운동, 정치운동과 구별되어 새로운 산업노동자 계급의 운동이라는 좁은 의미로 사용되기도 하면서 산업화로 인해 새로 생겨난 사회계급이 기존체제에 도전해서 그 가운데 자리를 차지하려는 집단적 힘의 과시 과정을 의미했다.

이 시기의 사회운동의 개념은 기존 사회질서와 구조에 대한 근본적이고 포괄적인 변화를 추구하는 개념으로, 민중운동, 계급운동, 지역사회운동 등의 개념을 포함하는 개념으로 사용되었다. 오늘날에는 시민운동, 이슈중심운동, 지역시민운동 등 반관료적이고 대중적이며 소수집단의 이익을 대변하는 성격을 가진 사회운동을 아우르는 개념으로 사용된다. 즉, 목표로서의 지역사회복지 발전과 이를 달성하기 위한 수단적 노력으로서 사회운동의 조합을 의미한다.

지역사회복지운동은 지역사회문제를 해결하기 위해 지역사회의 변화 또는 지역사회의 역량강화를 통해 주민의 욕구충족과 사회연대의식 고취, 지역공동체 형성과 같은 목표로 전개되는 조직적인 운동이라고 할 수 있다. 즉, 지역사회복지운동은 사회구성원의 삶의 질을 높이기 위한 목적의식적이고 조직적인 집합적 활동이며, 사회복지 수요자뿐만 아니라 사회복지 실무자나 전문가, 넓게는 지역사회 주민이 주체적인 참여와 행동을 통하여 사회복지의 목표 달성을 위해 의도적으로 추진해 가는 지역사회복지실천이라 할 수 있다(오정수 · 류진석, 2009: 305).

(2) 지역사회복지운동의 전개

지역사회복지운동은 1990년 시민사회의 확장과 함께 크게 성장하였으며 최근 다양한 활동으로 새롭게 전개되고 있다. 민주화의 진전과 지방자치제의 정착으로 지역사회의 중요성이 대두되고, 지역사회의 생활영역문제가 이슈로 부각되었다. 생활과 인권수준의 향상으로 지역사회에서 사회적 약자에 대한 관심이 증가하고 있다.

우리나라의 경우 1990년대 초반 이후에 노동운동이 사회복지 문제에 관심을 가지기 시작하였고, 이러한 발전은 시민운동, 노동운동, 농민운동, 여성운동, 빈민운동 등으로 발전되고 강화되어 왔다.

1997년 말 외환위기를 계기로 본격적으로 자활운동과 실업극복운동의 전개를 기점으로 지역사회 주민운동의 활성화가 시작되었다. 지역사회복지운동은 ① 자활운동: 도시빈민운동 차원에서 실업 등으로 집약된 빈민지역의 특수한 문제와 생존욕구 해결을 위한 방법론, ② 탈빈곤사업(생신공동체운동): 1997년 「생활보호법」의 개정으로 제도화, ③ 실업극복운동: 각 지역 단체에서 사업의 형태로 전개되었다.

표 12-1 고전사회운동과 신사회운동

	고전사회운동	신사회운동
성격	구조적 문제분석에서 출발	생활의 문제에서 출발
기조	경제·사회·국가·군사적 안정	생활의 질, 평등, 개인적 자아실현, 참여, 인간적 권리에 기초
활동내용	경제적 불평등과 정치적 억압을 벗어나기 위한 구조개혁과 좀 더 근본적인 사회 전체적 민주화 추구를 위해 민중의 정치세력화 시도	정치적 목표보다는 시민사회 내적 목표, 즉 부정부패 추방, 의식개혁, 생활공동체 운동을 지향, 점진적 제도 개선
영역	생산영역(생산현장)	소비영역(생활현장)
계급성	계급운동	범(탈) 계급적 운동
부문	노동운동, 농민운동	환경, 반핵, 인권, 소비자 여성운동, 전문직업인 운동, 지역주민, 청년운동
주체	노동자, 농민, 빈민 등 경제적 이해관계와 관련된 직접적 피해 당사자 중심	지식인, 화이트칼라, 자영업자 등의 중간층이나 학생, 주부, 노인 등의 노동시장, 주변층, 청년세대 중심
문제해결 방식	파업, 시위, 농성 (급진적 운동방식)	캠페인, 국민홍보, 강연회 (온건하고 합법적 운동방식)

출처: 김치영·정현태(2009). p. 366.

(3) 지역사회복지운동의 의의

지역사회복지운동은 지역사회 주민의 주체성과 역량을 강화시켜 지역사회의 변화를 주도하는 '조직운동'이다. 지역복지운동은 지역사회의 문제해결 주체로서 지역사회의 역할을 강조하고 지역공동체성을 함양시킴으로써 지역사회의 역량을 강화하고 주민 간 연대의식을 고취하는 등 지역사회의 '민주적 실천과정'을 전개한다. 주민의 권리의식 제고와 더불어 지역사회복지운동의 중대성은 다양한 측면에서 그 필요성이 증대되어 왔다. 지역사회복지운동의 의의는 다음과 같이 설명할 수 있다.

첫째, 사회복지정책 결정에 영향을 미칠 수 있다. 문제나 요구가 이슈화되어 일반 국민들의 관심을 끌거나 정책입안자들의 관심을 끌게 되는 과정으로 사회복지운동 참여자, 즉 전문가 또는 운동가와 클라이언트들은 이러한 이슈화 과정에 참여함으로써 새로운 문제를 정의하고 정책대안 형성에 영향을 미칠 수 있다.

둘째, 지역사회조직의 활성화를 위해서이다. 생활현장에 뿌리를 두고 있는 기존 조직들을 활용함으로써 지역사회조직을 활성화할 수 있다. 이는 지역주민들을 동원하는 가장 빠른 방법들 중 하나이다.

셋째, 주민의 권리의식을 제고할 수 있다. 국가나 공공단체에 의한 개인의 권리에 대한 침해나 방해에는 강력하게 항의하고, 시민의 실질적인 권리를 확보하기 위해서는 개인 차원은 물론 집단 차원의 노력이 필요하다. 이를 통해 지역주민들에게 권리의식의 확산을 도모할 수 있다.

살펴 본 바와 같이 지역사회복지운동은 지역주민의 주체성과 역량을 강화하고, 지역사회의 변화를 주도하는 조직운동이라는 점에서 의의를 찾을 수 있다. 또한 주민참여의 활성화에 의해 복지권리의식과 시민의식을 배양하는 사회권을 확립할 수 있다. 주된 관심사가 지역주민의 삶의 질과 관련된 생활영역에 두고 있기 때문에 지역사회복지의 확산과 발전을 위한 생활운동으로서 의미를 가지고 있으며, 지역사회의 다양한 자원 활용 및 관련 조직 간의 유기적인 협력이 이루어지는 운동이라는 점에서도 의의를 찾을 수 있다.

또한 지역사회복지운동은 몇 가지 특성을 가진다. 우선 지역사회복지운동은 의도적인 소직적 활동이다. 지역주민의 삶의 질 향상을 목적으로 하는 의식적이며 조직적인 활동으로, 사회복지대상자뿐만 아니라 종사자 · 전문가, 넓게는 모든 국민들이 참여한다. 주민들의 주체적인 참여와 행동을 통하여 지역사회의 변화목표와 사회복지를 달성하기 위해 의도적으로 추진하는 사회운동의 성격을 지니고 있다.

이러한 지역사회복지운동은 시민운동과 맥을 같이해 왔다. 시민사회의 성장 및 사회변화와 함께 사회적 관심의 초점으로 부각된 것이다. 그리고 지역주민 전체를 기반으로 하고 있어서 지역사회복지운동의 계층적 기반은 노동운동, 민중운동 등과 같이 제한적인 계층이 있는 것이 아니라 지역주민 전체를 기반으로 하는 대상자가 포괄적인 사회운동이라고 할 수 있다.

2) 지역사회복지운동의 특성과 주요 활동

(1) 지역사회복지운동의 특성

지역사회복지운동은 다른 사회운동에 비해 전개된 역사가 짧은 편이며, 운동의 내용과 조직에 있어서도 미약한 수준이지만 시민사회의 성장 및 사회변화와 함께 사회적 관심의 초점으로 부각되고 있는 운동이다. 지역사회복지운동은 사회 구성원의 삶의 질을 향상시키기 위해 의도적으로 조직된 목적의식적이고 조직적 활동이다. 사회복지대상자뿐만 아니라 사회복지실무자나 전문가, 넓게는 모든 지역사회 주민들이 주체적 참여와 행동을 통해 사회복지 목표달성을 위해 의도적으로 추진해 가는 사회운동으로서의 성격을 지니고 있다(오정수 · 류진석, 2006; 303).

지역사회복지운동의 계층적 기반은 노동운동, 민중운동 등과 같이 뚜렷한 계층적 기반을 두고 있는 것이 아니라 지역사회 주민 전체에 두고 있어 포괄적이다. 지역사회에서의 사회적 약자의 복지욕구에 초점을 맞추고 있기 때문에 사회적 약자에 우선순위를 부여하고 있고, 개별적이 아닌 집단적 참여 형태를 전제로 한다. 그리고 지역사회복지운동은 지역사회 내의 특정 문제해결을 위해 지역사회의 공론화를 통한 표출적 행위로 나타나거나 자조적 문제해결 과정을 도모하고 있다. 따라서 지역사회복지운동은 지역사회단체와 연대함으로써 성공 가능성이 높아진다.

사회복지운동의 주체는 당연히 지역사회 주민에 초점을 두어야 하지만, 실제 운동을 주도하는 관점에서는 지역사회활동가, 사회복지전문가, 사회복지실무자, 지역사회복지이용자, 일반 지역사회 주민 등 지역사회 주민 전체를 기반으로 한다.

지역사회복지운동은 지역사회에 기초해 특정 문제해결을 추구하는 목적의식적이며, 개별적 행동이라기보다는 집합적 대응이라는 특징을 띠고 있어 지역사회복지운동을 활성화하기 위한 방법은 다음과 같다(Brager & Specht, 1973; 39, 류종훈, 2008: 재인용)

① 지역사회 주민들이 복지활동에 주체적으로 참여하는 것이다. 지역주민들의 삶의 질을 높이는 길은 다른 사람들에 의해 주어지지 않는다는 점에서 주민들의 참여는 가장 기본적인 대전제라 할 수 있다.

② 지역사회에서 조직화된 지역사회 주민들이 정치적 영향력과 사회적 권리를 확보하는 것이다. 지역사회 주민들의 참여는 단순히 주민들에게 자족감을 주기위한 것이 아니라 지역사회에서 영향력을 획득해 가는 과정이어야 한다.

③ 지역사회 주민들이 자신의 개별 이해를 공공의 이해와 일치시키도록 공동체 의식을 강화하고, 자신의 역량을 높이는 것이다.

④ 지역사회 주민들의 참여가 자신들의 욕구뿐만 아니라 지역사회 전체에 영향력을 미칠 수 있도록 제도 등의 제반환경을 만들어 가는 것이다. 이는 주민들의 참여를 보장하고 그에 공적 권위를 부여해 주는 제도의 정립 및 지역사회복지 활동을 통해 추구하고자 하는 내용을 제도화시키는 것 등을 의미한다.

(2) 지역사회복지운동의 유형

지역사회복지운동은 지역주민의 욕구충족을 목표로 하는 지역사회 중심의 사회복지운동으로서, 주민운동과 특정 사회복지 문제나 이슈의 해결을 목표로 하는 문제 또는 이슈 중심의 지역사회복지운동으로 구분해 볼 수 있다.

첫째, 지역사회 중심의 사회복지운동으로서의 주민운동은 지역 내에 생활근거지가 있는 주민들이 주체가 되어 일상생활적인 요구와 이의 궁극적 해결을 위하여 전개하는 대중운동이다. 운동주체로서 주민을 설정하고 주민의 생활근거지로서 지역사회를 기반으로 한다. 지역사회 문제를 해결하고자 하는 목적지향적인 사회운동으로 볼 수 있다. 주민운동은 집단적 참여형태를 전제로 하며 자연발생적 참여형태라기보다 목적지향적이고 의도적이다. 공청회, 심의회, 주민자문위원회에 참여하는 제도적 형태라기보다는 비제도적 형태이다.

주민운동은 아래와 같이 쟁점별로 다양하게 분류해 볼 수 있다.

① 농어촌 지역의 대규모 개발사업과 관련되어 발생한 주민운동: 도로, 공장건설, 주택단지 및 댐건설 등
② 대도시지역의 재개발사업, 강제철거와 관련된 주민운동: 도심재개발, 불량주거지역재개발 등
③ 각종 공해문제와 관련되어 피해보상이나 공해유발시설의 설치를 반대하는 주민운동 또는 환경운동: 은산, 비철금속단지와 여천 석유화학단지의 공해로 인한 주민운동, 쓰레기 매립장, 소각장, 환경오염, 핵발전소 · 핵폐기물처리장 건설 등
④ 실직자 생계비 지원사업, 음식나눔사업, 푸드뱅크사업, 의료서비스 지원사업, 저소득층 아동 방과후 교육사업, 미인가시설 지원사업 등

둘째, 문제 또는 이슈 중심의 지역사회복지운동은 특정 사회복지 문제나 사회복지와 관련된 이슈 중심으로 시민운동 차원에서 접근하는 지역사회복지운동이다. 시민운동과 사회복지계의 협력형태를 띠면서 복지이슈 제기와 대안 마련을 위한 다양한 연대활동으로 구체화되고 있고, 지역 단위를 중심으로 직접적인 복지 문제의 제기 및 대안 마련, 관련 조례 제정운동 등 지역사회복지 운동단체들의 활동영역이 확장되고 있다.

또한 지역사회운동은 그 구조적 배경과 이슈, 운동의 조직과 성격 등에 따라 아래와 같이 지역노동운동과 지역사회운동, 지역환경운동으로 구분해 볼 수 있다.

표 12-2 지역사회운동의 유형

구분	지역노동운동	지역사회운동(협회)	지역환경운동
구조적 배경	자본에 의한 지역 생산 수단의 독점	자본이 전가한 국가제공의 지역 생활수단 한계와 불평등한 배분	자본축적을 위한 상품생산 및 소비과정에서 지역적으로 한정된 자연환경의 파괴와 오염
가시적 이슈	저임금, 열악한 작업조건, 경영 등에서 배제(소외)	생활수단의 부족과 열악성	지역자원의 고갈·부족, 생존 및 생활환경 파괴, 오염에 의한 피해
운동의 주체	산업노동자(생산직, 사무·기술직 포함)	생활수단이 결핍된 도시주민(저소득층)	피해지역주민, 직·간접 피해에 노출된 시민
운동의 장소	사업체 내 작업공간(생산영역)	일상(주거) 생활공간(소비영역)	피해지역 및 시민생활 공간
운동의 이념	경제적 권리의 쟁취, 사회경제체제 전환	생활수단 확보·개선, 국가정책의 변화	생존권 보장, 생활환경 개선, 생활양식 전환
운동의 대상	자본(기업)	국가(생활수단 제공의 일차적 책임자)	기업, 국가, 시민
운동의 조직과 성격	정형화되고 지속적인 조직체계, 계급운동	사안별 비정형적 조직체계·준계급적 운동	정형화·비정형화된 조직체계의 혼재·범계급적 운동

출처: 김치영·정현태(2009). p. 386.

3) 주민참여

주민참여는 지역사회복지활동의 주체인 주민이 공식적인 정부의 정책 또는 계획의 작성과 결성, 집행의 과정에 참여하는 일련의 행위로, 지역주민의 욕구가 정책이나 계획에 반영되도록 하기 위한 적극적인 노력의 총체를 의미한다.

일반적으로 주민들은 정책계획가나 의사결정자에게 많은 시간과 책임을 요구하지 않으면서 다양한 방법들을 통해 정부의 의사결정과정에 참여한다.

주민참여의 방법으로 일반적인 방법들은 전시회, 공청회, 설문조사, 대중매체를 활용하는 방법 등이 있다. 전시회는 주민과의 접촉이 비교적 쉬운 곳에서 주민참여 활동의 홍보와 활동목적을 선전하고 주민들의 의견을 파악한다. 공청회는 모든 주민을 대상으로 공개 초청하여 진행하는 방법으로 주민을 제한하여 운영한다. 주민들의 참여기회를 확대하고 다수의 의견을 반영할 수 있도록 예비 공청회 실시 후 최종결정전 공청회, 최종 공청회의 단계적인 공청회를 실시할 수 있다.

또한 설문조사는 현상의 기술과 예측, 변수 간의 관계분석과 의사 결정에 도움을 주는 계획된 자료수집방법이다. 과학적인 분석도구로 조사해야 할 정보의 내용, 주민이 느끼는 문제점, 주민의 선호, 중요성에 대한 태도를 파악하는 경우에 용이하다. 대체매체의 활용은 매스미디어를 통해 정부의 계획과 정책안의 내용을 홍보하는 것은 물론, 보도를 통해 주민의 의견과 욕구를 정책에 반영하는 계기를 마련한다.

해당 주민과의 대화유도를 통해 수용할 수 있도록 하기 위해 활용되는 방법은 델파이 방법, 샤레트 방법, 브레인스토밍(brainstorming) 등의 방법이 있다. 이러한 방법들은 평균 이상의 지적 수준을 갖춘 참여자의 유의적인 선택을 요구하고 주민의 욕구를 밀도 있게 파악하는 데 용이하다. 델파이 방법은 다양한 전문가 집단의 지식과 능력을 결합하기 위해 익명성을 보장하며 우편을 통해 설문조사를 실시한다. 지역사회의 문제의 확인과 주민참여 목표와 우선순위, 대안의 확인평가에 유용한 방법으로 활용되고 있다. 샤레트 방법은 지역주민과 관료, 정치가들이 함께 모여 지역사회의 주민들이 느끼는 문제점들과 관료 또는 정치인들이 인지하고 있는 문제 사이의 시각을 개진하여 상호 이해를 통해 일정 시간 내 합의된 제안을 작성하는 방법이다. 브레인스토밍은 난상토론으로 불리며 여러 명이 한 가지 문제를 놓고 아이디어를 무작위로 개진하여 그중에서 최선책을 찾아내는 방법으로자유롭게 아이디어를 개진하고 개진한 아이디어를 통합하고 발전시켜 나간다.

주민참여는 지역의 주민들이 공식적인 정부의 의사결정 과정에 관련하여 주민들의 욕구를 정책이나 계획에 반영되도록 하는 적극적인 노력을 말한다. 주민참여는 계획 또는 정책결정 과정에 미치는 영향과 효과의 정도에 따라 실질적인 효과를 가져오는 참여로부터 형식적인 효과를 가져오는 참여까지 다양한 단계가 있다.

아른스테인(Arnstein)은 다음의 〈표 12-3〉과 같이 주민참여의 단계를 8단계로 설명하고 있다.

표 12-3 주민참여의 단계

내 용			
8	주민통제 (citizen control)	주민 스스로 입안하고, 결정에서 집행, 그리고 평가단계에까지 주민이 통제하는 단계	주민권력 (degree of citizen power)
7	권한위임 (delegated ower)	주민들이 특정한 계획에 관해서 우월한 결정권을 행사하고 집행단계에 있어서도 강력한 권한을 행사함	
6	협동관계 (partnership)	행정기관이 최종결정권을 가지고 있지만 주민들이 필요한 경우 그들의 주장을 협상으로 유도할 수 있음	
5	회유 (placation)	각종 위원회 등을 통해 주민의 참여범위가 확대되지만 최종적인 판단은 행정기관이 한다는 점에서 제한적임	형식적 참여 (degree of tokenism)
4	상담 (consultation)	공청회나 집회 등의 방법으로 행정에 참여하기를 유도하고 있으나 형식적인 단계에 그침	
3	정보제공 (informing)	행정이 주민에게 일방적으로 정보를 제공하며 환류는 잘 일어나지 않음	
2	치료 (therapy)	주민의 욕구불만을 일정한 사업에 분출시켜서 치료하는 단계로서 행정의 일반적인 지도에 그침	비참여 (non-participation)
1	조작 (manipuration)	행정과 주민이 서로 간의 관계를 확대한다는 것에서 의의를 찾을 수 있으며, 공무원이 일방적으로 교육·설득시키고 주민은 단순히 참석하는 수준	

출처: Arnstein(1969). p. 217.

비참여 상태는 주민참여의 가장 낮은 수준의 참여 형태로, 주민을 의사결정에 참여시키지 않는 형식적인 참여의 단계를 말하며, 조작과 치료의 2단계에 해당된다. 형식적인 참여의 단계는 주민은 정보를 제공받고 상담을 받으며 회유를 통해 참여가 이루어지고 있으나 주민의 영향력은 미약하다. 마지막 단계인 주민권력의 단계는 주민이 의사결정에 있어서 주도권을 획득하고 기존의 권력관계의 변화와 권력의 재분배가 가능하다.

주민참여는 긍정적인 효과와 부정적인 효과를 동시에 갖기도 한다. 긍정적인 측면에서의 효과는 다음과 같다.

첫째, 지역주민이 선호하고 요구하는 사항을 정책결정자에게 효과적으로 전달함으로써 지방정부의 한정된 자원을 효과적으로 할당하고 투입하는 데 기여할 수 있어서 지방정부의 의사결정 효율성을 제고(提高)한다는 것이다.

둘째, 지방행정에 있어서 불평등을 완화시켜 주는 효과를 가진다. 지방정부는 유지와 존속을 위해 '분배'보다는 '성장'에 중점을 두게 되는데, 이로 인해 재정이 취약한 지방정부의 경우 한정된 재원을 개발사업에 치중하여 투입하므로 서비스 또는 재원배분의 역량이 취약해질 수 있다. 이러한 경우 주민참여는 지방정부로 하여금 형평을 추구하도록 압박할 수 있어 불평등을 완화시킬 수 있다.

셋째, 주민참여는 주민투표와 주민발의, 주민소환과 같은 주민참여의 제도적 방안을 통하여 지방정부기관 간의 갈등을 주민이 중립적인 입장에서 중재 또는 해결해 줄 수 있다는 긍정적인 측면이 있다.

그러나 주민참여는 정보 제공이나 공청회의 개최, 주민투표의 실시 등의 과정에서 추가적인 비용이 소요되어 행정비용을 증가시킬 수 있다. 또한 계획사업의 전문적 측면을 적절하게 판단할 수 있는 능력이 결여되어 있는 일반 주민을 이해시키기 어려워 계획의 입안이나 집행의 과정에 있어 시간상의 지연이 발생할 우려가 높다. 이해관계가 상충되는 주민들 간의 갈등을 유발할 가능성도 배제할 수 없고 참여자들의 대표성의 문제가 제기될 수 있다.

4) 시민운동과 비영리민간단체

(1) 시민운동

시민운동은 사회의 일부 기득권층을 제외한 모든 시민이 주체가 되어 참여하는 운동을 말한다. 이러한 시민운동은 다양한 성격을 지닌다.

첫째, 시민운동은 특정 계급의 이익만을 중시하는 것이 아니라, 계급을 초월하여 시민적 주체성을 가진 '시민'들이 주체가 된다.

둘째, 시민운동은 합법적인 방법으로 국가 권력을 비판하고 감시하며 문제해결과 이익을 요구하는 활동을 전개하며 합법적인 테두리 내에 있기 때문에 국가 권력 자체나 사회 자체를 부인하지 않는 개량적인 성격을 지닌다.

셋째, 초계급적이고 시민적인 주체성을 가진 시민들이 국가 권력을 상대로 시민권, 즉 시민적 권리를 요구하고 확대하는 운동이다.

넷째, 시민운동은 정부나 기업의 지원이나 간섭에 구속되지 않고 철저하게 참가자들의 자율에 의해 움직이는 운동이다.

또한 이 운동은 특정 집단이나 계급의 이해관계를 떠나 사회적 공공선을 실현하기 위한 운동이라는 점에서 자신들의 이해관계에 의해 조직되고 행동하는 이익집단과는 엄격하게 구분된다.

시민운동은 국가정책에 대한 여론을 형성하고 감시하며 비판한다는 측면에서 긍정적으로 평가될 수 있으며 소외된 계층을 대변하여 도와주고 사회문제에 대해 정화적 작용을 한다는 점에서도 긍정적인 측면이 있다. 그러나 전문성의 부족으로 잘못된 비판이나 여론을 형성할 가능성도 있으며 과열 운동의 가능성과 폭력적인 경우가 발생할 우려가 있으며 권력과 결탁하게 되면 정부를 비호하는 세력으로 이용될 수 있다.

(2) 비영리민간단체

비영리민간단체는 시민사회에서 자발적으로 형성된 조직들을 의미하며 대표적으로 비영리민간단체는 비영리조직(NPO)과 비정부조직(NGO)으로 나누어 볼 수 있다.

① NGO(Non-Governmental Organization, 비정부기구)

유럽 선진국의 경우 자원적 활동의 전통은 노동자계급의 상호부조의 전통과 중간계급의 자선적 전통을 가지고 발전해 왔다. 산업화와 도시화가 진행되면서 복지제도가 발전된 선진국의 NGO의 활동은 자국 내의 개발사업이나 민주화를 위한 사회운동적 성격을 띠는 경우보다는 주변화되거나 배제된 사회집단에 대한 봉사나 해외의 후진국이나 재난지역을 돕는 역할을 담당해 왔다. 그러나 복지국가의 위기와 기술관료제의 심화로 인한 민주주의의 후퇴의 대안으로 NGO의 활동이 재평가되고 있다.

NGO는 지역-국가-국제적으로 조직된 자발적인 비영리시민단체로 '비정부성'이 강조된 개념(UN헌장 제71조)이다. 법적으로 NGO는 시민사회단체(CSO) 등의 용어로 정의되기도 한다.

일반적으로 NGO는 정부의 참여나 대표 없이, 민간에 의해 합법적으로 만들어진 비상업적인 기구를 의미하는 용어로 사용되는데 정부 이외의 민간단체와의 협력관계를 규정한 UN헌장 제71조에서 사용하게 되면서 부각된 용어이다. 당초에는 국제정치적 맥락에서 정부의 대표가 아니면서도 UN과 협의적 지위를 인정받은 공식적인 조직을 의미하였다. 오늘날에는 개별 나라의 정부에 대응하는 시민사회의 다양한 조직들도 NGO라고 부른다. NGO는 일반적인 용어로 쓰이지만 국제기구와 달리 법적으로 규정된 용어는 아니다.

공동의 이해를 가진 사람들이 특정 목적을 위해 조직한 NGO는 다양한 서비스와 인도주의적 기능을 수행한다. 정부정책을 감시하고, 정보제공을 통해 시민의 정치참여를 장려하며 인권, 환경, 보건, 성차별 등의 특정 이슈를 추구하기도 한다.

NGO의 활동은 그 나라의 경제발전이나 활동수준, 활동지향성 등에 따라 다양한 유형으로 구분해 볼 수 있다.

유럽 선진국의 경우 자원적 활동의 전통은 노동자계급의 상호부조의 전통과 중간계급의 자선적 전통을 가지고 발전해 왔다. 산업화와 도시화가 진행되면서 복지제도가 발전된 선진국의 NGO의 활동은 자국 내의 개발사업이나 민주화를 위한 사회운동적 성격을 띠는 경우보다는 주변화되거나 배제된 사회집단에 대한 봉사나 해외의 후진국이나 재난지역을 돕는 역할을 담당해 왔다.

그러나 복지국가의 위기와 기술관료제의 심화로 인한 민주주의 후퇴의 대안으로 NGO의 활동이 재평가되고 있다.

유럽 선진국에서 NGO의 활동은 자국 내에서는 환경보호, 평화, 소비자보호, 인종차별주의 반대, 장애인 권익 등의 영역에서 여론을 형성하고 정부의 정책결정에 영향을 미치기 위해 노력하는 것이다. 캠페인을 통해 국민들의 문제의식과 구성원들 사이의 연대의식을 높이는 활동을 주로 한다.

제3세계로 불리는 후진국 NGO의 활동은 자국의 저개발 상태를 극복하기 위한 다양한 활동을 활발히 하고 있다. 식수공급, 가족계획, 문맹퇴치, 소득증대사업, 직업훈련 등의 개발협력사업을 수행하고 그 과정에서 빈곤층의 자조능력과 자치능력을 증대시키는 개발의 역할을 수행하고 있으며, 재난이나 빈곤 상태에 있는 사람들은 원조하는 복지제공의 기능을 수행하기도 한다. 또한 인권, 환경, 주민권을 옹호하기 위한 권익옹호의 역할을 수행하기도 한다.

선진국 NGO와 개발도상국 NGO들은 상호 밀접한 협력관계를 구축하고 있는데 이러한 추세는 점차 가속화되고 있다. 특히 OECD회원국 NGO와 개발도상국 NGO 사이의 협력은 오래전 시작되어 선진국 정부들은 직접 개발도상국의 NGO들을 통해 개발도상국 NGO사업을 지원하거나 원조하기도 한다. OECD회원국과 세계은행 등의 국제기구의 공공원조기관들은 개발도상국 NGO들의 사업을 재정적으로 지원하는 중요한 역할을 하고 있다.

우리나라 NGO의 경우에는 개발사업이나 빈곤퇴치 운동 사업에 종사하기도 하지만 대부분 환경, 교육, 경제정의, 부정부패추방 등의 영역에서 활동하면서 사회개혁을 추진하는 역할을 해 왔다.

② NPO(Non-Profit Organization, 비영리기구)

NPO[12]는 이윤을 창출하는 것을 목적으로 하지 않는, 공적기구가 아닌 모든 조직들을 총칭한다. NPO는 대중적 요구에 대한 시장 및 정부기구의 태생적 한계를 인식하고 민주주의 사회에서 평등한 개인들 간의 협조와 협력증진의 필요성, 다원주의와 자유에 대한 가치 등을 근거로 생겨났다. 영리기업이 수익을 얻고 이를 주주들에게 분배하기 위해 존재함에 반해 NPO는 공익을 위한 서비스와 프로그램을 제공하

12) NPO(비영리민간기구): 비영리민간기구는 사적 단체로, 개인 또는 공익적 관심을 실현하고자 하는 사람들이 모여 자율적으로 운영하는 단체이다. 공공목적에 기여하는 정도에 따라 정부지원, 기부금 소득공제, 세금 면제 등의 혜택을 받는다. 특히 종교, 자선, 교육을 목적으로 하는 단체에는 기부금에 대한 소득공제 혜택이 있다. 공식직 조직, 민간조직, 구성원에 대한 이윤배분 금지, 자율운영 등의 특징을 가진다.

기 위해 존재하며 때때로 이윤을 얻을 수 있으나 얻어진 이익은 구성원에게는 배분되지 않으며 다음 프로그램이나 서비스 진행을 위한 준비금으로 그 사용이 제한된다. NPO의 범위에는 자선기구나 서비스 조직, 비영리기관이나 조합, 완전히 비공식적인 조직이 포함될 수 있다. 비영리병원, 탁아소, 보육원, 박물관, 오케스트라, 종교단체(예: 정의구현사제단), 전문가단체(예: 민주사회를 위한 변호사모임), 환경단체, 장학재단, 동창회 등이 포함된다. NPO는 모든 종류의 비영리활동 단체를 포함하면서 정부와 기업, 어느 쪽으로도 분류되지 않는 제3섹터 부문에 속하는 단체들이다.

NPO는 시장이나 기업에 대응하는 성격을 강조한 것으로, 정부에 대응하는 성격을 강조하는 NGO의 역할과 차별화된다. NPO는 민간주도, 지배구조의 독립, 자발성, 공익성 등의 특징을 가진다.

사회문제의 해결에 있어 자발성과 비영리성을 가져야 하며 필요한 재원을 확보할 수 있어야 하지만 지역의 NPO는 지역경제의 어려움과 주민참여의 소극성, 지역자원의 한계 등으로 인하여 재정적으로 심각한 어려움을 겪고 있어 지방자치단체로부터 재정지원을 필요로 하는 단체가 많은 실정이다. 또한 프로그램의 부족과 제도권 사회복지기관과의 역할이 중복되는 등 다양한 문제를 지니고 있다.

주민들 사이에서 자생적으로 조직화된 비영리민간기구는 사회복지대상자의 권익옹호를 위한 제도개선이나 조치상의 변화, 복지예산의 확보, 지역사회 이슈의 개발 등 순기능을 담당하여 지역복지 증진에 기여할 가능성이 크다. 재정적인 자율성의 확보와 주민참여의 활성화, 제도권 사회복지기관과의 연대사업확대 등을 통해 사회문제에 민감하고 조직적인 행동을 하는 복지운동 지향적인 비영리민간기구의 활동이 확대되어야 할 필요가 있다.

비영리민간단체는 몇 가지 갖추어야 할 조건 위에 성립한다. 비영리민간단체의 비당파성이 현실적으로 어떻게 가능하며, 공익성이 무엇을 말하는지에 대해서는 논란의 여지가 있지만 다양한 비영리민간단체는 일반적으로 비당파적 · 비종교적 · 공익적 · 자발적 · 자율적 성격을 갖추어야 한다.

또한 비영리민간단체는 다음과 같이 수행해야 할 고유의 기능을 지닌다.

① 견제기능: 비영리민간단체의 중요한 기능 중 하나는 국가와 시장이 지닌 권력을 비판하고 감시하는 견제의 기능을 지닌다.

② 복지기능: 복지국가가 발달하게 됨에 따라 복지서비스의 제공자인 정부는 다수결의 원칙이 아닌 관료제를 통해 획일적인 서비스를 제공해야 하는 단점을 지닐 수 있는데, 각종 비영리민간단체는 정부와의 직 · 간접적인 계약을 맺거나, 독자적인 인력과 재정을 가지고 정부가 제공할 수 없거나 무시하는 사회서비스를 제공하는 기능을 가진다.

③ 대변기능: 비영리민간단체의 활동은 사회적 약자의 권익을 대변하는 기능과 밀접하게 관련되어 있다. 오늘날 인권과 복지가 강조됨에 따라 사회적 약자가 단체를 결성하여 자신의 권익을 추구할 뿐만 아니라 선도적인 지식인들로 사회적 약자의 권익을 옹호하기 위하여 활발하게 활동하고 있다.

④ 조정기능: 현대사회는 분화되고 전문화되면서 개인의 욕구도 다양하고 집단 간의 갈등의 발생도 빈번해지고 있다. 비영리민간단체는 정부와 정부, 정부와 이익집단, 이익집단과 이익집단 간의 분쟁이 발생하게 될 경우 조정자로서 일반 시민의 피해를 줄이는 역할을 한나.

⑤ 교육기능: 비영리민간단체는 시민의 자발적 참여와 연대에 의하여 각종 사회문제를 해결한다. 이 과정에서 공공정책과정에 참여하게 되고, 개인과 집단 사이에 활발한 의사소통이 일어나게 된다. 이러한 활동의 과정에서 개인은 각종 사회문제에 대한 인식능력과 비판적인 시각을 가지게 되며 개인의 권리와 자율정신과 같은 시민사회의 기본 가치를 인식하게 되고 공공의 이익에 대한 봉사활동의 중요성을 체득한다. 이러한 시민단체 활동의 과정에서 시민들은 리더십과 참여민주주의를 학습하고 공동체 의식을 배양하게 된다.

이 밖에도 비영리민간단체는 수행해야 할 몇 가지 역할을 지닌다.

첫째, 정책 과정에서 파트너 역할을 수행해야 한다. 정부가 충족시키지 못하는 요구를 정부를 대신해서 스스로 해결함으로써 정부를 보완하는 파트너로서의 역할을 한다.

둘째, 정책 제언자로서의 역할수행도 요구된다. 사회문제의 소재나 원인을 파악하여 시정을 호소하는 행동으로서의 역할을 수행한다. 지역사회나 관심 분야 등에 문제점을 발견하고 그 문제의 해결을 행정이나 기업에 맡기는 것이 아니라 해결주체로서의 역할을 수행할 수 있어야 한다.

셋째, 국제적인 협조자 역할을 수행할 수 있어야 하는데, 어떤 과제가 국제적으로 중요한 경우 타협하지 않고 국가를 초월한 직접적인 연대를 통해 각국 국민 간의 문제에 관한 해결방법을 명확히 하는 역할을 수행한다. 오늘날 강조되고 있는 환경문제 등 다양한 분야에서 정보의 상호교환을 통한 전문적인 지식의 집약과 개발도상국가에 대한 문화, 국정에 상응한 직접적인 협력, 국제회의에 있어서 논의된 문제의 초점을 자국의 국민에게 쉽게 전달하는 등의 기능을 수행해야 한다.

2. 환경의 변화와 지역사회복지운동의 과제

지역사회복지는 지역사회의 사회복지기관과 사회적 상황이 상호작용하는 과정의 산물이다. 정보통신기술의 발달과 같은 사회적 변화는 지역사회복지와 상호작용하여 다음과 같은 변화를 요구하고 있다.

1) 새로운 개념의 지역사회의 등장과 지역사회복지의 역할 변화

현대사회는 세계화, 지방화시대로의 진행과 정보통신기술의 발달 등 다양한 변화가 급격히 진행되고 있다. 도시화로 인해 농업 중심의 전통적인 공동체가 해체되었다. 이 과정에서 사회통제, 교육, 시장경제 등의 기능이 약화되었고 개인과 집단의 이익을 중시하는 이익사회가 형성되면서 지역공동체의 공동이익을 추구하기 위한 지역복지의 중요성이 대두되고 있다.

특히, 정보통신기술의 발달은 지역사회복지의 지형변화에 큰 영향을 미치고 있으며 지역사회복지의 개념의 재정립과 중요성이 부각되고 있다. 사이버 공간에서의 새로운 공동체인 가상공동체, 네트공동체, 컴퓨터 네트워크공동체, 사이버 모임 등이 증가하고 있어서 지역복지실천에서는 정보화 시대에 요구되는 새로운 개입과 실천기술, 실천윤리 등의 개발과 대응이 요구된다.

현대사회에서 지역사회복지의 두 흐름은 제도화된 사회복지활동과 진보적인 운동의 복지실천으로 형성되어 왔다. 지역사회복지실천은 1980년대에 이르기까지 주로 제도화된 사회복지기관이나 시설을 중심으로 이해되고 해석되어 왔지만 21세기의 사회변화와 흐름은 시민사회의 활동이 강화되고 있어 시민사회단체와 종교단체들의 역할이 증대될 것이다. 따라서 이들 시민사회단체의 사회복지 참여와 제도권 민간사회복지와의 역동적인 상호작용이 긍정적인 결실을 가져올 수 있도록 상호 간의 협력과 조화가 요청되고 있다.

지역사회복지실천에 있어서도 다양하고 새로운 모델들이 개발되고 있는데 지역사회복지의 목표로서 지역사회의 역량강화가 새로운 실천의 목표로 강조되고 있다. 지역사회의 실정과 주민의 욕구를 반영한 지역복지계획의 수립 및 실천과 통합적 지역사회복지서비스의 실천, 전문적인 프로그램의 개발과 평가 그리고 자원동원 전략의 중요성 등도 새로이 강조되고 있다.

2) 지역사회복지운동의 활성화와 과제

지역성을 바탕으로 전개되어 온 지역사회복지운동은 다음과 같이 범위의 확대와 방향의 전환이 이루어져야 한다.

첫째, 지역사회복지운동의 활성화를 위해서는 사회복지실천가들의 조직을 바탕으로 해서 로스(Ross, 1968)가 제시한 추진회와 같은 주민참여 선도조직을 결성하고 이를 통해 효율적이고 조직적, 체계적으로 운동을 전개해야 할 것이다. 이러한 선도조직으로는 시·군·구 사회복지협의회를 들 수 있다.

둘째, 사회복지전문가들은 지역주민의 삶의 질의 과제를 다루는 전문가로서 지역정치에 직접적으로 참여하는 데 긍정적인 조건을 가지고 있다. 지방화 시대 이후 이들은 단체장이나 의회의원과의 연대활동을 통한 간접참여 또는 지역의회와 단체장들의 사회복지에 대한 관심을 제고시키는 중요한 역할을 하고 있다.

셋째, 지역사회복지운동을 활성화하기 위해서는 지역사회 내의 다양한 인적·물적자원을 동원할 수 있는 지역사회조직 네트워크의 형성이 필요하다. 지역 내의 사회복지실천가조직, 종교단체, 전문가단체, 교육기관, 시민운동단체, 기업조직을 동원할 수 있는 방안을 모색해야 한다.

지역사회복지운동의 활성화를 위해 해결해야 할 몇 가지 과제는 다음과 같다.

첫째, 시민운동과의 연대와 협력방안이 모색되어야 한다. 지역사회복지운동의 정착 및 확대를 위해서는 사회복지계와 시민운동조직과의 연대활동을 발전시켜 나가야 한다.

둘째, 전문역량을 강화시켜야 한다. 지역복지운동의 전문성을 강화시켜 나가야 지역사회 문제해결과 삶의 질 향상에 보다 효과적인 활동을 전개할 수 있다.

셋째, 제도적 여건 마련이 필요하다. 지역주민 중심의 자조집단의 조직화와 조례제정운동 등과 같은 지역사회복지정책에 영향을 미칠 수 있는 제도적 여건을 마련하는 데 노력하여야 한다.

넷째, 사회복지의 독자적 논리가 개발되어야 한다. 사회복지를 전면으로 내세울 수 있는 이데올로기를 개발해야 한다.

다섯째, 사회복지의 독자적 논리와 우리 사회의 발전을 위한 변혁적 논의를 연결할 수 있어야 한다. 우리 사회의 다양한 운동 조직인 노동운동조직과 시민운동조직과의 연대활동을 통해 사회발전을 꾀할 수 있는 발전적 논의가 연계되도록 한다.

3. 지역사회복지운동의 유형과 사례

지역사회복지운동은 지역사회 주민운동에 뿌리를 두고 있으며, 독립성을 갖는 민간의 자주적 조직으로서 저소득층 직접지원서비스 기능뿐만 아니라 지역사회복지정책의 개발과 사회행동 등 다양한 복지 기능을 수행한다.

1) 지역사회복지운동의 주요 활동

지역사회복지운동 단체는 ① 지역주민들의 정책과정에 대한 관심 제고, ② 토착지도력 개발, ③ 지역주민교육, ④ 주민자치조직 건설 등의 과제를 수행한다. 이와 같은 과제를 수행하기 위해 〈표 12-4〉와 같이 지역복지운동단체들은 지역복지정책개발사업, 사회행동형 사업, 직접서비스 지원사업 등 다양한 지역사회복지사업을 수행하고 있다(유동철 · 홍재봉, 2019; 358~360).

표 12-4 지역사회운동의 주요 활동

활동유형	내용
지역사회복지예산 감시·참여 운동	• 국가의 사회복지 예산의 투명한 사용을 위한 예산 분석과 예산 모니터링을 위한 감시와 참여
지역사회복지행정 감시 운동	• 지역사회복지정책의 투명성과 민주성 확보를 위해 지역사회복지 행정에 압력행사 – 사회복지시설 민간위탁 및 재위탁 조례 제정, 사회복지 관련 위원회의 주민참여 확대와 의사결정권 강화, 사회복지시설 생활인의 인권 증진 운동 등
지역사회보장협의체 운영 개선 방향 제시	• 지역사회보장협의체 위원의 민주적 구성과 대표성 보장 • 지역사회보장계획 수립체제 개선
사회복지법인 및 시설의 공공성 운동	• 지역사회 특정 복지재단의 민간 위탁 시 발생할 수 있는 복지 사유화에 대한 공공성 확보를 위한 활동
사회복지 연대운동	• 지역사회복지의 평등과 연대, 국가와 지방정부의 역할과 강조를 위한 지역 네트워크 활동

활동유형	내용
교육·훈련사업	• 주민에게 제공되는 사회복지서비스의 질 향상을 위한 사회복지 관련 실무자 교육, 지역주민과 자원봉사자와 관련한 교육 사업
직접서비스 제공사업	• 저소득계층·독거노인·실업자·아동·청소년 등의 소외계층에 대한 현금지원서비스나 의료, 보육, 교육 등 무형 자원의 직접 제공

2) 지역사회복지운동의 사례

(1) 국내 사례

국내의 지역사회복지운동은 1994년 대구의 우리복지시민연합, 1995년 서울 관악사회복지를 시작으로 지역사회복지운동 단체들은 '지역사회복지정책개발, 주민참여, 사회복지권익 옹호'를 중요한 활동목표로 하고 있으며, 이를 위해 저소득층이나 빈곤계층에 대한 직접 지원사업과 지역복지정책 개발과 사회복지운동 등을 전개하고 있다(오정수 · 류진석, 2009).

① 복지이슈 조직화를 중심으로 한 사례(우리복지시민연합)

1980년대 사회복지시설에서 자원봉사를 하던 대학생 동아리 학생들이 사회복지시설의 변화를 위해 지역사회에서 할 수 있는 활동을 고민하던 중 1992년 '사회복지시설연구회'를 조직해 활동하다가 1994년 '우리복지연구회'로 명칭을 바꾸고 정식 단체로 출범하였다.

첫 활동으로 '노인도 장애인도 탈 수 있는 지하철을 만들자'는 시민단체 연대활동을 시작으로 지역 단위의 사회복지 이슈(보행권, 시설 비리, 국민기초생활보장법, 국민건강권, 지방선거 등)를 조직하고 지역사회 여론화를 통한 복지운동을 전개했다.

② 주민조직화를 중심으로 한 사례(관악사회복지)

1995년 설립되어 관악구의 난곡동과 봉천동 중심으로 활동하던 빈민운동 세력과 사회복지현장 개혁세력이 함께 복지운동의 필요성을 논의한 후 조직되었다. 복지정책 모니터 및 제안활동으로 보건복지포럼, 구립어린이집 정상화를 위한 공대위, 주민생활 기본선 확보 운동, 공공시설 위탁 조례제정운동, 「국민기초생활 보장법」 관악네트워크 등을 전개하며 다양한 민간자원 참여를 통한 네트워크 조직활동으로 푸드뱅크 운동, 건강지원네트워크 활동을 진행하고 있다.

③ 복지예산 및 정책 제안을 중심으로 한 사례(경기복지시민연대)

1999년 설립되어 수원지역에 에바다 비리문제 등 지역의 복지이슈 중심으로 활동을 전개하던 중 지역 내 복지운동에 대한 요구로 조직화되었다. 설립 당시부터 정책제안에 관심을 갖고 활동하였으며 2001년 경기도사회복지정책 모니터 및 정책개발활동을 전개하였으며 의정감시활동, 지역사회복지 의제 수립 등의 활동을 통해 현장 활동가들과 학계 연구자들이 매년 경기도 사회복지 예산을 분석하고 개선을 요구하는 활동을 진행하고 있다.

④ 주민참여를 통한 지역사회 조직화 사례(사회복지연대)

2006년 설립된 사회복지연대는 빈곤지역 밀집지역 주거개선사업의 일환으로 '기찻길 옆 우리 동네 좋은 마을 만들기' 프로젝트를 운영하였다. 부산진구 주거복지센터, 동의대 사회복지학과, 문화소통단체 '숨', 시민공익재단 등으로 구성된 팀을 만들어 해당 지역 주거 실태조사와 개선방안을 마련하였다. 이를 위해 저소득층이 모여 사는 부산진구와 빈곤 주거지역에서 주민들과 지속적인 만남을 이어가며 지역주민들이 변화를 위한 주민 자치력을 향상시키고 주거개선사업을 이끌어 갈 수 있도록 주민활동가를 양성하였다.

(2) 해외 사례

대표적인 해외 지역사회복지운동 사례로는 지역통화운동을 들 수 있다. 지역통화운동은 서구사회를 중심으로 시작되어 전 세계 2천여 지역에서 실시되고 있는 지역사회운동이다. 이 운동은 지역사회를 활성화시키려는 차원에서 시작해 실업자 및 저소득층 보호, 자원봉사활성화, 지역사회상부상조 증진, 주민들의 사회적 관계에 기반을 둔 경제제도 재구성 등의 역할을 한다. 특히 지역사회 자립과 지역주민의 네트워크 회복은 지역통화운동의 가장 큰 기능이자 도입 목적이다.

지역통화는 일정 지역 내에서만 통용되는 화폐를 통해 주민이 서로 소유한 자원을 교환하는 제도로 이 과정을 통해 공식 현금이 없어도 지역주민들은 자신에게 필요한 품목을 타인으로부터 제공받거나 타인에게 제공할 수 있게 된다. 이 통화는 명목상 화폐이면서 실제로는 주민 스스로가 필요할 때마다 발행하는 화폐여서 단지 물품 및 서비스 교환을 촉진하는 매개체로 기능하고 있으며, 참여자에게 공동체적 삶의 유형을 제시하기도 한다.

① 레츠(LETS : Local Exchange and Trading Systems)

1983년 캐나다 벤쿠버의 코목스라는 도시에서 시작해 영어권 중심 국가를 중심으로 퍼져나가다가 오늘날 전 세계 1,500개 이상이 운영, 10만 명이 넘는 회원이 있다. 레츠는 현금 사용이 없이도 사람들 간에 상품과 서비스를 사고팔 수 있도록 하는 일종의 물품 교환 거래망을 말한다. 회원들은 그들이 제공하거나 구입을 희망하는 상품과 서비스를 등록시킨 후 레츠 화폐를 사용해 거래를 하는 것으로 대부분의 레츠는 실제로 주고받는 화폐가 존재하지 않고 회원들과 가입회원들 계좌에 기록되는 화폐만 존재한다.

② 아워즈(Hours)

레츠가 회원들의 계좌를 통해 거래 내역을 관리하는 것과 달리 아워즈는 한 시간 노동을 단위로 해 각 단위마다 현금의 가치를 대비해 지역화폐를 유통시키는 것으로 회원만이 아니라, 지역주민 누구나 참여할 수 있다.

③ 타임달러(Time Dollar)

레츠나 아워즈가 지역경제와 화폐에 중심을 둔 통화제도의 모습을 띠는 데 비해 타임달러는 자원봉사인력은행에 가까운 제도로 자원봉사의 가치를 시간으로 환산해 당사자들이 필요시 이를 사용하는 제도이다. 자원봉사의 종류와 상관없이 1시간당 1타임 달러를 봉사자에게 지불해 계좌나 통장에 기록하고 이렇게 축적된 타임달러는 본인이나 다른 인력의 서비스를 제공받을 수 있다.

생각해 볼 문제

1. 지역사회복지운동의 주체로서 주민참여의 방법을 생각해 보고 열거해 본다.

2. 주민의 참여가 갖는 긍정적인 측면과 부정적인 측면을 비교해 본다.

3. 시민운동과 비영리민간단체의 개념을 구분하여 설명한다.

4. NPO와 NGO의 특징을 구분하여 설명한다.

참고문헌

감정기 · 박종만 · 김찬우(2005). 지역사회복지론: 이론 · 기술 · 현장. 경기: 나남출판.

감정기 · 최원규 · 진재문(2010). 사회복지의 역사. 경기: 나남출판.

강만춘(1972). 사회복지연감 지역사회복지관. 서울: 한국사회복지협의회.

강문희 역(2001). 허브 코헨 협상의 법칙. (Cohen, H. 지음). 서울: 청년정신.

강철희 · 정무성(2006). 지역사회복지실천론. 경기: 나남출판.

____________(2013). 지역사회복지실천론(개정3판). 경기: 나남출판.

강철희 · 최재성 · 한동우 · 구지윤 · 강은나 · 정병오 · 이지미 · 유재윤 · 안성호(2010). 한국 공동모금제도의 사회적 성과와 발전과제. 사회복지공동모금회.

고명석 · 박준범 · 이수천(2014). 지역사회복지론. 서울: 동문사.

고수현(2013). 지역사회복지론. 경기: 양서원.

_____(2015). 지역사회복지론. 경기: 양서원.

구금섭 · 박지영 · 김종철 · 전대성 · 허정철(2013). 사회복지실천론. 경기: 공동체.

김경섭 · 김성철 · 김태식 · 김현호 · 양경희 · 오미희 · 임봉호 · 조여선 · 조현상 · 황희숙(2014). 지역사회복지론. 경기: 양서원.

김근홍 · 서화자 · 심창학 · 이만식 · 함세남 · 홍금자(2007). 사회복지 역사와 철학(2판). 서울: 학지사.

김기태 · 김환철 · 이장희(2008). 지역사회복지론. 경기: 대왕사.

김만호(2013). 지역사회복지론. 경기: 양서원.

김범수(2001). 지역사회복지론. 서울: 홍익재.

_____(2003). 지역사회복지의 이해. 서울: 현학사.

_____(2012). 지역사회복지론. 경기: 학현사.

김범수 · 신원우(2008). 지역사회복지론. 경기: 공동체.

____________(2013). 지역사회복지론(제3판). 경기: 공동체.

____________(2014). 지역사회복지론. 경기: 공동체.

김성철 · 이문국 · 김정원 · 김화신 · 모아라 · 박경원 · 박윤희 · 박정하 · 염영옥 · 오현주 · 정종화(2020). 지역사회복지론. 경기: 양성원.

김수영 · 성명옥 · 김경호 · 조우용(2001). 노인과 지역사회보호. 경기: 양서원.

김용환 · 김순연 · 김영대 · 김재경 · 신경희 · 이덕희(2014). 지역사회복지론. 서울: 동문사.

김운광(2007). 공동모금회의 운영 실태와 발전방안. 청주대학교 사회복지행정대학원 석사학위 논문.

김윤재 · 금유현(2013). 지역사회복지관의 기능전환에 따른 정체성 확립방안 연구. 벤처창업연구, 8(1), 205-222.

김윤재 · 이경재 · 심영진 · 허은희 · 임동빈(2010). 지역사회복지론. 서울: 동문사.

김종일(2003). 지역사회복지론. 서울: 현학사.

______(2006). 지역사회복지론. 서울: 청목출판사.

______(2012). 지역사회복지론(개정신판). 서울: 청목출판사.

김치영 · 정현태(2009). 지역사회복지론. 경기: 파워북.

김태동 · 박주현 · 안우상 · 장갑수 · 정미현 · 최덕경 · 최연옥(2014). 지역사회복지론. 서울: 창지사.

김현조(2009). 지방자치론. 서울: 대영문화사.

남경현(1978). 사회복지관개요 사회복지관의 역사적 배경과 유형. 서울: 한국사회복지관연합회.

남일재 · 문영주(2015). 지역사회복지론. 경기: 양서원.

노혜진 · 라준영 · 김수진 · 진유하(2015). Social Impact Bond 관련 모금 및 배분전략에 관한 연구. 사회복지공동모금회.

류종훈(2014). 지역사회복지론. 경기: 정민사.

류혜정 역(2005). 지역사회개발. (Ife, J. 지음). 서울: 인간과 복지.

박병현(2011). 사회복지정책론(개정3판). 경기: 학현사.

박용순(2006). 지역사회복지론. 서울: 학지사.

박원우(2002). 임파워먼트 실천매뉴얼. 서울: 시그마인사이트컴.

박태영(2003). 지역사회복지론. 경기: 학현사.

박태영 · 채현탁(2014). 지역사회복지론(제3판). 경기: 정민사.

__________(2020). 지역사회복지. 경기: 정민사.

백종만 · 감정기 · 김찬우(2015). 지역사회복지론(개정2판). 경기: 나남출판.

보건복지가족부(2010). 지역사회복지협의체 운영지침.

보건복지부(2007). 지역사회복지협의체 운영지침.

________(2015a). 2015년도 지역사회보장협의체 운영안내.

________(2015b). 2015 사회복지관 운영관련 업무처리 안내.

________(2015c). 사회보장급여법 시행에 따른 지역사회보장협의체의 기능과 역할.

________(2020). 지역사회 통합돌봄 자체 추진 가이드북.

________(2021). 2021 지역사회보장협의체 운영지침.

사회복지공동모금회(2015a). 2016년 배분 사업 안내. 사회복지공동모금회 사이트.

______________(2015b). 모금 실적 및 모금현황. 사회복지공동모금회 사이트.

______________(2015c). 배분 실적 및 배분현황. 사회복지공동모금회 사이트.

사회복지교육연구센터(2015). 지역사회복지론. 서울: 도서출판 나눔의집.

사회복지협의회(2011). 시군구 지역사회복지협의회 설치 필요성 조사연구.

서울복지재단(2005). 지역사회조직화 실천방법. 사회복지프로그램 매뉴얼 개발 연구보고서.

신완선 역(2000). CEO가 되는 길: Top 비지니스 리더 50인이 주는 교훈. (Neff, J., & Citrin, J. M. 지음). 경기: 물푸레.

양복철(2004). 한국 장애인복지서비스 전달체계에 관한 실증적 연구. 한양대학교 대학원 박사학위 논문.

양성관 · 주익수 · 박상진 · 김동환 · 김주성(2014). 지역사회복지론. 경기: 정민사.

양옥경 · 김정진 · 서미경 · 김미옥 · 김소희(2010). 사회복지실천론. 경기: 나남출판.

양정하 · 황인옥 · 김정희 · 배의식 · 박미정 · 김남숙 · 강가영(2012). 지역사회복지론. 경기: 공동체.

오정수 · 류진석(2006). 지역사회복지. 서울: 학지사.

______(2012). 지역사회복지론(4판). 서울: 학지사.

______(2013). 지역사회복지론. 서울: 학지사.

______(2016). 지역사회복지론. 서울: 학지사.

우수명 · 주경희 · 김희주 · 이두진(2021). 지역사회복지론. 경기: 지식공동체.

유동철 · 홍재봉(2019). 사회복지사를 위한 지역사회복지. 경기: 양서원.

윤춘모(2007). 사회복지환경변화에 따른 사회복지관역할의 재정립방안: 성남시 사회복지관과 다목적복지관의 역할을 중심으로. 한국사회복지지원학, 3(1), 123-147.

이경은 · 장덕희 · 김휘연 · 문도원 · 이마리아(2016). 지역사회복지론. 서울: 학지사.

이경훈(2014). 지역사회 자원봉사센터 교육프로그램 개선방안 연구: 군포시의 운영사례를 중심으로. 연세대학교 정경대학원 석사학위 논문.

이문국 역(1999). 사회복지대백과사전. (NASW 지음). 서울: 나눔의 집.

이승종(2003). 지방자치론. 서울: 박영사.

이양훈(2007). 지역사회복지론. 서울: 창지사.

이양훈 · 김준환 · 김혜정 · 신창원 · 오호진 · 이동우(2011). 지역사회복지론. 서울: 창지사.

______(2013). 지역사회복지론. 서울: 창지사.

이영철(2003). 지역사회복지실천론. 경기: 양서원.

______(2014). 지역사회복지론. 경기: 양서원.

이원숙(2008). 사회복지실천론. 서울: 학지사.

이인재(2004). 한국지역복지실천론. 서울: 도서출판 나눔의집.

이태희 · 전태숙 · 승금희(2014). 지역사회복지론. 서울: 창지사.

이혜경(2015). 한국의 나눔문화 확산을 위한 국가, 시장 시민의 역할. 나눔연구소 기획포럼 Collective Impact Conference 2015: 한국의 나눔, 현재와 과제 자료집.

장인협 · 이혜경 · 오정수(2007). 사회복지학(제2개정판). 서울: 서울대학교 출판부.

장진웅(2008). 사회복지공동모금의 운용에 관한연구. 한국외국어대학교 대학원 박사학위 논문.

장창호 · 고순철 · 김익균(2006). 지역사회복지론. 경기: 교문사.

전재일 · 조운희 · 이성희 · 이준상(2009). 사회복지실천론. 서울: 형설출판사.

전해황 · 이성윤 · 송낙길 · 정주석 · 염일열 · 김정호(2008). 지역사회복지론. 경기: 양서원.

________________(2012). 지역사회복지론. 경기: 양서원.

________________(2015). 지역사회복지론. 경기: 양서원.

정재화(2006). 지방자치의 이해. 서울: 세진사.

정지웅 · 이현아 · 백소영(2015). 지역복지 전달체계로서 사회복지협의회의 역할과 기능 정립에 관한 연구. 한국정책연구, 15(2), 127-153.

정하용(2006). 새지방자치론 이론과 실제. 서울: 백산출판사.

조추용 · 김양이 · 황미경(2015). 지역사회복지론. 경기: 양서원.

조태제(1997). 지방자치법상의 직접민주주의제도. 헌법학연구, 제2집.

조홍식 · 이태수(1999). 공동모금제도와 민간복지부문이 역할정립. 한국사회복지학, 38.

지은구 · 조성숙(2019). 지역사회복지실천론. 서울: 학지사.

최선희(2020). 지역사회복지론. 경기: 지식공동체.

최옥채(2012). 사회복지사를 위한 조직화 기술. 경기: 양서원.

최일섭 · 류진석(1999). 지역사회복지론. 서울: 서울대학교 출판부.

________(2002). 지역사회복지론. 서울: 서울대학교 출판부.

최일섭 · 이현주(2004). 지역사회복지론. 서울: 서울대학교 출판부.

________(2007). 지역사회복지론. 서울: 서울대학교 출판부.

표갑수(2003). 지역사회복지론. 경기: 나남출판.

______(2004). 지역사회복지론. 경기: 나남출판.

______(2006). 사회문제와 사회복지. 경기: 나남출판.

______(2012). 지역사회복지론. 경기: 나남출판.

하춘광(2002). 공공복지전달체계 개선방안에 관한 연구. 동국대학교 대학원 박사학위 논문.

한국사회과학연구소(2000). 한국사회복지의 현황과 쟁점. 서울: 인간과 복지.

한국사회복지교육협의회(2020). 2021-2022년도 사회복지학 교과목지침서. 서울: 한국사회복지교육협의회.

한국사회복지협의회(1994). 사회복지사전.

__________________(1997). 지역사회.

__________________(1991). 한국사회복지총람.

행정안전부(2015). 자원봉사센터 현황.

현외성(2001). 사회복지정책강론. 경기: 양서원.

홍동식 · 박대식(1996). 지역사회학. 서울: 경문사.

홍봉수 · 장승전 · 곽정국 · 임안나 · 강해자 · 김영호 · 조당호 · 배진서 · 유금순 · 조순래(2014). 지역사회복지론. 경기: 공동체.

홍현미라 · 김가율 · 민소영 · 이은정 · 심선경 · 이민영 · 윤민화(2015). 지역사회복지론. 서울: 학지사.

황성철(2009). 사회복지실천론. 경기: 양서원.

황철수(2009). 사회복지실천론. 경기: 양서원.

황철수 · 류기덕 · 류성봉 · 백혜영 · 임구원 · 전대성(2013). 지역사회복지론. 경기: 정민사.

Blau, P. (1964). *Exchange and power in social life*. New York: Wiley.

Dunham, A. (1958). *Community welfare organization: Principles and practice*. New York: Thomas Y. Crowell Company.

__________ (1970). *The new community organization*. New York: Thomas Y. Crowell Company.

Dunn. P. C. (1995). "Volunteer Management", National Association of Social Workers. *Encyclopedi a of Social Work* (19th ed.).Washington DC: NASW Press.

Dye, T. R. (1998). *Understanding public policy* (9th ed.). New Jersey: Prentice Hall.

Fellin, P. (1995). *The community and social worker*. Itasca, IL: F. E. Peacock Press.

Gilbert, N., & Specht, H. (1974). *Dimensions of social welfare policy*. Englewood Cliffs, New Jersey: Prentice-Hall.

Hardina, D. (2002). *Analytical skills for community organization practice*. New York: Columbia University Press.

Israel, B. A., Checkoway, B., Schulz, A., & Zimmerman, M. (1994). Health education and community empowerment: Conceptualizing and measuring perceptions of individual, organizational and community control. In M. Minker(Ed.), *Community organizing and community building for health*. New Burnswick: Rutgers University Press.

Joanne, A. (2004). *Lecture material*. Los Angeles: California State University.

Johnson, L. C., & Yanca, S. J. (2004). *Social work practice: A Generalist approach* (8th ed.). Boston: Pearson Education, Inc.

Kirst-Ashman, K. K., & Hull, G. H. Jr. (2002). *Understanding generalist practice* (3rd ed.). Belmont, CA: Brooks/Cole.

Lee, M., & Green, G. (1999). A Social Constructivist Framework for Integrating Cross-cultural Issues in Teaching Clinical Social Work. *Journal of Social Work Education, 35*(1), 21-37.

Longman (1995). *Longman dictionary of contemporary english*. London: Longman.

Miley, K. K., O'Melia, M., & DuBois, B. (2007). *Generalist Social work practice: An Empowering approach* (5th ed.). Boston: Pearson Education, Inc.

NASW (1987). *Encyclopedia of Social Work, Vol. 1* (18th ed., pp.746–747). Washington DC: NASW Press.

______ (1999). *Encyclopedia of Social Work* (19th ed.). Washington DC: NASW Press.

Poplin, D. E. (1979). *Community: A survey of theories and methods of research*. New York: Macmillan Publishing Co., Inc.

Ross, M. G. (1967). *Community organization: Theory, principles, and practices* (2nd ed.). New York: Harper and Brothers.

Rothman, J. (1995). Approaches to Community Intervention. In F. Cox, J. Erlich, J. Rothman, & J. Tropman(Eds.), *Strategies of community organization* (5th ed.). Itasca, IL: F. E. Peacock Press.

Rothman, J., & Sager, J. (1998). *Case management: Integrating individual and community practice* (2nd ed.). Boston: Allyn and Bacon.

Rubin, H., & Rubin, I. (2001). *Community organizing and development* (3rd ed.). Boston: Allyn and Bacon.

Sanders, I. T. (1969). Professional roles in planned change. In R. M. Kramer, & H. Specht(Eds.), *Readings in community organization practice*. Englewood Cliffs, New Jersey: Prentice–Hall.

Titmuss, R. M. (2002). *The gift relationship*. Basingstoke: Palgrave Macmillan.

UK Cabinet Office (2007). *Helping Out: A national survey of volunteering and charitable giving*. Retrieved September 21, 2012, from http://www.ivr.org.uk/component/ivr/helping-out-a-c.national-survey-of-volunteering-and-charitable-giving.

Warren, R. (1978). *The community in America*. Chicago: Rand McNally.

〈기타〉

법제처 국가 법령

사회복지사업법

사회복지설치 · 운영규칙(안)

한국중앙자원봉사센터 싸이

2012 자원봉사 제2차 국가기본계획 수립 기본계획

〈홈페이지 및 블로그〉

기독교타임즈 홈페이지(www.kmctimes.co.kr)

법제처 홈페이지(http://www.moleg.go.kr/)

사회복지공동모금회 홈페이지(http://www.chest.or.kr/index.jsp)

사회복지협의회 홈페이지(www.kncsw.bokji.net)

새마을운동중앙회 홈페이지(www.saemaul.com)

태화기독교사회복지관 홈페이지(www.taiwha,or.kr)

투인비 홀 홈페이지(www.toynbeehall.org.uk)

한국사회복지관협회 홈페이지(www.kaswc.or.kr).

한국사회복지협의회 홈페이지(https://www.bokji.net/)

헐 하우스 박물관 홈페이지(www.hullhousemuseum.org)

"반상회… 타임슬립", multigreen(http://blog.naver.com/multigreen/220520958634)

"70년대이야기32-반상회", 민초(http://minchomin.blog.me/105904955)

〈기사〉

광남일보, "광주지자체, 사회복지공무원 확충 골머리", 2016-01-12, 고귀한 기자
http://www.gwangnam.co.kr/read.php3?aid=1452594990226683023

서울신문, "사회복지 공무원 40% 확대됐다고?" 2010-07-23, 안석 · 이영준 기자
http://www.seoul.co.kr/news/newsView.php?id=20100723009015

서울PN, "지방복지담당 공무원 대폭 확충" 2011-02-09, 안석 기자
http://go.seoul.co.kr/news/newsView.php?id=20110210011002

웰페어뉴스, "사회복지공무원 잇단 자살… 사회복지전달체계 균열", 2013-03-22, 이지영 기자
http://www.welfarenews.net/news/articleView.html?idxno=37061

폴리뉴스, "당정, 사회복지공무원7000명 증원키로", 2011-07-12, 정찬 기자
http://www.polinews.co.kr/news/article.html?no=80752

저자 소개

김 병 대구가톨릭대 대학원 사회복지학 박사
현, 진주보건대학교 사회복지과 교수

이 인 순 인제대학교 대학원 사회복지학 박사
현, 창원문성대학교 사회복지행정과 교수

이 진 향 경상대학교 대학원 사회복지학 박사
현, 창신대학교 사회복지학과 교수

이하예진 경북대학교 대학원 사회복지학 박사
현, 영남이공대학교 노인요양시설창업과 교수

정 명 환 동국대학교 대학원 사회복지학 박사
현, 포항대학교 사회복지과 교수

조 승 석 건국대학교 대학원 사회복지학 박사
현, 경인여자대학교 사회복지과 교수

황 은 혜 부산대학교 대학원 사회복지 석사
현, 부산여자대학교 아동복지보육과 외래교수

제2판

지역사회복지론

초 판 1쇄 발행 2016년 2월 29일
초 판 4쇄 발행 2019년 9월 5일
제2판 1쇄 발행 2022년 3월 4일

지 은 이 | 김병 · 이인순 · 이진향 · 이하예진 ·
정명환 · 조승석 · 황은혜
펴 낸 이 | 김기섭
책임편집 | 조진주
펴 낸 곳 | 창지사 www.changjisa.com
08589 서울시 금천구 가산디지털 1로 83 파트너스타워 1차 9층
전화 (02) 719-2211~3
팩스 (02) 701-9386
등 록 | 1977년 4월 28일 · 제1-421호

ISBN 978-89-426-1510-0 (93330)

값 21,000원